博士文库

我国体育院校学生事务管理模式研究

Woguo Tiyu Yuanxiao Xuesheng Shiwu Guanli Moshi Yanjiu

曹淼孙 ◎ 著

知识产权出版社
全国百佳图书出版单位

图书在版编目（CIP）数据

我国体育院校学生事务管理模式研究 / 曹森孙著. —北京: 知识产权出版社，2014. 12
ISBN 978-7-5130-2902-5

Ⅰ. ①我… Ⅱ. ①曹… Ⅲ. ①体育院校－学生工作－研究－中国 Ⅳ. ①G645.5

中国版本图书馆CIP数据核字（2014）第188813号

内容提要

本书以我国十四所独立的体育院校为视角，以高校学生事务管理理论为基础，采用文献资料法、专家访谈法、问卷调查法等，对我国体育院校的学生事务管理进行了探讨。首先，以时间为基点，客观评价了我国体育院校学生事务管理模式的历史沿革，详细描述了每个阶段对应的学生事务管理的特点和规律。其次，以现行模式为切入点，总结了我国体育院校学生事务管理模式的主要特征，指出了我国体育院校现行学生事务管理模式存在的具体问题。同时，对国外主要国家的高校学生事务管理模式的特点和规律进行了阐述。最后，构建了我国体育院校学生事务管理新模式——发展型学生事务管理模式，即秉承教育、管理与服务相统一的理念，以学生为本，促进和实现学生全面发展的新模式。

本书可供教育管理相关的研究者、从业者参考。

责任编辑：安耀东

我国体育院校学生事务管理模式研究

曹森孙 著

出版发行：	知识产权出版社有限责任公司	网　　址：	http：// www. ipph. cn
电　　话：	010－82004826		http：// www. laichushu. com
社　　址：	北京市海淀区马甸南村1号	邮　　编：	100088
责编电话：	010－82000860转8534	责编邮箱：	an569@qq. com
发行电话：	010－82000860转8101 / 8029	发行传真：	010－82000893 / 82003279
印　　刷：	北京中献拓方科技发展有限公司	经　　销：	各大网上书店、新华书店及相关专业书店
开　　本：	720mm×1000mm　1/16	印　　张：	12.5
版　　次：	2014年12月第1版	印　　次：	2014年12月第1次印刷
字　　数：	222千字	定　　价：	48.00元

ISBN 978－7－5130－2902－5

目 录

第一章 绪 论 ……………………………………………………………1
第一节 研究问题的提出及基本概念的界定 ………………………1
一、研究问题的提出……………………………………………1
二、基本概念的界定……………………………………………3
第二节 国内外相关研究现状分析 …………………………………5
一、国内研究现状………………………………………………5
二、国外研究现状 ……………………………………………15
第三节 研究思路与方法 ……………………………………………19
一、研究对象 …………………………………………………19
二、研究内容 …………………………………………………20
三、研究方法 …………………………………………………21
四、技术路线 …………………………………………………22
五、研究意义 …………………………………………………22
本章小结……………………………………………………………24
第二章 我国体育院校学生事务管理模式的理论基础………………25
第一节 欧美高校学生事务管理的理论基础 ………………………25
一、哲学理论基础 ……………………………………………25
二、管理学理论基础 …………………………………………30
三、心理学理论基础 …………………………………………33
第二节 我国高校学生事务管理的理论基础 ………………………37
一、儒家学说理论基础 ………………………………………37
二、人的全面发展理论基础 …………………………………38
三、素质教育理论基础 ………………………………………39
四、和谐发展理论基础 ………………………………………39
本章小结……………………………………………………………40
第三章 我国体育院校学生事务管理模式发展历程及现状分析……41
第一节 我国体育院校学生事务管理模式历史沿革 ………………41

一、我国体育院校发展历程分析 ……41
二、我国体育院校学生事务管理模式的嬗变之路 ……48
三、我国体育院校学生事务管理的基本内容 ……55
第二节 我国体育院校现行学生事务管理模式的主要特征分析 ……57
一、现行高校学生事务管理模式分析 ……57
二、我国体育院校现行学生事务管理模式的主要特征 ……63
三、我国体育院校现行学生事务管理模式存在的主要问题 ……67
本章小结……70
第四章 国外高校学生事务管理模式介绍……72
第一节 欧美主要国家高校学生事务管理模式 ……72
一、美国高校学生事务管理模式的特点 ……72
二、英国高校学生事务管理模式的特点 ……75
三、法国高校学生事务管理模式的特点 ……76
四、德国高校学生事务管理模式的特点 ……78
第二节 亚太地区主要国家和地区高校学生事务管理模式 ……79
一、日本高校学生事务管理模式的特点 ……80
二、泰国高校学生事务管理模式的特点 ……81
三、新加坡高校学生事务管理模式的特点 ……82
四、我国香港高校学生事务管理模式的特点 ……83
本章小结……85
第五章 我国体育院校学生事务管理模式的重构……87
第一节 我国体育院校学生性格特征分析 ……87
一、体育院校学生性格特征分析的理论基础 ……88
二、影响我国体育院校学生性格形成和发展的因素分析 ……90
三、我国体育院校学生的性格特征 ……96
第二节 我国体育院校发展型学生事务管理模式构建的基本思路及特征 ……100
一、发展型学生事务管理模式重构的思路及原则……100
二、发展型学生事务管理模式的内涵……105
三、发展型学生事务管理模式的主要特征……106
第三节 我国体育院校发展型学生事务管理模式的总体运行方式 ……108
一、建立和改善我国体育院校学生事务管理的领导体制……108
二、健全我国体育院校发展型学生事务管理模式的运行机制……109

三、完善我国体育院校发展型学生事务管理模式的制度建设……113
本章小结 ……………………………………………………………114
第六章 我国体育院校发展型辅导员队伍建设 ………………………115
第一节 我国高校辅导员制度的历史沿革及其理论基础 ……………115
一、我国高校辅导员制度的历史沿革……………………………116
二、我国高校辅导员队伍建设的理论基础………………………118
第二节 我国体育院校辅导员队伍现状分析 …………………………120
一、我国体育院校辅导员队伍的主要特征………………………120
二、我国体育院校辅导员队伍建设存在的问题…………………122
第三节 我国体育院校辅导员队伍专业化建设 ………………………125
一、核心概念的界定………………………………………………125
二、我国体育院校辅导员专业化的内涵研究……………………127
三、我国体育院校辅导员专业化的必要性………………………128
四、我国体育院校辅导员专业化的可行性………………………129
五、我国体育院校辅导员队伍专业化建设的路径………………130
第四节 我国体育院校辅导员队伍评价模型构建 ……………………131
一、模糊综合评价方法原理概述…………………………………131
二、我国体育院校学生事务管理队伍模糊综合评价的基本步骤……132
三、我国体育院校辅导员队伍评价模型构建……………………133
四、我国体育院校辅导员队伍评价模型的实践运用……………136
本章小结 ……………………………………………………………137
第七章 我国体育院校发展型学生宿舍管理 …………………………138
第一节 我国体育院校学生宿舍管理概况 ……………………………138
一、我国体育院校的现行宿舍管理体制…………………………138
二、我国体育院校学生宿舍管理的现状…………………………140
第二节 我国体育院校发展型宿舍管理模式的构建 …………………145
一、建立发展型的宿舍管理新模式,强化管理效能 ……………145
二、引入发展型的学生宿舍管理服务机制,提高宿舍管理的服务质量和水平……………………………………………………………147
三、加强学生宿舍文化建设,营造健康向上的文化氛围 ………148
本章小结 ……………………………………………………………149
第八章 我国体育院校发展型学生社团管理 …………………………151
第一节 我国体育院校学生社团管理概况 ……………………………151

一、我国体育院校学生社团的主要特点……151
二、我国体育院校学生社团管理的主要内容……153
三、我国体育院校学生社团管理的现状……156
第二节 我国体育院校发展型学生社团管理模式的构建……161
本章小结……164
第九章 结论与展望……165
一、主要研究结论……165
二、本研究的创新点……168
三、研究不足与展望……169
参考文献……171
一、期刊论文……171
二、主要专著……177
三、硕博学位论文……180
附 录……182
附录一 首都体育学院关于开展“文明宿舍建设月”活动的通知……182
附录二 首都体育学院学生社团登记表……185
附录三 我国体育院校学生事务管理模式研究调查问卷……186

第一章 绪 论

第一节 研究问题的提出及基本概念的界定

一、研究问题的提出

改革开放以来，我国发生了翻天覆地的变化。经济飞速增长，综合国力迅猛提升，无不彰显着中国特色社会主义建设所取得的伟大成就。经济的发展，社会的进步，使得我国高等教育事业也得到了蓬勃发展，并取得了前所未有的巨大成就。我国高等教育事业的飞速发展，不但使更多的适龄青年得以进入神圣的象牙塔殿堂，接受高深知识的熏陶和洗礼，而且为国家、社会的建设和发展提供了强有力的人才保障和智力支持。当我们把时间的指针拨向1978年时，不难发现，那时候我国普通高等院校仅有598所，在校普通本、专科生数量仅有85.6万人，在校研究生数量也只有1.09万人。[1]高等教育的毛入学率仅为1.2%，远低于世界平均水平。随着我国高等教育改革不断地深化和发展，截至2010年，我国普通高等院校为2358所，比1978年时增加了1760所；在校普通本、专科生数量为2231.8万人，在校研究生数量为153.84万人，二者都远远超过了1978年的数据。[2]我国的高等教育已经完成了从“精英教育阶段”到“大众化教育阶段”的跨越。毋庸置疑，从精英到大众，我国高等教育的大众化是社会发展和进步的结果，它对我国实施科教兴国战略和人才强国战略产生了巨大的作用。但对高等教育系统而言，这种转型将会使我国高校面临着前所未有的冲击和挑战。在实际运作过程中，高校难免会出现新的问题，产生新的矛盾。因此，在信息全球化、高等教育大众化的今天，高校如何把握机遇、应对挑战、培养合格的高素质人才，以满足社会和国家的需求，成为摆在我们面前的一个重要难题。

---

❶ 郝维谦，龙正中. 高等教育史[M]. 海口：海南出版社，2000：614-616.

❷ 2010年教育统计数据[EB/OL]. http://www. moe. edu. cn/publicfiles/business/htmlfiles/moe/s6200/list. html.

诚然，“大学之道，在明明德，在亲民，在止于至善。” 意即大学的宗旨在于弘扬光明正大的品德，在于使人弃旧图新，在于使人达到最完善的境界。可见，高校之道要善于培养德才兼备的高素质人才，推动科技进步和创新；要善于传播优秀文化，并为社会服务。高校既是“传道、授业、解惑”的场所，又是培养“德、智、体、美”全面发展的社会主义合格建设者和可靠接班人的重要基地。因此，加强和改进大学生思想政治教育，提高大学生的思想道德素质和健康素质，促进大学生全面发展，乃是高校的历史使命。党的十六大以来，以胡锦涛同志为总书记的党中央从“培养什么人，怎样培养人”的高度，对大学生素质教育提出了新的要求。[1] 2004年中共中央国务院联合下发的《关于进一步加强和改进大学生思想政治教育的意见》为“培养什么人，怎样培养人”提供了制度保障和政策支持。2010年颁发的《国家中长期教育改革和发展规划纲要(2010—2020年)》再次重申了“提高人才培养质量”的必要性和紧迫性。由此可见，培养人才是高校义不容辞的责任和使命，其主要是通过教学事务和学生管理事务来实现的。因此，学生事务管理是高校人才培养体系的重要组成部分，它对高校实现人才的培养目标具有不可替代的保障和支撑作用。随着高等教育的大众化，高校学生事务管理正面临着社会转型的巨大挑战。无论是管理理念、模式，还是管理结构和机制等，与人才的培养目标和学生发展需求在某种程度上都产生了新的矛盾，出现了新的问题。传统意义上的学生管理工作已经不再适应高等教育日益发展的需要了。目前，我国高校学生事务管理还没有形成稳定、成熟、可持续发展的研究领域，缺乏相应的理论支撑，从而导致某些工作理念陈旧、管理模式缺乏创新，管理效果不是很理想。因此，高校学生事务管理改革势在必行。迫切需要对高校学生事务管理方面出现的问题及时做出反馈，找出解决问题的路径，厘清解决问题的思路，找到应对问题的良策。

在此背景下，当高等教育发展规模从精英阶段转向大众化发展阶段时，体育高等院校也同样面临着诸多新的问题和新的挑战。比如，体育院校学生，他们有的来自于专业队，有的来自于体校，有的来自于普通中学，文化程度和专业技能参差不齐。生源的广泛性所衍生出来的学生需求多样性和价值观念多元化的问题，如何解决？又比如，体育院校学生经常参加训练和比赛，难免发生意外和伤害，学生法律意识增强后所衍生出来的权利争取问题，如何协调？再

---

[1] 方宏建，张宇. 高校学生工作概论[M]. 济南：山东大学出版社，2009：1.

如，就业形势严峻衍生出来的失业问题，独生子女大学生衍生出来的性格问题，贫困学生衍生出来的资助问题等，如何妥善解决？体育院校学生事务管理作为我国高校学生事务管理的一个分支领域，其研究理论的深入能有效地推动和促进我国高校学生事务管理的改革与发展。通过体育院校专业化和职业化学生事务管理队伍的建设，通过体育院校良好、长效的沟通协调机制的建构，通过体育院校“以人为本”服务理念的建立，尊重学生个性，满足学生多元化的发展需求，为学生的健康成长提供和谐的校园环境，为高校学生事务管理的改革与发展提供范式。

因此，适时开展体育院校学生事务管理研究，分析和解决已出现的问题和矛盾，研究和探讨问题和矛盾出现的根源，尽快构建体育院校学生事务管理新模式，加强学生事务科学研究迫在眉睫。总结和探讨体育院校学生事务管理的研究便应运而生。

二、基本概念的界定

在分析我国体育院校学生事务管理模式之前，有必要对几个概念进行厘清，一则有助于区分学生事务管理的性质，二则可以促进对学生事务管理的进一步了解。本文涉及的相关概念主要有以下几个。

1. 学生事务

学生事务是典型的外来术语，最早源于具有英国传统的美国高等教育，它是与学术事务相对应的概念。一般认为，学术事务通常涉及学生的学习、课程、认知发展等；而学生事务则涉及学生的课外、住宿生活及情感或个人问题等。从这个意义上讲，学生事务是指“学生课外活动和非学术性事务”。❶它主要包括以下四个要素：学生、专业人员、具体事务和学生事务专业。它们彼此相互联系，互相作用，形成了一个具有内在运行逻辑的系统。❷但也有学者认为，高校学生事务是指“高校为维持大学生正常的学习、生活秩序，促进其全面发展，实现高等教育培养目标，在教学过程之外所必须提供的具体事务，一般可分为管理性学生事务和指导与服务性学生事务。”❸

❶ 冯培. 中国高校学生事务管理模式创新[M]. 北京：中国人民大学出版社，2009：10.

❷ 马健生，腾珺. 美国高校学生事务发展的最新趋势及其启示[M]. 武汉：湖北人民教育出版社，2007：123.

❸ 储祖旺. 高校学生事务管理教程[M]. 北京：科学技术出版社，2008：5-8.

2. 学生事务管理

学生事务管理，“指高校的专门组织和学生事务管理者依据国家的法律、政策和人才培养目标，在一定的学生事务管理价值观指导下，运用相关专业知识和技能、配置合理的资源，提供促进学生发展所必需的学生事务的组织活动过程。”[1]也有学者从管理职能的角度认为，学生事务管理是指高校对学生事务的计划、组织和领导。但无论从什么角度出发，其重点都侧重于管理，管理的对象是学生事务。所以其概念的引申和变化相对于“学生事务”概念的界定，则简洁明了许多。一般认为学生事务管理的具体内容主要包括：招生与学籍管理、新生入学辅导、宿舍管理、日常行为规范和奖惩管理、学生资助管理、学生组织的指导与管理、学习指导、心理咨询、就业指导与管理等方面的内容。对有些内容的细化可能有所出入，但大体上相一致。

3. 学生工作

一般来讲，我国高校学生工作是指那些直接作用于学生，由专门机构和人员从事的有目的、有计划、有组织地发展、养成、提高学生政治、思想、品德、心理、性格素质和指导学生正确行为的教育、管理和服务工作。[2]主要体现在教育、管理和服务三个方面。笔者以为，和学生相关的诸多事情都可以笼统地称为学生工作。几乎在我国所有的高校都设有学生处这一行政机构来领导和从事跟学生工作相关的事宜，这也直接为高校学生工作的行政化特色提供了制度上的保障。

4. 学生事务与学生工作辨析

很多人简单地认为“学生事务”就是“学生工作”。严格意义上讲，二者之间存在诸多差异。术语“学生事务”是外来词，而术语“学生工作”是本土化的产物。早期的“学生工作”被归属于德育工作。但随着高等教育大众化进程的加快，德育工作并不能完全反映新增学生方面的工作（如贫困生资助、心理咨询等）特征。于是，一般意义上的“学生工作”术语开始频繁使用。此时的“学生工作”包括学生教育和学生管理两个方面的内容。而学生管理已经从狭义的“管理学生”扩展到管理学生的诸多具体事务上，即逐渐具备了美国所指的“学生事务”的特征。

---

❶ 储祖旺. 高校学生事务管理教程[M]. 北京：科学技术出版社，2008：5-8.

❷ 储祖旺. 高校学生事务管理教程[M]. 北京：科学技术出版社，2008：5-8.

另外，欧美发达国家，如美国，“学生事务”的每个部门都是相对独立的，其主要目的都是尽最大努力为学生提供最优质的服务，视学生为客户，真正做到了“以生为本”。而我国现阶段所指的“学生工作”在概念上和“学生事务”基本趋向一致，但主要部门都是在学生处的统一领导和指挥下发挥作用，而且，主要的工作方式还是强调“管治”，服务意识相对缺乏。所以，简单地讲，“学生事务”和“学生工作”在表面上基本是等同的，但从二者的发展演变来看，其内涵还存在较大差异性。在不同的制度环境下，二者的表现形式相距甚远。

5. 体育院校学生事务管理

体育院校学生事务管理属于高校学生事务管理的分支，它属于学生事务管理的下位概念。因此，笔者以为：体育院校学生事务管理是指体育院校结合自身的特点，通过非学术性活动，为学生提供日常生活管理、行为规范管理、招生与就业管理、学生资助管理、入学指导与心理咨询管理等活动的总称，它的主要目的是促进学生成长为高素质的体育人才。

第二节　国内外相关研究现状分析

为了研究的需要，笔者非常重视对国内外体育院校学生事务管理模式相关资料的收集和整理，在北京各大图书馆、书店、网站、高校进行资料的查询和阅读，涉及的资料类型主要包括：学术著作、期刊论文、硕博学位论文以及相关网站的资源等。

一、国内研究现状

根据研究的需要，笔者以“体育院校学生事务管理”为关键词在CNKI等期刊网上进行检索，没有任何相关的信息。然后，尝试以“体育院校学生”为关键词在中国知识资源总库重新进行检索，找到了近400篇相关文献。以“体育学生”为关键词，重新检索，找到近200篇相关文献。以“体育学生管理”为关键词，重新检索，只找到不足10篇相关文献。相关的著作主要有：马超编著的《美国大学学生事务研究》；赵平编写的《美国高校学生工作》；蔡国春编著的《中美高校学生事务管理模式比较研究》；冯刚等主编的《走进英国高校学生事务管理》；王秀彦等编写的《高校学生事务管理概论》；储祖旺主编的

《高校学生事务管理教程》《学生事务管理者专业化论》；漆小萍等编著的《高校学生事务管理》；冯培撰写的《中国高校学生事务管理模式创新》；徐涛编著的《新时期高校学生工作研究》；方宏建等主编的《高校学生工作概论》；侯慧君的《高校学生工作内容与机制系统设计》；张书明主编的《社会工作视野下的大学生事务管理》；盛云等撰写的《1999—2009大学生特点十年变迁与学生工作问题研究》等。但在所有的文献资料中，只有少数篇章的研究内容与体育院校学生事务管理相关。研读这些国内关于体育院校学生事务管理方面的文献资料，现对体育院校学生事务管理研究作如下梳理。

1. 关于体育院校学生思想政治教育方面

大学生思想政治教育是我国高校育人的重要内容，是培养社会主义合格建设者和可靠接班人的根本保障。“体育院校是我国高等院校的重要组成部分，担负着为祖国培养高级体育人才的重任”❶，“用科学发展观来指导体育院校学生思想政治教育工作，是一项加强体育院校学生思想政治素质和促进学生全面发展的基础性工作”❷，因此，关于体育院校学生思想政治教育方面的研究相对较多。思想政治教育作为体育院校学生事务管理的内容之一，主要呈现出以下研究特点：

（1）对体育院校思想政治教育的现状进行了调研。

实践证明，体育院校思想政治教育一直以来并不被人们所认可和重视。体育院校学生的“思想教育工作复杂，学生所学课本的知识与其本身的素质条件不符，知识的断层引发厌学，思政工作处于‘夹生饭’状态”❸“政治课教学内容中传统理论较多，教学内容、教育方式和教育理念跟不上形势的发展”，因此，要更新思想政治教育的内容，提高学生政治思想素质，加强职业道德规范教育，以人为本，因材施教，注重个性发展。

（2）对体育院校思想政治教育的网络思想道德建设进行了研究。

如何发挥互联网优势，运用现代信息资源，增强体育院校学生思想政治教育工作的针对性，已经成为体育院校学生事务管理人员所面临的新课题。在面对“西方国家的意识形态和文化侵略的背景下”，在面对“网络的‘黄色浪

❶ 邱香，张亚军. 新时期体育院校思想政治工作创新的思考[J]. 南京体育学院学报：自然科学版，2004，3（4）：103.

❷ 董晓欧. 科学发展观视域下的体育院校学生思想政治工作探析[J]. 黑龙江史志，2009，(24)：160.

❸ 吕艳男. 体育院校大学生思想政治教育工作的现状与对策研究[J]. 吉林体育学院学报，2007，23（1）：144.

潮’和不良信息的影响下”[1]，体育院校学生的道德观念和价值取向发生了变化。他们“对不良信息的识别和抗诱惑能力不足，对自己行为的约束能力和社会责任意识”没有清醒认识，导致“道德情感冷漠和人格异化”。[2]因此，必须加强学生“防御能力和批判能力”[3]的培养，发挥控制和导向作用，净化网络空间，培养学生网络道德主体意识；加强学生“思想政治工作的平台建设，建立学生网络思想政治教育的队伍”；[4]健全网络思想道德建设的运行机制，“开展有意义的活动，加强网络行为道德的宣传教育，制定网络守则，建立具有普遍适应性、层次较高的网络伦理和道德规范标准”[5]，促进人才的培养和健康成长。

（3）对体育院校思想政治教育的不同视角展开了探讨。

针对如何提高体育院校学生思想道德品质和思想政治素质，研究人员从不同的视角展开了讨论。在新形势下，体育院校学生思想政治工作要特别运用心理学、美学、社会学的知识和原理来研究，引导学生的心理和行为。从培养团队精神入手，加强和改进体育院校学生思想政治工作。[6]以科学发展观来指导体育院校学生的思想政治教育，促进学生的全面发展。同时，对体育院校学生的从众心理，要加以正确引导，利用集体凝聚力，发挥从众的积极作用[7]，营造良好的校园文化环境。

2. 关于体育院校学生人文素质培养方面

体育院校学生人文素质培养的相关研究文献较多，研究人员和学者从不同的角度对其展开了不同程度的探究，但理论研究的深入程度和水平高低参差不齐。既有肤浅介绍人文素质相关定义的，也有深入开展实证调研的。通过对所有相关文献的研读，其内容呈现出以下特征：

（1）对体育院校学生人文素质的现状进行了探寻。

调查显示，体育院校对学生人文素质教育还是比较重视的，但“学生人文

❶ 王彬. 对体育院校大学生网络思想教育工作的思考[J]. 山西广播电视大学学报，2007，7(4)：35.

❷ 王竹林. 体育院校大学生网络道德失范的分析及对策[J]. 南京体育学院学报，2006，6(2)：96–97.

❸ 张厚福. 利用网络对体育院校学生进行德育教育的探讨[J]. 西安体育学院学报，2002，1(1)：25.

❹ 郭翔. 网络化背景下体育院校大学生的思想政治教育[J]. 南京体育学院学报：自然科学版，2009，6(2)：77.

❺ 孙凌云. 网络对高等体育院校大学生思想政治工作的影响[J]. 南京体育学院学报，2003，10(5)：154.

❻ 周薇. 从培养团队精神入手，加强和改进体育院校大学生思想政治工作[J]. 科教导刊：上，2009，4:115.

❼ 唐定. 体育院校学生从众心理分析及思想政治教育[J]. 湖南农机，2008，1：81.

知识水平参差不齐，文化素质整体水平有待提高”。[1]在对《家》《子夜》《复活》等10部中外文学名著的考察时，只有8%的学生全部回答正确，完全答错的竟然高达11%。[2]对科技文化知识的掌握呈现出较低的百分比。学生人文素质的分布状况不均匀，“表现为统招的比单招的好，高年级的比低年级的好，非体育类的比体育类的好”[3]，掌握人文知识的结构不平衡，对社会政治的认知率偏低。

（2）对体育院校学生人文素质低下的原因进行了分析。

“长期以来，我国体育高等教育过于强调专业教育，培养了大批专业知识丰富、技能过硬的体育专门人才。但这种模式导致学生‘过弱的文化陶冶，过窄的专业教育，过重的功利导向，过强的共性制约’”。[4]研究表明，体育院校学生人文素质低下的原因主要是源于“体育院校学生思想上认识不足”[5]，“体育院校招生体制对学生人文素质教育的负面影响；体育院校的特殊性，客观上制约了人文素质教育的开展”[6]，“相关研究薄弱和改革措施不力阻滞人文素质教育的健康发展”[7]等因素。

（3）对体育院校学生实施人文素质的必要性进行了阐述。

体育院校应该加强学生人文素质教育，使之成为21世纪需要的复合型体育人才。因为“体育领域的深刻变革对体育院校人文素质教育提出了新要求；体育院校学生结构的特殊性对其人文素质教育提出了高要求；体育院校校园文化氛围不浓的现状无法为其强化人文素质教育提供环境支持”。[8]21世纪需要的是复合型人才，“体育大学生除了具备良好的专业技能，还应具备扎实的科学文化知识，只有这样才能适应社会的需要”。[9]

---

❶ 魏万珍，黄霞. 部分体育院校学生人文素质教育现状的调查分析及对策研究[J]. 南京体育学院学报，2006，6(3): 47.

❷ 王津秋，王加福，等. 体育院校学生人文素质教育探析[J]. 山东体育学院学报，2001，17(1): 75.

❸ 闫拓时. 首都体育学院学生人文素质状况调查及对策[J]. 首都体育学院学报，2002，14(3): 2.

❹ 李新霞. 韩志芳，等. 先秦儒家人文思想与高等体育院校人文素质教育[J]. 河北体育学院学报，2009，23(4): 40.

❺ 朱俊玲. 影响高等体育院校学生人文素质的因素及其基本策略[J]. 湖北体育科技，2002，21(2): 157.

❻ 房晋. 浅论体育院校学生人文素质的提高[J]. 体育科学研究，2005，9(2): 31.

❼ 李莉，游战澜. 体育院校大学生人文素质教育的现状分析及对策[J]. 漳州师范学院学报：自然科学版，2005，18(3): 130.

❽ 林文弢，等. 以批判性思维培养为核心强化体育院校人文素质教育[J]. 辽宁教育行政学院学报，2009，26(1): 79.

❾ 刘鹏启，邵月. 浅谈体育院校大学生人文素质教育[J]. 教育与职业，2009，10(29): 113.

（4）对体育院校学生人文素质加强的途径进行了解析。

研究表明，体育院校学生人文素质的培养，可以通过以下途径来实现："加强人文精神教育，确定体育人文精神教育的目标；根据体育院校学生人文精神培养的目标要求，有针对性地开设相关课程；促进与加强学校人文环境的建设，体现人文精神的特点；培养和树立科学的世界观和价值观，建立高素质的教师队伍"❶"以德为首，使学生学会做人，改革考试制度，构建科学的评价体系，强化实践环节，促进知识的内化"❷，"通过人文素质系列讲座实施人文素质教育；通过人文素质读书制度实施人文素质教育；通过丰富多彩的校园文化活动实施人文素质教育"。❸同时，"充分发挥全员育人的合力作用，全方位影响体育大学生，提升体育大学生的人文精神"❹，深化教学改革，优化课程设置，充实教学内容，改进教学方法，"培养有创新精神、一专多能、复合型、高质量的体育专门人才"。❺

3. 关于体育院校学生管理队伍建设方面

体育院校学生管理队伍建设主要体现在辅导员的队伍建设上，因为辅导员是大学生日常思想政治教育和管理工作的组织者、实施者和指导者，是开展大学生思想政治教育的主要力量。相关文献对体育院校辅导员队伍建设从以下几个方面进行了研究。

（1）对体育院校辅导员队伍现状的调查。

调查表明，体育院校辅导员队伍建设存在以下问题："岗位职责不清；政治理论水平较低，业务技能较低；专业基础差；工作量大，条件艰苦；辅导员与学生比例不均衡，结构不合理"。❻加强体育院校辅导员队伍建设，要"明确岗位职责，强化定位意识；建立和完善辅导员队伍考评机制；切实解决好辅导员的出路，建立相对稳定的辅导员队伍"。❼

（2）对体育院校辅导员队伍角色定位的思考。

体育院校辅导员因其在学校管理中的不可替代性、特殊性、时代性，要求辅导员对自身角色进行定位。部分研究认为，体育院校辅导员的角色应该定位

❶ 熊静梅，刘少英，等. 浅谈体育院校学生人文精神的培养[J]. 科技信息：学术版，2008，(10)：41-44.
❷ 刘蔚. 体育院校实施素质教育的途径[J]. 山东体育学院学报，2001，17(3)：89-90.
❸ 蔡灿龙. 体育院校人文素质教育的实施途径[J]. 山西师大体育学院学报，2001，16(2)：24-25.
❹ 曹继红，胡移山. 体育院校大学生人文素质培养的途径[J]. 辽宁教育研究，2008，16(2)：30.
❺ 张江南. 体育院校大学生的素质教育特点与教学改革[J]. 山东体育学院学报，2001，11：81.
❻ 韩保根，郎文孝. 体育院校辅导员队伍建设研究[J]. 学校党建与思想教育：高教版，2008，6：77-78.
❼ 韩保根，郎文孝. 体育院校辅导员队伍建设研究[J]. 学校党建与思想教育：高教版，2008，6：77-78.

于“体育院校学生思想政治教育的实施者；人生道路的引路人；健康成长的服务者；终身学习的示范者”。❶体育院校辅导员角色的多重性，对辅导员的工作提出了更高的要求。

（3）对体育院校辅导员素质的探讨。

“体育院校辅导员集管理育人、服务育人、训练育人于一体”❷，其素质的高低，直接影响到体育人才培养质量的好坏。要成为一名优秀的辅导员，必须做到“一强，事业心和责任感强；二正，为人正、处事正；三懂，懂学生、懂业务、懂政策；四会，会做思想工作、会解决问题、会实施管理、会总结创新”❸，而且要踏实工作，才能成为一名合格的优秀辅导员。

（4）对体育院校辅导员在构建和谐师生关系方面所起作用的分析。

在高等体育院校管理中，传统的师生关系已不能适应现代教育与管理的需要，建立新型的师生关系是提高教育与管理质量的关键因素，其中，辅导员扮演着重要的角色。“辅导员要转变管理理念，以服务、引导为主；辅导员与学生相互信任、尊重是构建和谐师生关系的前提；辅导员与学生情感交流与沟通是构建和谐师生关系的基础；辅导员激励与批评的艺术是构建和谐师生关系的重要法宝”。❹

4. 关于体育院校学生心理健康方面

关于体育院校学生心理方面的研究主要集中在心理健康、应对方式、心理控制源等方面。现对相关文献从如下几方面进行梳理。

（1）对体育院校学生心理健康方面的研究。

体育院校的学生作为学生中的特殊群体，心理健康有其自身的特点。研究显示，影响体育院校学生心理健康的因素分别是“同学关系、责任感、校园文化、学习压力、奋斗目标、社会竞争、自我价值等16个方面”❺，分析认为，体育院校学生心理健康水平总体较好，一般优于普通学生，“男性学生的心理健康状况普遍好于女性学生；体育术科类学生的心理健康状况普遍好于学科类专业学生；新生心理健康状况问题较为突出，影响其心理健康的因子主要为抑郁、人际交往和恐惧”❻，但在躯体化和敌对因子方面表现为高分值。在“强

---

❶ 葛见珠. 体育辅导员多重角色定位的思考[J]. 南京体育学院学报：社会科学版，2007，21(5)：70－71.
❷ 赵越，高桂银，等. 关于加强体育院校学生辅导员素质的几点思考[J]. 科学决策，2008，12：131.
❸ 汤岩. 关于体育院校学生辅导员素质的探讨[J]. 南京体育学院学报：社会科学版，2005，19(2)：114.
❹ 葛见珠. 高等体育院校辅导员在构建和谐师生关系中的作用[J]. 科技资讯，2009，17：199，201.
❺ 徐伟宏. 影响体育院校大学生心理健康的因素[J]. 武汉体育学院学报，2007，41(8)：87.
❻ 王纯. 2007年度中国学校体育论坛（之三）论文集[C]. 北京：北京体育大学出版社，2008：175.

迫症状、焦虑、偏执等方面因子分大于3分者较多，表示他们在这几方面有比较明显的心理问题”。❶针对这种情况，“建立体育院校学生心理健康运动处方，将运动处方引进体育训练，结合学生身体素质、体质、心理水平进行训练改革，最大限度地发挥运动锻炼的效果”势在必行。❷

（2）对体育院校学生应对方式的分析。

应对方式，又称应对风格，是指个体面对不同的应激源时所采取的认知调节和行为努力的策略和方法。它是心理应激过程中一种重要的中介调节因素，个体的应对方式影响着应激反应的性质和强度，并调节应激与应激结果之间的关系。❸通过使用EPQ的E分量表(内外向)和应对方式问卷，考察了体育院校学生应对方式的特点及其与人格特质的关系。结果表明，“体育院校学生采用的应对方式从高到低依次为解决问题、求助、幻想、退避与合理化、自责；体育院校女学生在求助和幻想上的得分显著高于男大学生，在解决问题、自责、退避和合理化上不存在显著的性别差异；在应对方式上存在性别和人格特质的交互作用。”❹不同人格特质和不同性别的大学生应对方式有所不同。

（3）对体育院校学生心理控制源的研究。

通过探讨体育院校学生专业成绩和个性特征与心理控制源倾向的关系发现，“情绪稳定、性格偏内向和非精神质特征可促进专业成绩的提高；心理控制源偏内控者专业成绩高于偏外控者。说明某些心理因素对学习行为的有效性产生明显的影响”。❺因此，在实际教学和训练中，要加强对学生的心理素质教育和个性的健康引导，培养学生努力和成功的心理动机及心理期望习惯，以提高教学质量和效果。

5. 关于体育院校学生教育实习方面

教育实习作为体育院校学生一项十分重要的教学活动，长期以来都受到了高度重视。针对体育院校学生教育实习方面的研究，主要集中在教育实习改

❶ 刘素卿，刘素文，等. 体育院校大学生心理健康状况及人格特征的研究[J]. 河北体育学院学报，2002，16（4）: 69.

❷ 刘英杰. 体育专业大学生心理健康教育的运动处方干预[J]. 体育科学研究，2009，13（3）: 66.

❸ 季浏，罗伯特·J·科克比. 身体锻炼心理学的研究现状和未来方向[J]. 天津体育学院学报，1997，12（3）: 7-11.

❹ 褚跃德，王英春. 体育院校大学生应对方式的特点及其与人格的关系[J]. 沈阳体育学院学报，2009，28（6）: 63.

❺ 李万虎. 不同性别体育专业学生专业成绩和个性特征与心理控制源倾向的关系及比较研究[J]. 浙江体育科学，2008，30（4）: 51.

革、学生实践能力的培养两大方面。

（1）对体育院校学生教育实习改革的探讨。

通过对北京体育大学教育实习模式的个案研究发现，实习经费的严重不足、教学与实习的冲突、实习接收单位不足、运动项目设置和社会需求存在差距等因素，促使体育院校学生教育实习改革势在必行。因此，要“转变观念，适应社会需求；教育实习改革要与教育思想、教育计划、教育方法的改革同步进行”[1]；同时以市场为依托，加强实习基地建设。

（2）对体育院校学生教育实习能力的培养。

为了提高体育院校学生教育实习的能力，部分学者就体育院校及体育系学生的语言口头表达能力进行了理论研究。结果发现学生的口头语言表达能力偏低，主要表现在“语言不规范，普通话不标准；语言贫乏，逻辑性差，讲话方式不当，反应不敏捷；传统观念的束缚抑制了口头表达能力的锻炼；口头表达能力受到学识水平的局限”。[2]因此，要加强对学生口头语言表达能力的强化训练，以便更好地走向实习岗位。此外，一些学者对体育院校社会体育专业的学生进行了调研，结果发现“社会体育专业学生的运动技术、技能较其他专业有差距；实践能力的培养仍未引起足够的重视；主要实践课程存在时间偏少、安排不够科学的现象”[3]，因此，要加大课程设置的改革力度，增加实践课程的时间；改革实践课程的管理体系，提高各类实践活动的锻炼效果，达到增强学生实习能力的目的。

6. 关于体育院校学生毕业论文方面

体育院校培养和提高学生的科研能力，不仅反映了教育的时代特征，而且对提高我国体育科研水平也具有现实意义。关于体育院校学生毕业论文指导方面的研究，主要集中在毕业论文现状的调查与分析、毕业论文的选题、毕业论文的质量体系构建、科研能力的培养途径四个方面。

（1）对体育院校学生毕业论文现状的调查与分析。

通过对沈阳体育学院2003届体育教育专业的150名应届毕业生调研发现[4]，在毕业论文选题内容与方法上，有40%的学生结合自己的专项学习选择了训练类的课题进行研究；有27.2%的学生选择了体育教学实践类的题目进行

---

❶ 许声宏. 社会需求与北京体育大学本科教育实习改革[J]. 北京体育大学学报，2001，24（4）：534.

❷ 桂海荣. 对体育院、系实习生口头表达能力的调查与思考[J]. 南京体育学院学报，2006，20（4）：91.

❸ 韩凤月. 提高社会体育专业大学生实践能力的对策研究[J]. 广州体育学院学报，2009，20（4）：118.

❹ 王晓春，白真. 对体育教育专业学生毕业论文的调查与分析[J]. 沈阳体育学院学报，2004，23（6）：812–813.

研究；另有20.8%的学生进行了教学理论类的课题研究。有51.2%的学生在研究中采用了文献综述和总结性、经验性的方法。在对通过毕业论文后的科研能力自评时发现，只有11.2%的学生认为掌握了科研程序，可以独立开展研究。在撰写论文中面临的主要困难是知识面窄和相关资料缺乏。由于学生科研能力不强而导致毕业论文质量不高。建议体育院校提高对学生科研方面的要求，严格论文的评审，提高论文的质量。

（2）对体育院校学生毕业论文的选题。

选题在毕业论文撰写中占有非常重要的地位，直接关系到论文的成败。通过对上海体育学院的调研发现，75.5%的学生怕写毕业论文。[1]针对体育院校学生毕业论文不知如何选题这一现状，有学者认为，在选题时间安排上要提前准备充分；论题的大小及难易度要“适中”；要善于从体育兴趣和爱好出发选题；同时要注重结合体育专业实际，考虑选题所蕴含的体育学术价值。指导教师不能越俎代庖，替学生选题。要密切联系现实体育政策与环境，促进选题的科学与合理。

（3）对体育院校学生毕业论文质量管理体系的构建。

ISO9000标准是通过规范产品生产的管理体系来提高产品质量的归结性标准。将ISO9000标准运用于构建体育院校毕业论文质量管理体系也是可行的。但构建质量管理体系时应结合体育院校毕业论文及体育院校本身的特点，有侧重地选取重点要素，而不能照搬ISO9000标准的所有要素。因此，对体育院校学生毕业论文质量管理体系的构建应从体育院校毕业论文管理体系文件化、领导作用到位、资源投入有保障、全员参与过程控制、监控体系、有效沟通体系几个方面着手，只有这样才能提高论文的质量监控体系，达到持续改进和提高管理绩效的目的。[2]

（4）对体育院校学生科研能力的培养。

针对体育院校学生科研能力偏低的现象，有学者认为，其产生原因主要是学生自身科研能力薄弱、教师指导和监控不力、办学理念陈旧等。[3]因此，要从学生自身、教师和整体教育理念等方面进行改革，以提高学生的科研能力；要加强各科知识的教学，激发学生的创造动机和求知欲，培养科研兴趣；要加

[1] 吴坚，康昌发，体育院校学生撰写毕业论文时如何选题[J]. 上海体育学院学报，2002，26(2)：85-87.

[2] 沈钧毅. 运用ISO9000标准构建体育院校学生毕业设计（论文）质量管理体系的探讨[J]. 福建体育科技，2005，24(4)：54.

[3] 吉日格勒. 体育院校大学生科研创新能力途径研究[J]. 和田师范专科学校学报，2008，28(4)：187.

强学生创新思维能力训练，掌握思维方法；要积极开展科研实践活动，从实践中提升科研能力。❶

7. 关于体育院校学生就业方面

众所周知，大学生就业难已经是全社会必须面对的一个非常严峻的事实。体育院校学生就业方面存在的问题也同样受到一些研究人员的关注。目前体育院校学生就业现状主要表现为："用人单位对体育人才素质的要求不断提高，这对体育院校学生提出了更大的挑战；社会对体育院校学生存有的偏见削减了就业的机会；学生的期望值过高，视野狭窄，影响就业的落实"。❷调查发现，期望选择教育行业就业的学生高达64.3%，但实现该领域就业的学生只有28.5%。有41.8%的学生希望到大城市发展，但现实情况却是大城市人才已经饱和。有35.7%的学生期望收入在5000元以上，但如愿的却寥寥无几。❸从中可以看出，体育院校学生的就业心态有点脱离现实，难以实现。针对这种情况以及体育院校学生的自身特点，要及时"转变就业观念；提高综合素质；加强职业生涯规划和就业指导教育；勇于实践，主动适应社会的需求"。❹

8. 关于体育院校学生社团方面

关于体育院校学生社团的研究主要集中在社团的现状调查和社团参与社区服务模式两个方面。研究表明，在高等教育体制改革和素质教育的大背景下，体育院校学生社团呈现出良好的发展态势，但也存在一些"成员流动大，组织不稳定；活动场地不够、活动经费不足、发展不均衡、专业指导老师配备不足、社团管理有待加强"等问题。❺因此，今后要加强对体育院校学生社团的组织领导和经费投入，为推动校园文化建设发挥应有的作用。"充分发挥和挖掘学生社团的特色优势，引导其主动参与社区服务，为社区的群众体育发展作出应有的贡献"。❻

体育院校学生事务管理方面的研究，除了上述几个主要方面外，还存在一些其他方面的研究。如关于"在体育院校开设社会性别课程的思考"研究❼；

❶ 刘素卿，赵智岗. 体育院校大学生科研能力培养研究[J]. 河北体育学院学报，2002，16(2): 77.

❷ 朱汉义. 从现代人才观析体育院校学生就业[J]. 南京体育学院学报，2004，18(2): 58.

❸ 王艳娜，李英玲，等. 高校体育学院学生就业期望值与现实情况的差距[J]. 中国科技信息，2008，19: 274.

❹ 周庆柱. 体育专业大学生就业心态问题研究[J]. 中国科教创新导刊，2009，329: 254.

❺ 孙凌云. 论学生社团在高等体育院校校园文化建设中的作用[J]. 南京体育学院学报，2004，18(2): 52.

❻ 胡鑫晔. 体育院校学生社团参与社区服务模式的研究[J]. 财经界：管理学家，2008，6：134.

❼ 马国义，易学. 关于在体育院校开设社会性别课程的思考[J]. 河北体育学院学报，2003，17(4): 39.

关于“体育院校学籍档案的管理”的研究❶；关于“体育院校大学生诚信现状的调查与分析”等。❷通过对当前国内研究成果的梳理不难发现，对体育院校学生事务管理方面的研究相对来讲还比较薄弱，没有形成系统，略显凌乱、繁杂。在高等教育大发展的今天，在高校学生事务管理研究日益专业化的今天，如何挖掘体育院校学生事务管理的特色，如何规范体育院校学生事务管理的系统化研究迫在眉睫。

二、国外研究现状

笔者通过不同途径搜集了国外体育院校学生事务管理相关的文献资料，并对其进行研究。

首先，美国、英国等西方国家有许多与学生事务管理相关的著作，如美国乔治·马柯蓝（George S. McClellan）等编写的《学生事务管理手册》（*The Handbook of Student Affairs Administration*）；约翰·舒（John H. Schuh）撰写的《学生事务评估方法》（*Assessment Methods for Student Affairs*）；南希·埃文斯等主编的《大学生发展：理论、研究和实践》（*Student Development in College: Theory, Research and Practice*）；苏姗·考米斯等编写的《学生服务：专业化手册》（*Student Services: A Handbook for the Profession*）。从中不难看出，这些学者的研究，并没有专门针对体育院校学生事务管理的研究，而是对高校学生事务的共性研究。

其次，国外关于高校学生事务管理的相关期刊主要有：《今日学生事务》（*Student Affairs Today*）、《体育教师者》（*Physical Educator*）、《体育》（*Physical Education*）、《体育休闲和舞蹈》（*The Journal of Physical Education, Recreation & Dance*）、《体育和运动科学测量》（*Measurement in Physical Education & Exercise Science*）、《训练和运动研究季刊》（*Research Quarterly for Exercise & Sport*）、《公共事务教育》（*Journal of Public Affairs Education*）、《大学咨询》（*Journal of College Counseling*）、《国家大学校园专题报道》（*National On-Campus Report*）、《欧洲体育述评》（*European Physical Review*）、《国际体育运动管理》（*International Journal of Sport Management*）、《学生事务社论》（*Student Affairs Leader*）、《大学生事务》（*College Student Affairs Journal*）等期刊，从中共找到了近四百

❶ 杨浏. 论体育院校学籍档案的管理[J]. 体育成人教育学刊，2006，22(4)：32.

❷ 沈跃进，陈强. 体育院校大学生诚信现状调查与分析以考试为考察点[J]. 武汉体育学院学报，2008，42(11)：62.

篇与体育学生相关的文献资料。

再次，国外有一些与学生事务相关的网站，如：美国学生事务管理联合会网站（www.naspa.org）、大学生事务管理网站（www.studentaffairs.com）、美国高等教育协会网站（www.aahe.org）、美国大学生体育联合会网站（www.ncaa.org）、德国科隆体育学院（www.dshs-koeln.de/wps/portal）、俄罗斯国立体育大学（www.sportedu.ru）等，通过它们可以了解体育院校学生管理的相关信息，搜寻相关文献资料。

最后，笔者尝试以"国外体育院校学生管理""国外体育院校学生""国外体育学生管理""国外体育学生""国外体育院校"为关键词，在中国知识资源总库进行检索，获取了十几篇相关文献信息。通过对国外体育院校学生事务管理的相关研究文献的梳理和研究，总结其体育院校学生事务管理的研究内容主要涉及以下几个方面。

1. 对体育院校学生事务管理理念的研究

通过对国外著名的体育院校或系的相关资料研究发现，他们对学生的管理始终贯彻着"以人为本，服务至上"的理念。教师和行政人员所做的一切教辅活动都以学生为中心，围绕学生而展开。从实务认知层面看，阿伯丁大学（University of Aberdeen）认为，高校学生事务是为大学生整个大学阶段的生理、心理、情感、专业学习和各种需要所提供的充分服务；阿贾罕大学（University of Greenwich）认为，高校学生事务是为各类学生提供的各种支持服务，以及协助学校对学生学位教育整个过程进行的管理。[1]从理论层面来说，英国伯明翰大学（University of Birmingham）体育学院安东·瓦根马克斯（Anton Wagenmakers）教授认为，体育院校不但使学生在今后的体育中发挥重要作用，而且在塑造学生健康体魄方面也产生着巨大的作用。所以，高校的目的就是为了学生的成才和健康成长而提供各种服务。[2]可以说，"服务至上"是国外体育院校的服务宗旨。

2. 对体育院校学生事务管理内容的研究

（1）对学生课外活动管理的研究。

课外活动的丰富多彩是国外体育院校的一个显著特点。布鲁内尔大学（Brunel University）学生会通常以俱乐部的形式开展课外体育活动，由校学生会负责组织、管理和运作。俱乐部每年都会在入学的时候招募新会员，会员入

❶ 冯刚，赵锋. 走进英国高校学生事务管理[M]. 北京：中国人民大学出版社，2008：17.

❷ University of Birmingham. First year student handbook[EB/OL].[2010-06-01]http://www. sportex. ac. uk.

会须缴纳会费，由俱乐部聘请专门教练在固定时间、固定场地，每周进行指导。[1]学生会根据院校的要求和校园文化的特色，组织开展跟体育教学目标相结合的诸多活动。在许多学校里，学生会产生了“磁石效应”，对学生有着巨大的吸引力。[2]美国教育家柯南特（Conant）在《论认识科学》（*On Understanding Science*）中提到过“构成大学的四要素为知识的专研、专业的教育、文雅的教育和学生活动”。[3]因此，学生活动的丰富与否是衡量大学是否成功的重要元素之一。如德国的体育俱乐部数量高达9万之多，已经形成了一整套的体育人才培养体系。[4]学生的课外体育活动是对课堂学习的有益锻炼和额外补充，有利于培养学生的领导能力、沟通能力和协调能力。因此，对体育院校学生课外活动的管理研究也是一大特色。

（2）对学生伤害事故管理的研究。

学生伤害事故在国外体育院校也较常见。据美国大学生体育联盟(NCAA)的统计显示，在橄榄球、篮球和摔跤赛季中，900所大学和学院发生了7万起伤害。[5]因此，研究人员对学生伤害事故的责任承担问题，关注较多。如美国政府将学生伤害事故责任的性质界定为过错责任，依据过错责任原则审理学生伤害事故案件。如加拿大政府认为，学校作为学生的监管者、校产的占有者和学生的管理者，可能要因替代责任(Vicarious Liability)原则（替代责任原则主要是指“法律上规定的，尽管一个人自身本不应该承担责任或没有错误，但他应为另一个人的过失承担责任”）[6]因教练或教师的疏忽承担责任。所以，教练和教师对学生运动员负有提供必要的监督、适当的指导和训练、适当的和可能的医疗帮助的责任；管理者和学校负有对体育活动提供监督和雇用合格的工作人员、提供适当的医疗帮助、提供安全的装备等职责；如未能履行上述职责，则其应对学校体育伤害承担责任；学生伤害事故责任是一般过错责任，这样的规定有利于维护社会公共利益；学校体育运动的参与者和观众甘冒那些在体育活动中显而易见和可以预见的风险，但是并不甘冒学校及相关人员未能合理履

[1] Brunel University student handbook level one [M]. Brunel University, 2010.

[2] MACKINNON, FIONA J D. Rentz's student affairs practice in higher education[M]. Springfield:Charles Thomas Publisher, 2004:300.

[3] CONANT J B. On understanding science[M]. New Heaven, Mass. :Yale University, 1947:42.

[4] 张建新，孙麒麟，等. 美德澳高校竞技体育人才培养及其启示[J]. 体育文化导刊，2009，8: 96.

[5] WONG G M. Essentials of sports law[M]. 2nd ed. Greenwood Publishing Group, 2002:411.

[6] 刘朋，吴振宁，等. 加拿大的学校事故立法[J]. 社会，2002(9): 59.

行其职责导致的风险。[1]

（3）对学生教育实习管理的研究。

教育实习是高校培养人才的重要环节。体育院校专业的特殊性决定了教育实习的重要性。因此，国外对体育院校学生教育实习的研究也颇有深度。如在美国，体育院校单独设有专门的办公室来负责教育实习。学生被单独安排在一个学校进行教育实习，每名学生都由一名实习学校委派的实习指导教师负责。每周学生所在大学的指导教师或带队教师，都会作一次现场指导。每周召开一次实习讨论会，互相交流实习心得，提供相互学习的机会。[2]如日本体育大学为了推动和开展与社区间的交流活动，加强与社会、地区的合作，创造新型的体育文化，培养新型的体育教师，特别重视教育实习环节的监控和管理，努力提升体育的社会创造价值，向社会输送优秀的体育人才。[3]英国大学体育院系设有专门的试验课程，紧密结合社会的需要，把教育实习作为培养人才的重要途径。[4]

（4）对学生招生管理的研究。

招生是体育院校学生事务管理中非常重要的环节，招生的好坏直接影响着生源的质量好坏。如美国大学体育联合会（National Collegiate Athletic Association，NCAA）对招收和被招收人员在资格认可、代理权限、学历要求、接触范围，以及接待规格方面都做了严格规定。美国高校体育院系招收学生运动员一般有三个渠道：一是高中毕业生；二是二年制大学生；三是四年制大学的转校生。其中高中毕业生是其招收学生运动员的主渠道。NCAA严格遵循业余体育原则，不允许其成员学校招收职业运动员及退役的职业运动员。对学生运动员入学的文化成绩也有统一规定并进行监督，违者将受到严厉处罚。对成员学校的招生程序和过程也进行了严格的规定。如规章规定，在非正式接洽时段，教练员和学生运动员是不能见面的。[5]德国科隆教练员学院在招生时要求考生必须获得某一专项运动协会的A级教练资格证书。对每个学生的录取必须获得单项运动协会的同意。[6]此外，一些学者对体育院校留学生的招生也有涉猎。如俄罗斯国立体育大学在招收外国留学生时，入学手续非常简单，只需要提供

❶ 韩勇. 美国学校体育伤害法律责任问题对中国的启示[J]. 首都体育学院学报，2009，21(2): 192.
❷ 关北光，胡军. 中美体育教育专业教育实习的比较[J]. 体育学刊，2009，16(2): 65.
❸ 国家体育总局科教司. 国外体育院校概况[M]. 北京：人民体育出版社，1999: 7.
❹ 曲宗湖，杨文轩. 域外学校体育传真[M]. 北京：人民体育出版社，1999: 198.
❺ 凌平，张柱. 关于美国高校招收学生运动员管理制度的研究[J]. 山东体育学院学报，2002，18(3): 18.
❻ 国家体育总局科教司. 国外体育院校概况[M]. 北京：人民体育出版社，1999: 50.

申请、个人简历、毕业证书成绩单即可。❶

（5）对学生就业管理的研究。

体育院校学生的就业问题在国外也广受关注。英国于1999年，开始引进澳大利亚的模式实施“就业和教育计划”（Athlete Career and Education Programme）。在此基础上，于2004年启动了“高成就的生活方式”（Performance Lifestyle）规划，帮助体育院校学生做好就业准备。职业发展顾问综合考虑学生的个体特征和对职业的需求，帮助他们制定其职业的长期规划，教授学生如何撰写履历，如何参加面试等。❷通过对英国布鲁内尔大学（Brunel University）体育学院本科生入学报考专业的调查发现，他们选择体育专业有多方面的原因，其中就业也是考虑因素之一。他们的择业在很大程度上是由社会取向来决定的。用人单位招聘时，注重学历，但是对学科却不限制。因此，有些学生虽然并不打算从事体育行业，但是他们却选择学习体育，因为体育与其他学科的学位一样，有了它就很容易在全国范围内求得体育行业或其他行业的工作。拥有体育科学学位的毕业生，在应聘时深受用人单位的青睐，因为通过体育锻炼，这些学生掌握了许多实践能力，例如团队工作、独立学习、对定性和定量工作的理解等，这些优势有助于他们在竞争中获取更多的机会。❸

除了上述几个方面之外，学者们对国外体育院校学生事务管理的研究还涉及学生住宿、心理咨询、性别平等、种族歧视、酗酒等方面。总体说来，国外对体育院校学生事务管理的研究因其理论的成熟、研究的深入，已经形成了系统、正规的研究领域。依托高校学生事务管理研究的平台，其个性化的研究也愈来愈丰富。

第三节　研究思路与方法

一、研究对象

本节拟以全国14所独立的本科体育院校，即北京体育大学、首都体育学院、天津体育学院、上海体育学院、南京体育学院、武汉体育学院、广州体育

❶ 朱建新. 世界著名体育高等学府——俄罗斯国立体育大学简况[J]. 安徽体育科技，2003，24(3): 130.
❷ 蒋志学，张锐铧. 英国运动员文化教育及就业计划[J]. 体育文化导刊，2005: 61.
❸ 陆淳. 英国大学体育教育研究[J]. 体育文化导刊，2009，10: 157.

学院、成都体育学院、西安体育学院、沈阳体育学院、吉林体育学院、哈尔滨体育学院、山东体育学院、河北体育学院的学生事务管理为研究对象。通过探讨这些体育院校的历史沿革、学生特点以及学生事务管理的现状，来分析和解决学生事务管理模式存在的问题，旨在构建我国体育院校学生事务管理的新模式，规范我国体育学院学生事务管理的研究方法和工作路径，使我国体育院校学生事务管理的相关研究朝系统化、科学化、标准化方向发展，为推动高素质体育人才的培养做一些力所能及的努力和尝试。

二、研究内容

围绕我国体育院校的学生事务管理，本节拟开展以下主要内容的研究。

内容一，我国体育院校发展概况回顾。通过梳理体育院校的发展历史，详细了解体育院校的办学理念、定位、发展战略等相关信息，剖析体育院校办学的特色与差异性，解决“为什么选择我国体育院校作为研究目标”的问题。

内容二，我国体育院校学生事务管理的理论基础介绍。对研究所涉及的相关概念进行梳理、界定和辨析；对欧美等发达国家高校学生事务管理理论进行概述，探讨适合体育院校学生事务管理发展的理论流派，解决“我国体育院校学生事务管理以什么理论来支撑”的问题。

内容三，我国体育院校学生事务管理模式发展历程及现状分析。通过梳理我国体育院校的历史沿革，分析我国体育院校学生事务管理的规律和特点。通过分析高校学生事务管理的主流模式，探讨我国体育院校现行学生事务管理模式的优缺点，提出“我国体育院校学生事务管理模式为什么要重构”的问题。

内容四，国外高校学生事务管理模式特点分析。通过对东西方国家高校学生事务管理模式的特点进行分析，探讨“我国体育院校学生事务管理模式重构的思路”问题。

内容五，我国体育院校学生性格特点剖析及发展型学生事务管理模式重构研究。通过剖析体育院校学生的共性与个性，剖析他们的优、缺点，找出他们与普通高校学生的差异性，提出构建我国体育院校发展型的学生事务管理新模式，解决“我国体育院校学生事务管理模式如何重构”的问题。

内容六，我国体育院校发展型学生事务管理队伍建设研究。通过分析体育院校学生事务管理队伍的现状和存在的问题，探讨其如何发展，如何建设，解决“我国体育院校学生事务管理队伍为什么不稳定”的问题。

内容七，我国体育院校发展型宿舍管理研究。通过分析体育院校学生宿舍管理的机制、现状，找出存在的问题，在发展型学生事务管理模式的指导下，提出相应的改进措施，解决“我国体育院校发展型宿舍管理模式如何构建”的问题。

内容八，我国体育院校发展型学生社团管理研究。通过分析体育院校学生社团的管理内容、现状等，在发展型学生事务管理模式的指导下，提出发展型学生社团的构建策略，解决“我国体育院校学生社团如何发展”的问题。

拟通过上述几部分的研究内容，得出我国体育院校学生事务管理方面的相关结论。为今后我国体育院校学生事务管理研究的后续开展，提供一些建设性的参考。

三、研究方法

从本研究的需要和实际出发，拟采用以下主要的研究方法：

第一，系统科学方法。依据系统论的原理，我国体育院校学生事务管理是一个系统工程，各要素之间彼此联系和互相影响。因此，相关研究必须在整个系统里进行，任何脱离系统或者片面的研究，都不能反映整个系统的特点和规律。本研究拟采用系统科学方法，试图揭示体育院校学生事务管理的内涵和规律。

第二，实证研究方法。本研究从我国体育院校的实际情况出发，在“求真求用”的思想指导下，综合运用各种理论知识，对体育院校学生事务管理的特点和规律进行剖析，坚持理论与实践的结合，注重二者之间的辩证关系。

第三，文献资料法。本研究通过对国内外体育院校学生事务管理的若干方面进行文献检索，进行归纳、梳理，得出相关研究的背景、缘由、国内外研究现状等信息，为后面研究的顺利开展，理清思路。

第四，问卷调查法。本研究拟采用问卷调查方法，来了解体育院校学生的特点，学生队伍的结构现状等方面的内容。通过问卷的制定、发放、回收，搜集和整理相关的数据，为研究的开展提供实证方面的依据。

第五，专家访谈法。通过对专家的访谈，了解他们对本研究的建议和独到见解，解析研究中可能遇到的问题，检测问卷设计的好坏，并提出相关建议。掌握一手的资料，有助于本研究的顺利开展。

四、技术路线

查找关于“体育院校学生事务管理”相关的所有资料，包括图书、期刊、电子资料等，进行文献资料的搜集和整理，为本书的撰写做好充分准备。设计相关调研问卷，主要包括体育院校学生特点调查问卷、学生管理队伍调查问卷、专家访谈提纲等。征求专家对问卷设计的建议，对本研究开展的观点和见解。然后，确定问卷的最终设计方案。对需要调研的项目进行问卷的发放和回收，然后处理相关结果。提炼有价值的信息，为本书的撰写做好铺垫，其具体框架见图1.1。

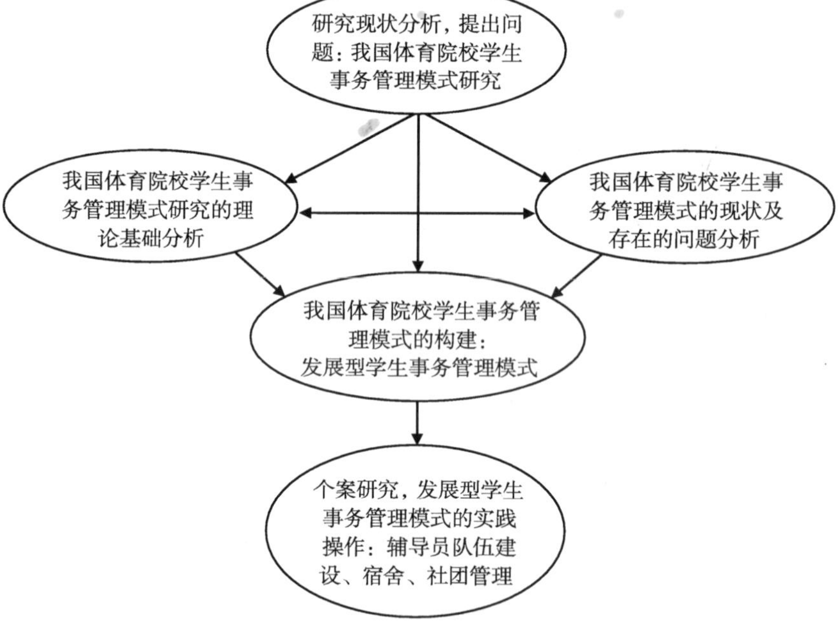

图1.1 研究技术路线

五、研究意义

笔者选择我国体育院校的学生事务管理作为研究对象，探讨高等教育大众化后的体育院校学生事务管理的特点，主要基于以下考虑：

其一，研究我国体育院校学生事务管理，有助于更好地把握体育院校学生的性格特征，为今后更好地开展学生事务管理工作提供依据。

体育院校的学生和非体育院校普通高校的学生无论在性格特征方面，还是在心里方面都存在着较大的差异。根据现代“五因素”特质理论，体育院校学生在情绪稳定性方面易于冲动，自我意识强；在外向性方面，则热情、活跃、乐观，富有冒险精神；在开放性方面，则情感丰富，富有想象力；在随和性方面，则直率，但不谦虚，不易依从；在谨慎性方面，则能力强，胜任、尽职，但自律性差。别外，体育院校的学生文化底蕴相对较薄弱，部分学生的某些行为举止，在公众场合下有伤大雅，妨碍了公众对他们的正确判断和认知，以至于给旁人留下了不好的印象，造成一定程度上对他们人格上的误解。通过研究体育院校学生事务管理，有助于更好地把握体育院校学生的特征，剖析他们的优点，客观分析他们的举止和行为，去除和消融人们固有的偏见和误解，为今后更好地开展学生事务管理工作提供依据。

其二，研究我国体育院校学生事务管理，有助于拓展体育院校思想政治教育的内容和方法，更好地促进体育人才的培养。

大学生思想政治教育反映了一定社会的政治、经济、文化、科学的要求，受一定社会生产力和科学文化发展水平以及学生身心发展规律的制约。思想政治教育效果的好坏对人才目标的培养起着至关重要的作用。因为，人是教育的对象，教育的本体价值是为了使受教育者身心得到发展，以适应社会需求。研究体育院校学生事务管理，有助于拓展体育院校思想政治教育的内容和方法，根据社会变化、实效性进行适时调整、优化教育方法，加快改革步伐，培养符合社会需求的优质人才，更好地促进培养目标的实现。

其三，研究我国体育院校学生事务管理，有助于发挥体育院校的特色，加强体育院校战略管理，准确把握高校定位。

学生事务管理是院校战略管理研究的内容之一。院校通过道德教育、非学术性事务和课外活动等方式对学生施加影响，以教育、管理、指导和服务学生，促进学生学习和发展。发展是一种积极的成长过程，在此过程中，个人可以融入群体，参与各种活动，获得各种经验。研究体育院校学生事务管理，有助于发挥体育院校的特色，把握其发展内涵。在复杂的高等教育系统中，有助于他们理清办学思路，把握高校定位，避免“千校一面”的尴尬。在激烈的社会竞争中，提升自我发展的空间，促进体育院校的战略管理研究。

其四，研究我国体育院校学生事务管理，有助于体育院校学生事务管理体系的构建，优化管理模式和队伍。

通过系统研究体育院校的学生事务管理，能较好地了解和掌握其管理模式、运行机制、服务水平及育人环境。通过国内外高校学生事务管理的对比研究，有助于发现问题，找寻差距。通过借鉴和吸收他们的先进经验和有效方法，达到构建和推动体育院校学生事务管理体系的目的，夯实理论基础，使之朝着正规化、系统化、程序化和标准化的方向发展，从而优化管理队伍和模式，提升服务质量。

其五，研究我国体育院校学生事务管理，有助于推动和促进我国高校学生事务管理的改革与发展。

体育院校学生事务管理作为我国高校学生事务管理的一个分支领域，其研究理论的深入能有效地推动和促进我国高校学生事务管理的改革与发展。目前，我国高校学生事务管理缺乏相应的理论支撑，某些工作理念陈旧、管理方式不易变通，效果不是很理想。再加上，没有形成稳定、成熟、可持续发展的研究领域，因此，高校学生事务管理改革势在必行。通过体育院校专业化和职业化的学生事务管理队伍的建设，通过体育院校良好、长效的沟通协调机制的建构，通过体育院校“以人为本”服务理念的建立，尊重学生个性，满足学生多元化的发展需求，为学生的健康成长提供和谐的校园环境，为高校学生事务管理的改革与发展提供范式。

本章小结

本章主要是回答了为什么要选取我国体育院校学生事务管理进行研究的问题。同时对本书涉及的相关核心概念如学生事务、学生事务管理等进行了界定，对具体研究对象（全国14所独立办学的体育院校）进行了框定，采用问卷调查法、专家访谈法等，对相关研究内容进行了设想，并提出构建我国体育院校发展型学生事务管理新模式的设想。

第二章　我国体育院校学生事务管理模式的理论基础

理论是指“人们对自然、社会现象，按照已知的知识或者认知，经由一般化与演绎推理等方法，进行合乎逻辑的推论性总结”。理论来源于实践，反过来对实践又具有指导作用。体育院校作为我国高等院校的组成部分之一，其学生事务管理的理论基础应该来源并归属于我国高等院校学生事务管理的理论基础。因此，探讨我国高校的学生事务管理理论基础，实际上已经解答了我国体育院校学生事务管理理论基础的来源问题。而学生事务管理的理论基础则来源于哲学、管理学、心理学、生态学等多种交叉学科，它们在指导学生事务管理过程的实践中，又产生了许多新的思想、理论和方法。研究学生事务管理的这些理论有助于我国体育院校学生事务管理模式的创新和发展。本章将探讨我国和欧美高校学生事务管理的理论基础，为进一步夯实我国体育院校学生事务管理的理论基础提供必要的条件。

第一节　欧美高校学生事务管理的理论基础

伴随着欧美高校学生事务管理的专业化进程，产生了大批以指导大学生如何成长、如何发展、如何适应大学校园环境等为核心内容的相关理论。它们的产生和发展为高校学生事务管理的有效实施奠定了坚实的理论基础。主要包括哲学理论基础、管理学理论基础和心理学理论基础。

一、哲学理论基础

与学生事务管理相关的一些哲学思想和理论在欧美高校学生事务管理专业化发展的过程中，扮演着重要的角色，发挥了积极的指导作用。对学生事务管理影响较大的哲学思想和理论流派主要有理性主义、实用主义、存在主义、人道主义和后现代主义。

（一）理性主义

1. 理性主义的内涵

理性主义（Rationalism）产生于17—18世纪的欧洲，是伴随着中世纪大学而产生的，后来随着古典大学的演变而逐渐发展起来。它是以理性为内核的一种思想，主张把理性作为神的属性和人的本性来看待，即强调人和知识的本性，而非现实本身的本性。它的主要代表人物有纽曼、洪堡、怀特海、赫钦斯等。

理性主义认为，“凡是合乎自然、合乎人性的就是理性”❶，人的本质在于他的理性特征。教育就是要培养这种理性，在教育过程中实现人的自我完善和发展。在理性主义者眼里，人永远是教育的对象，人的个性发展和传播理性知识始终是大学教育目的的最高原则。教育是为生活作准备的，而非为职业作准备，知识本身即为目的。因此，赫钦斯（Hutchins）认为“教育意味着教学，教学意味着知识，知识是真理，真理在任何地方是相同的，因此，教育在任何地方应当是相同的”。❷高等教育的主要目的是培养学生的智慧，传播永恒的真理，培养永恒的人性。建议知识与市场和政治场所相分离，把大学建成纯洁的“象牙塔”。

2. 理性主义与高校学生事务管理

在理性主义哲学思想的指导下，高校学生事务管理的目的是使学生的学习不受干扰，并为学生的智力发展创建一个良好的学习氛围，无须关心学生的个性和健康成长。在他们看来，学生宿舍的管理和活动必须要有助于学生的智力发展。学生在课堂和实验室以外的活动和生活，如课外文化体育活动、咨询和就业指导等服务对学生智慧的增长没有太多的帮助。学生的招生录取和转学记录只反映学生的学业成绩和学术行为。教师希望学生事务管理者确认并吸收有能力的学生到学校，协助他们学得更好，并控制任何导致忽视研究普遍真理与价值的学术因素。只有智力的发展才是高等教育的主要目的。

（二）实用主义

1. 实用主义的内涵

实用主义（Pragmatism）源于19世纪70年代，在20世纪的美国成为一种主流的哲学派别。它主张哲学要立足于现实生活，把确定信念作为出发点，把

❶ 周光迅. 哲学视野中的高等教育[M]. 青岛：中国海洋大学出版社，2006：72.

❷ 罗伯特·M·赫钦斯. 教育中的冲突[M]. 北京：人民教育出版社，1980：200.

经验和目的归结为行动的效果，把知识归结为行动的工具，把真理归结为有用、效用或行动的成功。其主要代表人物有皮尔斯、詹姆士和杜威。

实用主义认为“教育是人类理性和感情状态的和谐，高等教育的课程应当为从理论到实践的应用提供条件”。[1]重视学生的全面发展，鼓励学生利用实践进行学习并且能够应用已学的知识去寻找问题的答案，积极为学生提供处理一些现实问题的机会。实用主义者主张“以个体生长为主线，把高等教育统一在整个教育体系之中；职业教育与文化修养应该而且能够统一起来；民主意味着自由，也意味着广泛的参与和承担社会责任”。[2]

2.实用主义与高校学生事务管理

实用主义强调的是“有用”，相对于探究普遍的真理而言，它更重视学生的一些具体和特殊的实践经历。因此，为了获得具体的经验，它建议让学生以“做中学”的方式担任学生组织的领导角色，以此发现价值观和解决问题的办法。高校学生事务管理中的就业咨询与指导、学生组织的各种课外活动、学生的自我管理和参与高校的管理、领导艺术训练以及我国学生参与的各种社会实践等内容都体现了实用主义的哲学思想。美国学者埃文斯等通过比较美国高校前后13个学生事务宣言后发现，学生事务赖以存在的哲学和价值观基础基本上都是源于杜威的实用主义哲学，主要包括“全人观点、关注个别差异；互动观点、关注情境；教与学的角色转换；强调绩效责任等”。[3]

（三）存在主义

1. 存在主义的内涵

存在主义（Existentialism）又称生存主义，是当代西方哲学主要流派之一。它产生于第一次世界大战后的德国，第二次世界大战期间传至法国。该名词最早由法国的马塞尔提出。存在主义“以人为中心、尊重人的个性和自由，认为人是在无意义的宇宙中生活，人的存在本身也没有意义，但人可以在存在的基础上自我造就，活得精彩”。它的主要代表人物有雅斯贝尔斯、海德格尔、萨特等。

存在主义把个人作为教育的主体，把在发现自我的境遇中进行个人的自由发展作为教育的基本目标，主张让学生自由选择道德标准。它认为知识的真实

[1] 王秀彦. 高校学生事务管理概论[M]. 北京：高等教育出版社，2009：26.

[2] 潘懋元. 现代高等教育思想演变的历程——从20世纪到21世纪初[J]. 高等教育研究，2007(8)：6-11.

[3] EVANS N N, REASON R D. Guiding principles: a review and analysis of student affairs philosophical statements[J]. Journal of College Student Development, 2001, 42(4): 359-377.

性要看他对个人主观的价值，教学应把个人的主观性作为出发点。课程的重点必须从事物世界转移到人格世界，强调人文学科的价值。在教学组织形式上，主张“个别对待”。❶存在主义认为，在个人的发展中，人的本质决定于人的主观性，教育的首要目的在于激发个人的发展，以取得个人自身的“自我完成”。

2. 存在主义与高校学生事务管理

在高等教育方面，存在主义认为学生的学习和发展应该由他们自己负责。学生应该在特定的课程、学术计划和社会学习环境下，自己确定所学课程，教师只是帮助学生成长和发展。课程本身也只是为学生提供了自我思考的焦点。在存在主义哲学思想的指导下，高校学生事务管理得以直接参与学术事务活动，从而成为一种新的职能，不再被认为仅仅是课外活动而已。

（四）人道主义

1. 人道主义的内涵

人道主义（Humanitarianism）是起源于欧洲文艺复兴时期的一种思想体系，它是“提倡关怀人、爱护人、尊重人，做到以人为本、以人为中心”的一种世界观。法国资产阶级革命时期又把人道主义的内涵具体化为“自由”“平等”“博爱”等口号，要求维护人的自由和尊严，发扬人的个性。它的主要代表人物有雨果、培根等。

人道主义坚持以“人”作为研究问题的出发点和归宿，它要求确认人的主体性地位，肯定个体的独立价值。尊重人的权利，维护人的尊严，保障人的自由，追求人的全面发展与自我完善。它认为“教育要致力于对人的普遍关怀，致力于对人的价值、尊严、权利和自由的追求，致力于人自身的不断发展与完善。”❷高等教育除了开发学生智力以外，还应当有意识地去开发学生个性的其他诸多方面，满足学生在智力、身体和精神各方面的需求。

2. 人道主义与高校学生事务管理

人道主义认为教育是一项培养人的社会事业，人是教育的核心和归宿。高校学生事务管理的主要目的是巩固和增强学生的学术经验，主张开设第二课堂，鼓励学生参与组织和社团活动。但课外活动、咨询工作和宿舍活动等必须

---

❶ 王承绪. 西方现代教育论著选[M]. 北京：人民教育出版社，2001：34.

❷ 王燕. 论教育人道主义及其价值追求[J]. 江西教育科研，2007(1)：3-6.

围绕学术培养而展开，学生的休闲和娱乐等对于学生的教育来讲不是最根本的。建议有专职的学生事务管理人员来负责非学术性活动，以便让学生有更多的时间来从事跟学术有关的学习。

（五）后现代主义

1. 后现代主义的内涵

后现代主义（Postmodernism）起初产生于20世纪二三十年代，用于表达“要有必要意识到思想和行动需超越启蒙时代范畴”的一种“反西方近现代体系哲学倾向的思潮”。它是对现代主义的回应，强调异质性、特殊性和唯一性。“后现代主义是对当今时代的实践和人类自身进行反思的思想运动，是对现代资本主义的文化批判；作为一种思维方式，后现代主义哲学是对传统思维方式的挑战和扬弃”[1]它的主要代表人物有利奥塔、福柯等。

后现代主义认为没有客观永久的外在世界，每一件事都是主观相对的。没有背景就没有知识的存在。关怀是人类情境基本的特征，发展是必然的，是现代思维希望的结果。概念、公式、观点等总是稳定的，知识的状态随着社会进入后工业时代以及文化进入后现代时代而改变着。在西方，后现代主义对高等教育影响深远。如利奥塔通过分析现代知识的状况，把现代科学知识拉下了权威真理的圣坛，并展望了后现代主义视野下的师生关系和教育发展的新景象等。

2. 后现代主义与高校学生事务管理

后现代主义认为，人性是多元性的理性和非理性的复合体。因此，高校学生事务管理者既要认识到学生是理性的人，又要认识到他们是非理性的人。高校要树立“完整”的学生生命观，差异性的学生发展观和多元化的学生评价观来塑造和发展学生。学生事务管理者要和学生之间结成教育性的师生关系，双方在精神的理解和沟通中获得新的理解和尊重。

从上述几种哲学流派的梳理中可以发现，欧美高校学生事务管理的发展经受了诸多哲学思想的影响和作用，使之在具体的实践中逐渐走向了成熟的专业化道路。时至今日，这些哲学流派对学生事务带来的巨大影响还依稀可见。

---

[1] 王治河. 扑朔迷离的游戏——后现代哲学思潮研究[M]. 北京：社会科学文献出版社，1993：24.

二、管理学理论基础

管理学对高校学生事务管理的理论和实践发展也产生了重大的影响，其中以人本管理理论、科层制管理理论、系统理论、学习型组织管理理论等为甚。

（一）人本管理理论

1. 人本管理理论的内涵

人本管理思想产生于20世纪30年代，直到20世纪六七十年代才真正有效地运用于企业管理，给现代企业的管理思想和理念带来了一场深刻的变革。人本管理理论“把员工作为企业最重要的资源，以员工的能力、特长、兴趣、心理状况等综合性情况来科学地安排最合适的工作，并在工作中充分地考虑到员工的成长和价值，使用科学的管理方法，通过全面的人力资源开发计划和企业文化建设，使员工能够在工作中充分地调动和发挥工作积极性、主动性和创造性，从而提高工作效率、增加工作业绩，为达成企业发展目标作出最大的贡献”。它的主要代表人物有泰罗、梅奥、麦格雷戈等。

人本管理认为“员工是组织的主体；有效管理的关键是员工参与；尊重人性是管理的核心；管理是为人服务的”。[1]在管理实践中，要重视员工个人的发展，加强感情投资，培养职工的合作精神。注意领导方式的灵活性，改善劳动制度，鼓励员工参与管理等。人本管理的思想因其合理性和先进性逐渐被高校所接受，并充分应用到学生事务管理的实践。

2. 人本管理理论与高校学生事务管理

人本管理理论认为，高校学生事务管理在实践中应该贯彻“以生为本”的管理理念，采用柔性管理为主的方式，充分尊重学生主体的人格和尊严，既要解放学生，又要依靠学生。强化学生事务管理者的服务意识，注重学生的自我管理。尊重学生的个体性，在管理过程中充分体现“因材施管”的原则，最大限度地实现管理效率的最佳化。

（二）科层制管理理论

1. 科层制管理理论的内涵

科层制又称官僚制，是由德国社会学家马克斯·韦伯于20世纪初提出来的。在韦伯看来，科层制是指“一种以分部—分层、集权—统一、指挥—服从等为特征”的组织形态，是对人实现强制控制的最合理的已知手段。

[1] 鄢敦望. 管理学原理与应用[M]. 长沙：湖南人民出版社，2007：91–93.

韦伯认为科层制是现代社会实施合法统治最有效的、合理的行政组织形式。它在精确性、稳定性、纪律性和可靠性方面都优于其他组织形式。具有“明确的分工，即每一成员的权力和责任都有明确规定；自上而下的等级系统，下级接受上级指挥；科学的人员任用制度，组织成员都具备各专业技术资格，通过正式考试或者教育培训来任用；职业管理人员，即管理人员是职业管理人；遵守规则和纪律，即组织成员遵守组织规定的规则和纪律等；组织中人员之间的关系，即组织成员之间的关系不应受个人情感的影响”[1]等特点。它保证了组织的稳定性和效率性。

2. 科层制管理理论与高校学生事务管理

随着高校学生事务管理的专业化进展，学生事务管理的内容越来越广泛，如招生与注册、就业咨询与指导、宿舍管理等。按照韦伯的观点，当组织机构规模扩大、人员增加到一定程度的时候，为了保证组织稳定、高效的运行，需要对组织进行专业分工、明确权责、建立严谨、规范的科层制度。因此，高校学生事务管理可以遵循科层制管理的特点，结合自身实践，在学生事务管理组织中来构建层次分明、制度严格、权责明确的科层管理体制，以促进学生事务管理的健康发展。

（三）系统管理理论

1. 系统管理理论的内涵

现代系统论是“由美籍奥地利生物学家贝塔朗菲(L. V. Bertalanffy) 于20世纪20年代左右创立的。后人结合他的观点，提出系统具有整体性、动态性、层次性、相关性、目的性等特征，这些特征构成了系统的特点”。[2]系统理论学派认为，一个组织的管理必须理解构成整个运作的每个系统。要理解一个系统是如何工作的，首先要懂得各子系统是如何发挥作用的以及每一个子系统对整个系统的贡献。系统是开发的，它会在一定的环境中生存，与环境进行物质、能量和信息的交换。“系统分析的另一条发展路线，体现在与大学相联系的研究和教学活动中”[3]，它被作为一种价值观和方法论来研究和解决教育管理中的各种问题。其主要代表人物有西蒙、卡斯塔等。

2. 系统管理理论与高校学生事务管理

系统理论和方法被引进高校来解决教育中出现的各种问题，使教育管理

❶ 藏有良. 管理学原理[M]. 北京：清华大学出版社，2007：40.

❷ 曹淼孙. 基于系统论视角下的高校学术腐败治理研究[J]. 华北电力大学学报：社科版，2010(3)：119.

❸ P·M·克朗. 系统分析和政策科学[M]. 北京：商务印书馆，1985：22.

上升到了一个科学化和现代化的新平台。学生事务管理作为高校教育管理的有机组成部分，理所当然地受到了整个教育管理系统的制约和影响。作为系统元素之一的学生事务管理系统，它又由多个子系统构成，如学生、教师、工作人员等。而每个子系统之间又相互联系，相互产生影响。因此，任何一个子系统的变化都会给整个学生事务管理系统带来正面或者负面的影响。将系统的概念引入学生事务管理领域，有助于学生事务管理的改革和理念更新。

（四）学习型组织管理理论

1. 学习型组织管理理论的内涵

所谓学习型组织是指“通过培养弥漫于整个组织的学习氛围，充分发挥员工的创造性思维能力而建立起来的一种有机的、高度柔性的、扁平化的、符合人性的和能持续发展的组织”。[1]学习型组织理论是由美国著名的管理学大师彼得·圣吉1990年在其著作《第五项修炼——学习型组织的艺术与实务》中所提出来的，他系统地分析了学习型组织内部的结构和运作规律，提出了建立学习型组织的“五项修炼”模型，即自我超越、改善心智模式、建立共同愿景、团队学习和系统思考。以这些修炼技术为基础，彼得·圣吉认为学习型组织还具备了以下五个特征：“一是有一个人人赞同的共同构想；二是在工作中，抛弃旧的思维方式和常规程序；三是作为相互关系系统的一部分，成员对所有的组织过程、活动、功能和环境的相互作用进行思考；四是人们之间坦率地相互沟通；五是人们抛弃个人利益和部门利益，为了实现组织的共同构想一起工作。”[2]因此，学习型组织的目的主要是通过学习来激发个体的求知欲望，营造组织良好的学习氛围，达到组织绩效最大化的目的。

2. 学习型组织管理与高校学生事务管理

学习型组织管理理论对高校学生事务管理具有重要的指导意义和实践价值。如在学生事务管理队伍建设方面，可以通过树立队伍的共同愿景，抛弃旧的思维方式，改善自己的心智模式，塑造共同的价值观，建设一个开放、民主、和谐的组织文化环境，实现管理服务和育人质量的提升。同时学生事务管理者在面对时代的变革和挑战时，要学会保持开放的进取心态，努力学习，克服困难，实现自我超越。

---

❶ 王秀彦. 高校学生事务管理概论[M]. 北京：高等教育出版社，2009：38.

❷ 高金章. 管理学[M]. 郑州：郑州大学出版社，2004：88.

三、心理学理论基础

心理学理论在帮助了解大学生在校园里如何成长、如何改变和发展、如何适应环境等方面发挥了重要的作用。它对欧美高校学生事务管理的专业化进程产生了积极的推动和促进作用。接下来，本文主要就认知发展理论、社会心理发展理论、心理咨询理论和生涯辅导理论等主要心理学流派作进一步梳理。

（一）认知发展理论

1. 认知发展理论的内涵

认知发展理论于20世纪，由瑞士著名发展心理学让·皮亚杰提出来。他认为，影响个体认知发展的主要因素有成熟、经验、社会环境和平衡化。他以个别儿童为案例，在自然的情境下连续、细密地观察，并记录他们对事物处理的智能反应，通过这种质的研究，来了解个体的行为和思维模式。

威廉·派瑞在皮亚杰的研究基础之上，提出了学生智力和道德发展理论。他认为学生的发展历程可以分为四个阶段，即基本二分阶段、多元化阶段、相对主义阶段和信守阶段。学生处在不同的阶段，对权威和知识所表现出来的态度是有差异的。劳伦斯·科尔伯格所提出的前遵循型思维、遵循型思维和后遵循型思维的理论模型也是基于学生个体发展的不同阶段所提出来的。他认为学生在不同的阶段拥有不同的价值判断和道德推理的复杂思维模式。

2. 认知发展理论与高校学生事务管理

认知发展理论关注的主要是学生的思维模式，而不是他们的思考内容。因此，它的运用能有助于高校学生事务管理者从理论层面理解和掌握学生课堂内外的行为和思维模式。如威廉·派瑞的理论模型有助于学生就业安排和学生事务管理项目的设置。根据学生在不同阶段所表现出来的智力和道德发展状况，来分析他们对权威和知识的判断和接受程度。再如，劳伦斯·科尔伯格理论的应用则有助于在学生事务管理中利用学生“前遵循型思维”的特点来设置奖惩的规章制度，利用学生“遵循型思维”的特点来引导和鼓励学生去实现自己的人生和理想等。

（二）社会心理发展理论

1. 社会心理发展理论的内涵

社会心理发展理论是由美籍德国心理学家埃里克森于20世纪所提出的，

主要分析学生的个体和群体认定问题，解释个体在与他人交往和群体互动中是如何认识和了解自己的。主要代表人物有埃里克森和奇切林。

埃里克森认为，人的发展是一个进化过程。一个人在出生时还是一个未分化的普遍体，在成长过程中，普遍体体验着生物的、心理的和社会的事件发生的顺序，并按一定的成熟程度分阶段地向前发展。人的发展不是单纯地表现为情绪过程或心理过程，而是将个人内心生活与社会任务加以结合，以人与人之间的关系表现出来。他把一个人的生命周期分为信任感、自主感、主动感、勤奋感、同一感、亲密感、繁殖感和完善感八个阶段，每个阶段都有一个特定的心理社会任务需要解决。每个人在各个阶段所完成的发展任务程度各不相同，他总是处于某一个任务的两种相反特性即两极之间的某一点上，遵循着自身的内在规律，在自我的指引下，沿着一条“之”字道路不断向前发展。在整个发展过程中存在着两种危机：一种是横的危机，即个人在每一阶段的发展任务，是否可以因在两种对立的特性之间获得平衡而顺利地向下一阶段发展；另一种是纵的危机，即个人的整个发展是否能在自我同一性的作用下导致最终的完满解决。每个人都生而具有产生善恶的潜能，在克服发展中的倒退和恶化以及防止潜能的消耗方面，自我起着重要的作用。正是自我作用和社会精神的相互补充以及自我同一性和集体同一性的共同努力，才为各阶段之间架起桥梁，从而保证了发展的连续性，使人生周期成为一个统一体。

在埃里克森研究的基础上，奇切林提出了能力培养、情绪管理、成熟人际关系的建立、自我人格的实现等“七向度理论”，来解释和说明高校学生个体发展的具体内容、领域和顺序。他认为学生的七个向度之间不是绝对的单方向发展关系，而是彼此互相联系和影响的。

2. 社会心理发展理论与高校学生事务管理

社会心理发展理论认为高校学生由于处于青年向成年过渡时期，因而在其发展过程中，易出现自我认同与角色混乱的冲突，和谐的人际关系与孤独疏离的冲突等问题。该理论的具体应用，能较好地帮助和引导学生进行个体和群体认定，解决社会心理冲突与发展所衍生的各种问题和矛盾。有助于高校学生事务管理者及时了解和掌握学生发展过程中面临的主要问题和需求，并适时给予学生以积极的鼓励和指引，为学生的健康成长提供必要的保障。

（三）心理咨询理论

1. 心理咨询理论的内涵

心理咨询理论是集大成者，它的产生没有确切的具体时间，但依据其理论基础的来源，主要可以分为精神分析理论、行为主义理论和人本主义理论。它所对应的代表人物分别是弗洛伊德、华生和罗杰斯。

精神分析理论由弗洛伊德所创立，其主要内容包括心理结构、人格结构、心理动力、心理发展和适应问题。弗洛伊德认为人的心理结构分为潜意识、前意识和意识三个层次。他将人格的结构分为“本我”“自我”和“超我”。人的心理动力是性本能和营养本能的复合体。心理的发展是动态的。人的本能得以实现，必须采用变相宣泄和自我防御等方式，以形成不同的应对。精神分析理论应用于实践，其疗法主要包括宣泄疗法、自由联想疗法和心理动力学疗法。

行为主义理论产生于20世纪初期，由美国心理学家华生所创立。华生认为，人和动物的行为是可以通过学习和训练加以控制的，是在“刺激-反应模式”下形成的，与遗传因素无关。该观点受到了以托尔曼、斯金纳和班都拉等为代表的新行为主义学派的批判。新行为主义理论重视认知、评价、整合等“中介变量”在“刺激-反应模式”之间的作用，指出行为并不仅仅由环境刺激所决定，人的现行行为，大部分都是先前行为的后果。而这种后果对先前行为起到了激励和强化的作用，后果不同，强化的性质各异。行为主义理论应用于实践，其疗法主要包括厌恶疗法、生物反馈法和行为塑造法等。

人本主义理论产生于20世纪60年代，由美国心理学家马斯洛所创立，其主要代表人物有罗杰斯等。该理论以“自我实现”为核心，关心人的价值和尊严，充分发挥人自身的潜能，以获得“自我高峰体验”。人本主义理论应用于实践，其疗法主要有“患者中心疗法”，主张“无条件正向关怀”。

2. 心理咨询理论与高校学生事务管理

心理咨询理论自诞生之日起便广泛应用于社会实践，指导和帮助接受咨询的个体，减轻心理负荷，改善认知技能，提高适应能力，维护身心健康。它与高校学生事务管理休戚相关。高校大学生在遇到诸如学习、适应、发展和择业等方面的问题时，可以通过心理咨询寻求帮助和指导。一些存在各种心理障碍和轻度精神疾病的学生也可以通过心理咨询来获得诊断和矫治。高校学生事务管理者也可以通过心理咨询来宣泄内心苦闷，缓解情绪压力，以获得积极、健康的心理状态。

（四）生涯辅导理论

1. 生涯辅导理论的内涵

生涯辅导理论20世纪60年代产生于美国，其主要代表人物有美国的帕森斯、舒伯和霍兰德等。

帕森斯被誉为“职业指导之父”。1908年，他在波士顿创建了职业局，开启了职业咨询的先河。1909年，他在其著作《选择一个职业》中首次提出了“人职匹配”理论。他认为求职者在进行职业选择时应清楚地了解自己的兴趣、技能、价值观、目标和资源，应清楚地了解职业选择成功的条件、所需知识，不同职业的优劣状况和发展前景，然后将主客观条件和社会职业岗位相对照和匹配，选出适合自己的最佳职业。帕森斯从个体和组织相适应的角度来指导求职行为，重视个体差异，主张借助测评工具帮助个体更客观全面地认识自我，以达到个人与职业匹配的优化效果。

舒伯以年龄为依据，将个体的生涯发展分为成长、探索、建立、维持和衰退五个阶段，每个阶段又分为几个期间。他将人格和职业结合在一起，认为个人通过职业的选择来寻求自我的实现，职业生涯发展的重心不在于“职业”，而是个人“自我概念”的发展。在此基础上，他提出了生涯彩虹理论，将人生归结为九种生活角色及其关系，通过分析自身和和生活中所有角色，以帮助人们理解生涯发展和决策制定的内容和过程。

霍兰德基于心理学的研究成果，提出了职业人格类型理论。他认为人格是兴趣、价值观、需要、技能等的综合体，人格类型和社会环境共同决定了个体的职业选择和发展行为。只有那些能满足个人需求的职业角色才对个体有吸引力。据此，霍兰德提出了六种RIASEC类型，即实际型（R）、研究型（I）、艺术性（A）、社会型（S）、企业型（E）和传统型（C）。只有人职匹配度越高，个人和环境才能越适合。

2. 生涯辅导理论与高校学生事务管理

生涯辅导理论对高校学生事务管理者和学生具有重要的实践价值。对高校学生事务管理者而言，通过职业生涯的规划，有助于他们在职业中结合自身的兴趣爱好、技能和特长等因素，更好地实现自我价值。对学生而言，可以在教师的指导下，结合自身专业和兴趣，对大学进行一个完整的规划，以便能更好地步入社会，找到适合自己的最佳职业。生涯辅导理论对高校学生事务管理具有重要的指导意义。

综上所述，欧美高校学生事务管理在其专业化发展的进程中，除了受到哲学、管理学和心理学等基础理论的影响之外，还受到其他许多交叉理论的作用，如生态学理论等。这些理论交织在一起，共同对高校学生事务管理产生着不可估量的指导和引领作用，对学生事务管理的专业化和职业化作出了积极的贡献。

第二节　我国高校学生事务管理的理论基础

伴随着高等教育的大众化，越来越多的适龄青年进入大学，接受高等教育，导致我国高校的学生数量急剧增长。近年来，随着国际学术交流的频繁，高校学生事务管理逐渐被我国认知和接受，学生事务管理的作用也日益凸显。与欧美高校学生事务管理理论的成熟不同，我国高校学生事务管理理论独具特色，彰显着浓厚的民族气息。

一、儒家学说理论基础

1. 儒家学说理论的内涵

儒家学说是由孔子创立的，它以尊卑等级的“仁”为核心，是中国传统文化的主流，也是中华民族一般价值观念形成的文化根基。儒学如果从孔子算起，绵延至今已有两千五百余年的历史了。在这漫长的岁月里，随着社会的变化与发展，儒家学说从内容、形式到社会功能也在不断地发生着变化与发展。它经历了不同的历史发展阶段，其理论也在经受着时间的检验和校正。时至今日，儒家学说的内涵和精髓还在对我国高等教育产生着重要的影响。它的主要代表人物有孟子、荀子等。

儒家学说理论主张“尊尊”“亲亲”的立法原则，维护“礼治”，提倡“德治”，重视“人治”。儒家“礼治”主义的根本含义为“异”，即贵贱、尊卑、长幼各有其特殊的行为规范。国家的治乱，取决于等级秩序的稳定与否。儒家的“礼”以维护宗法等级制为核心，如违反了“礼”的规范，就要受到“刑”的惩罚。儒家的“德治”主张以道德去感化教育人。儒家认为，无论人性善恶，都可以用道德去感化教育人。这种教化方式，是一种心理上的改造，使人心良善，知道耻辱而无奸邪之心。这是最彻底、根本和积极的办法，断非法律制裁所能办到的。儒家的“人治”重视人的特殊化，重视人可能的道德发展，重视人的同情心，把人当作可以变化并可以有很复杂的选择主动性和有伦理天性的“人”来管理统治的思想。

2. 儒家学说理论与高校学生事务管理

儒家学说是中国传统文化的根基，它对我国高校学生事务管理的影响巨大。从哲学层面来看，儒家哲学以境界论为特点，它不是追问世界的实体是什么，而是以实现心灵的境界为目的。受其影响，中国教育历来强调德育为先，注重教育学生如何做人，如何孝敬父母、忠于国家。儒家追求的稳定、和谐也是我国高校学生事务管理追求的目标之一。从社会心理学层面来看，儒家文化倡导德治。一是指管理者本身必须具备仁心善性，才可成就大业；二是以德作为管理力量的源泉，来规范组织成员。这导致我国高校学生事务管理在理念上还是崇尚一种绝对的师道尊严模式，而忽略了学生的主体性和能动性，对学生的管理多表现为控制和约束，不利于学生的健康成长。从教育与管理方法的层面来看，儒家思想倡导学、思、行相结合，注重人的可塑性，主张因材施教，对当代学生事务管理的方式和方法大有裨益。[1]

二、人的全面发展理论基础

1. 人的全面发展理论的内涵

马克思认为，人的全面发展就是“人以一种全面的方式，也就是说，作为一个完善的人，占有自己的全面本质”。[2]人的本质是一切社会关系的总和，它包括三个层面的内涵：第一，人的活动的全面发展，即人具有感性，因此，人的全面发展其实就是人的感性活动的全面发展；第二，人的社会关系的全面丰富，即个人与他人、个人与群体，他们之间会相互产生关系，人们之间的各种关系全面生成；第三，人的素质的全面提高和个性的自由发展，即人性的全面发展集中表现为人的全面素质的提高和个性的自由发展。总体来说，马克思人的全面发展理论认为人的发展是全面、自由、充分的发展，它包括人的需要的满足、能力的提高、社会关系的丰富、自由个性的发挥、主体性的充分发展等丰富的内容。

2. 人的全面发展理论与高校学生事务管理

马克思关于人的全面发展的理论始终是指导我国高校学生事务管理实践的重要思想。高校以培养“全面发展的人”为宗旨，对学生进行正确的世界观、人生观和价值观的教育与引导，使其在各个方面得到发展。因此，高校和学生事务管理者应该正确理解全面发展教育观的内涵，确立学生的主体性地位，为

---

[1] 储祖旺. 高校学生事务管理教程[M]. 北京：科学技术出版社，2008：61.

[2] 马克思，恩格斯. 马克思恩格斯全集(第42卷)[M]. 北京：人民出版社，1978：123.

学生提供良好的教育环境，注重平衡学生事务管理和学术事务管理之间的关系，防止片面的专业教育。同时协调好学生事务各个项目之间的关系，结合学生的个性和特点，自觉地坚持和贯彻全面发展的教育理念。

三、素质教育理论基础

1. 素质教育理论的内涵

素质教育是指“从培养有理想、有道德、有文化、有纪律的社会主义接班人出发，以全面培养受教育者高尚的道德情操、丰富的科学文化知识、良好的身体和心理素质、较强的实践和动手能力以及健康的个性为宗旨，让学生学会做人、学会劳动、学会健体、学会审美，使学生在德智体等方面得到全面协调发展的教育方针和教育活动”。[1]它重视人的思想道德素质、能力培养、个性发展、身体健康和心理健康教育。素质教育以提高国民素质为根本宗旨，以培养学生的创新精神和实践能力为重点，把德育、智育、体育、美育等有机地统一在教育活动的各个环节，培养和提高学生的自主意识，促进学生的全面发展和健康成长。

2. 素质教育理论与高校学生事务管理

我国高校学生事务管理在全面推动素质教育的进程中发挥了巨大作用。它对学生的思想道德素质教育、业务素质教育、身心素质教育和文化素质教育产生了重大影响，对增强学生的创新精神和实践能力具有不可估量的意义。高校和学生事务管理者应该以全面提高学生的基本素质为根本目的，尊重学生的主体性和主动精神，以人为的性格为基础，注重开发学生的智慧潜能，形成学生的健全个性，使他们成长为有理想、有道德、有文化、有纪律的新生代。

四、和谐发展理论基础

1. 和谐发展理论的内涵

和谐发展是指人类在物种平等思想指导下，自觉汲取大自然的生存和发展智慧，使组成生态系统的各子系统之间以及各子系统内部、不同部分之间良性互动、协调共进，从而使生态系统不断优化，为未来进一步发展积蓄能量。它的构成要件是和谐与发展。和谐是指构成各子系统的诸要素自身的和谐、子系统内部要素之间的和谐及各子系统之间的和谐。反过来，发展是指构成各子系

[1] 齐爱朋. 浅谈大学生的素质教育[J]. 黑龙江科教信息，2005(2): 223.

统的诸要素自身的发展、子系统内部要素之间的发展及各子系统之间的发展。[1]和谐内涵的本质是共同发展，只有关系和谐，才能实现共同发展。

2. 和谐发展理论与高校学生事务管理

和谐发展理论作为一种哲学理念和社会追求，对高校学生事务管理具有重要的现实指导意义。它要求学生事务管理者一方面要注意学生身心的和谐发展，帮助学生养成健全的人格；另一方面要注意学生自身与周围环境和社会的和谐发展，重视学生与社会之间的和谐互动，培养他们诚信、公正的道德理念，养成对自我行为的负责意识和能力。实现个人发展与社会发展的具体统一，促进社会和世界的和谐发展。

本章小结

本章探讨和分析了我国高校学生事务管理赖以存在的理论基础。以欧美高校学生事务管理理论为代表的理论基础主要有：哲学理论基础（如理性主义、实用主义、存在主义、人道主义和后现代主义等）、管理学理论基础（如人本管理理论、科层制管理理论、系统管理理论、学习型组织管理理论等）、心理学理论基础（如认知发展理论、社会心理发展理论、心理咨询理论、生涯辅导理论等）。以我国高校学生事务管理理论为代表的理论基础主要有：儒家学说理论基础、人的全面发展理论基础、素质教育理论基础和和谐发展理论基础。这些理论相互交织在一起，共同指导我国体育院校学生事务管理的实践发展。研究和梳理学生事务管理的这些理论，有助于我国体育院校学生事务管理模式的创新和发展，为进一步夯实我国体育院校学生事务管理的理论基础提供了必要的条件。

---

[1] 张敏. 从传统发展观到和谐发展观[J]. 沿岸教育学院学报，2008(2): 15-17.

第三章 我国体育院校学生事务管理模式发展历程及现状分析

我国体育院校学生事务管理模式伴随着体育院校的发展而变化。体育学院在不同社会背景下办学方针、指导思想、发展规模和师资状况等的差异性，决定了与之匹配的学生事务管理模式也在经历着不同的变迁。无论社会如何更迭，无论采用什么样的管理模式，体育院校履行的职责和承担的义务没变，即培养体育人才，为社会进步和发展提供智力支持和保障。时至今日，我国体育院校学生事务管理模式逐渐具备了自身特有的规律和特征。本章通过回顾我国体育院校在不同阶段的发展历程，剖析与之对应的学生事务管理模式的特点，并结合当前我国体育院校学生事务管理模式，探讨和分析我国体育院校学生事务管理模式面临的困境和挑战。

第一节 我国体育院校学生事务管理模式历史沿革

若要分析我国体育院校学生事务管理模式的历史沿革，就有必要先行回顾我国体育院校的发展历程。通过阐述我国体育院校发展变化的特点，从而总结和提炼出体育院校学生事务管理模式的演变规律和特征。新中国成立以后，于1952在上海创办了第一所体育高等学府——华东体育学院，即现在的上海体育学院。截至2012年，我国体育学院已经走过了60年的风雨历程，体育院校的数量也增加到了现在的14所。回顾60年来的办学经验，我国体育院校无论是在教育观念、体制、结构，还是人才的培养模式、内容和方法等方面，都发生了翻天覆地的变化。因此，如何继承和发扬体育院校学生事务管理的优良传统，如何总结和借鉴体育院校学生事务管理的宝贵经验，如何发现和解决体育院校学生事务管理的不足和问题，对当今我国体育院校学生事务管理的发展具有重要的作用和价值。

一、我国体育院校发展历程分析

60年不平凡的历程，我国体育院校犹如襁褓中的婴儿茁壮成长，焕发着旺盛的生命力。英国著名的教育家阿什比(Eric Ashby)曾说:“大学是一个具有生命特征的文化机构，它保存、传播和丰富了人类文化。它像动物和植物一样向前进化，所以任何类型的大学都是遗传和环境的产物。”[1]因此，我国体育院校的发展也不例外，她不但是遗传和环境的产物，而且具有了生命特征，是一个有血有肉之躯。既然我国体育院校是具有生命特征的个体，那么其六十年的沧桑岁月则可以像人一样，分成许多不同的成长阶段。每个阶段在不同的社会背景和条件下，折射出学生事务管理模式的独特性。借鉴美国心理学家埃里克森的人格终身发展理论[2]，笔者将我国体育院校的发展历程划分为以下八个阶段。

(一) 第一阶段，我国体育院校发展的萌芽期 (1949—1951年)

新中国成立以后，我国的教育处在重大的历史转折时期。此时的高等教育实行“‘维持原有学校，逐步加以必要的与可能的改良’的总方针，采取‘先接管、接收和接办，然后逐步加以改造的方法’”[3]，接管了旧中国的公立学校，接收了接受外国津贴的学校，接办了私立学校，同时对这些接管、接受和接办的学校开始了初步改造。此时新中国体育院校的筹建还处在孕育之中。1949年9月的中国人民政治协商会议制定的《中国人民政治协商会议共同纲领》规定，国家提倡国民体育。1950年7月，党和国家的最高领导人毛泽东主席为当时中国第一份体育杂志题写刊名“新体育”，确定了体育为人民服务的新体育思想。新体育思想强化了体育的思想教育功能，强调了体育为人民政治利益服务的特点，把增强人民体质作为体育的根本任务。因此，在新体育思想的指导下，创建属于人民的高等体育学府迫在眉睫。再加上，新中国成立初期，百废待兴，各行各业对人才的需求剧增。体育系统人才供需不平衡的矛盾也与日俱增。1949年，全国体育专业在校生仅282人[4]，体育人才的希缺可见一斑。在具备了办学机构的前提下，在新体育思想的指导下，在体育人才供需矛盾的推动下，我国体育院校筹建的时机已经成熟。它犹如襁褓中的婴儿

---

[1] 阿什比. 科技发达时代的大学教育[M]. 滕大春，译. 北京：人民教育出版社，1983：7.

[2] 艾里克森(E. H. Erikson)是美国著名精神病医师，新精神分析派的代表人物。他认为人的自我意识发展持续一生，他把自我意识的形成和发展过程划分为八个阶段，即婴儿期(0～1.5岁)，儿童期(1.5～3岁)，学龄初期(3～5岁)，学龄期(6～12岁)，青春期(12～18岁)，成年早期(18～25岁)，成年期(25～65岁)和成熟期(65岁以上)。这八个阶段的顺序是由遗传决定的，但是每一阶段能否顺利度过却是由环境决定的。这与阿什比的看法不谋而合。

[3] 郝维谦，龙正中. 高等教育史[M]. 海口：海南出版社，2000：31.

[4] 林淑英，杜利军. 中国与前苏联东欧体育交往及影响的研究[J]. 体育科学，2000，6：11.

（0～1.5岁），嘹亮的啼哭声划破长空，焕发出旺盛的生命力，让国家和人民看见了新中国体育的曙光和希望。

（二）第二阶段，我国体育院校发展的初创期（1952—1955年）

1952年，教育部根据“以培养工业建设人才和师资为重点，发展专门学院，整顿和加强综合大学”的方针[1]，仿效前苏联高等学校的类型（综合大学、多科性工学院和专业学院），在全国范围内进行了高等学校的院系调整工作。因此，为了培养新中国自己的高等体育人才，在此方针的指导下，1952年11月8日，原南京大学体育系、华东师范大学体育系、金陵女子文理学院体育系合并调整，组建了新中国第一所体育学院——华东体育学院。随后，1953年8月31日，教育部、高教部、国家体育委员会、财政部联合发文《为调整若干高师体育系科，成立体育学院的联合通知》，先后于1953年，在北京师范大学体育系的基础上成立了中央体育学院；1953年11月8日，在南昌大学体育专修科和华中师范学院体育系的基础上成立了中南体育学院；1954年3月，在成都体育专科学校的基础上成立了西南体育学院；1954年9月，以西北体育师范学院体育系为基础，在西安成立了西北体育学院；1954年10月，在东北师范大学体育系的基础上，成立了东北体育学院。在短短的四年时间里，新中国先后建立了6所专门的体育学院，具体见表3.1。

表3.1 新中国6所体育学院组建一览表

序号	名　称	组建时间	组建基础	现在名称
1	华东体育学院	1952年11月	南京大学体育系 华东师范大学体育系 金陵女子文理学院体育系	上海体育学院
2	中央体育学院	1953年	北京师范大学体育系	北京体育大学
3	中南体育学院	1953年11月	南昌大学体育专修科 华中师范学院体育系	武汉体育学院
4	西南体育学院	1954年3月	成都体育专科学校	成都体育学院
5	西北体育学院	1954年9月	西北师范学院体育系	西安体育学院
6	东北体育学院	1954年10月	东北师范大学体育系	沈阳体育学院

它们是高等教育调整和改革的产物，是新中国培养体育人才的高等教育机构。它犹如蹒跚学步的儿童（1.5～3岁）一样，在高等教育的贫瘠土壤里，生

[1] 见教育部文件《关于1952年全国高等学校院系调整的计划》。

根发芽，茁壮成长。

（三）第三阶段，我国体育院校独立发展期（1956—1960年）

1956年，伴随着社会主义改造的基本完成，我国体育学院的发展进入了独立发展期（3~5岁）。在这个阶段，我国体育院校还是仿效前苏联的教育模式，按照相关专业设置开始了自己培养体育人才的探索之路。1954年，北京和上海体育学院已经培养了体育理论、运动生理、术科等相关专业的研究生。1956—1957年，体育院校开始招收体育教育专业的本科学生，部分体育学院开始招收运动训练专业的学生，标志着教学、训练和科研的统一。但此时，各大体育院校的教材、教学大纲等没有统一的标准。1957—1958年才逐渐结合我国的实际情况编写了部分课程的教学大纲。然而，当新中国体育院校的办学逐渐走上正规化的轨道时，1958年2月，《人民日报》发表了"鼓足干劲，力争上游"的社论，明确地提出国民经济要全面大跃进。1958年5月，中国共产党第八次人民代表大会第二次会议，正式通过了"鼓足干劲、力争上游、多快好省地建设社会主义"的总路线，至此，"大跃进运动"全面爆发。受此影响，国家体委提出了体育运动十年规划的"四、八、五"的奋斗目标，即10年内全国4000万人达到劳卫制标准，800万人达到等级运动标准，出现5000个运动健将。因此，我国高等体育院校的数量由1959年的6所增加至18所，1960年发展到29所。[1] "大跃进运动"指引下的体育院校，它们犹如处在学龄前期的幼儿园小朋友，好像已经开始懂事，可以独立行走，但又不能脱离现实幼稚的桎梏，看见别人有什么，自己也想要什么。结果偏离了国家经济基础和学校体育师资的实际需求，违背了高等教育发展的内在规律，注定着以失败而告终。

（四）第四阶段，我国体育院校发展的调整期（1961—1965年）

1961—1965年是我国国民经济调整时期，也是我国体育院校发展的调整期（6~12岁）。1961年1月，中国共产党第八届中央委员会第九次全体会议确定对国民经济实行"调整、巩固、充实、提高"的方针，我国的高等教育业也进行了相应的调整，体育院校也不例外。在经历了1958年的"大跃进运动"之后，体育院校的建设逐渐走向理性，开始对学校的规模、布局、科类等的比例做统一的部署。最明显的变化是全国体育院校由1960年的29所减少为1963年的10所，具体见表3.2。

---

[1] 李鸿江. 我国高等体育院(校)系改革与发展的战略研究[M]. 北京：北京体育大学出版社，2007：49.

表3.2 1963年我国体育院校数量统计一览表

序号	名称	所在省份	序号	名称	所在省份
1	北京体育学院	北京	6	西安体育学院	陕西
2	上海体育学院	上海	7	天津体育学院	天津
3	武汉体育学院	武汉	8	哈尔滨体育学院	黑龙江
4	成都体育学院	四川	9	南京体育学院	南京
5	沈阳体育学院	辽宁	10	广州体育学院	广州

与此同时，1961年9月15日，中央颁布了《高教六十条》，提出“高等学校要以育人为主，培养社会主义建设所需的专门人才”。“高等学校要以教学为主，努力提高教学质量。”顺应此举，我国的体育院校也着手进行了教学改革，明确了今后的办学方向，并在此基础上制订了实施条例的具体计划，使体育院校的发展很快走上正轨并取得初步成效。但是，由于对体育院校的办学定位模糊不清，导致竞技体育逐渐淡出了体育院校，教学、科研、训练相统一的模式开始解体，重新回到了培养体育师资单一化办学模式的原点。

（五）第五阶段，我国体育院校发展的动乱期（1966—1976年）

自1966年5月开始为期10年的“文化大革命”席卷全国，给人民带来了巨大灾难，给高等教育造成了巨大损失，作为教育领域的体育院校也难逃厄运。笔者将体育院校发展的这10年比喻成为人生发展阶段的青春期，主要是源于青春期的叛逆和骚动。同样，处在这场教育革命洪流中的体育院校，遭受的不仅仅是叛逆和骚动，更多的是破坏和毁灭。不仅否定了“调整、巩固、充实、提高”方针指导下所取得的改革成果，还彻底抛弃了前苏联体育教育理论和自身所积累的正确的办学经验和教训。1966—1971年间，学校全面停课，停止招生，体育院校的教学工作完全处于停顿状态。1972年之后，逐渐觉悟起来的师生开始用各种方式同“四人帮”展开斗争，各大体育院校开始逐步复课，并恢复招生。但由于不断的“学工、学农、学军”和“大批判”等活动，正常的教学秩序经常遭受冲击，体育院校的发展几乎处于停滞状态。“文化大革命”的10年，使我国高等体育教育事业受到了极大的摧残和破坏。从而导致处于青春期的体育院校，并不具有青春的活力和朝气，反而伤痕累累，元气大伤。

（六）第六阶段，我国体育院校发展的成年早期（1977—1985年）

“文化大革命”结束后，我国的社会主义建设进入了一个新的发展时期。体育院校的发展也迎来了成年早期阶段。说是成年早期，主要是体育院校刚经历了叛逆和骚动的青春期，逐渐走向成熟和理性，但又不完全具有成人的稳重和踏实。因为，我国体育院校还要面临着恢复和发展体育事业的艰巨任务。1977年，体育院校开始恢复招生。1978年2月召开的全国体育工作会议拨乱反正，初步清除了“四人帮”在体育院校的流毒和影响，各级教学单位重新步入了正轨。1978年7月，国家体委颁布了《关于认真办好体育院校的意见》，对其专业设置、人才培养规格、学制等重新做了明确的规定和要求。1979年3月，国家体委下发了《关于大力提高教学质量，充分发挥体育院校在我国体育事业中的作用的通知》，重申了体育院校的具体任务和目标。1980年7月，国家体委在厦门召开了高等体育院校工作会议，总结了办学经验和教训，明确了办学指导思想，提出要积极创造条件，把体育院校逐步办成教学、训练和科研三结合的中心。1981—1985年间，在强化举国体制的前提下，对体育院校进行了一些初步的改革试点。1984年，中共中央发布了《关于进一步发展体育运动的通知》，第一次明确提出了“建设体育强国”的目标。从此，在改革东风的吹拂下，我国体育院校逐渐迈入健康、正规的发展道路。

（七）第七阶段，我国体育院校发展的成年期（1986—2000年）

随着教育改革的深入，我国体育院校迎来了发展的成年期。所谓成年期，主要是体育院校在总结过去经验和教训的基础上，已经步入了正轨，并取得了一定的成绩和效果。同时对体育院校的发展规律进行了更为深入的探索和研究。1985年5月27日，国家颁布了《中共中央关于教育体制改革的决定》，指出：“政府有关部门对学校主要是对高等学校统得过死，使学校缺乏应有的活力；而政府应该加以管理的事情，又没有很好地管起来。在教育思想、教育内容、教育方法上，不少课程内容陈旧，教学方法死板，实践环节不被重视，专业设置过于狭窄，不同程度地脱离了经济和社会发展的需要，落后于当代科学文化的发展。”因此，为了改变这种状况，1993年，国家体委下发了《关于深化直属体育学院教育改革扩大办学自主权的若干意见》，扩大了体育院校办学的自主权，并提出了要把直属体育院校办成教学、科研和训练相结合的高水平三结合基地。此后几年，体育院校的改革都是围绕三结合基地的模式进行办学的。2000年12月15日，国家体育总局颁布了《2001—2010年体育改革与发展纲要》，指出体育院校要积极推进体育科技进步，要加强体育社会科学研究，要重视体育职业教育，把直属体育院校建设为教学、科研、训练三结合的基地。[1]在国家政策和法律的保护下，我国体育院校得到了飞速的发展。

（八）第八阶段，我国体育院校发展的成熟期（2001年至今）

我国体育院校在2001年迎来了新的变化和发展，笔者将这段时间归属为成熟期。究其原因，主要是因为体育院校管理体制的改革渐趋理性和合理。为了适应高等教育大发展的改革趋势，我国体育院校管理体制进行了大刀阔斧的整顿和革新。所有的体育院校，除北京体育大学继续由国家体育总局管理之外，其余实行中央与地方共建或者由地方管理为主的管理体制，具体见表3.3。各体育院校根据管理归属的不同，结合实际，先后制定了适合自身发展的战略规划和宏图。1994年初，为了提高人才培养的质量，国家教委在“以评促建，以评促改，以评促管，评建结合，重在建设”的方针指导下，开始有计划、有组织地对普通高等学校的本科教学工作水平进行评估，体育院校也不例外。通过评估，体育院校更加明确了办学指导思想，提高了教学质量，有效地促进了自身的发展。

表3.3 我国体育院校管理体制改革一览表

序号	院校名称	改制前归属	改制后归属
1	北京体育大学	体育总局直属	体育总局直属
2	上海体育学院	体育总局直属	体育总局与地方政府共建，以地方管理为主
3	武汉体育学院	体育总局直属	体育总局与地方政府共建，以地方管理为主
4	西安体育学院	体育总局直属	体育总局与地方政府共建，以地方管理为主
5	成都体育学院	体育总局直属	体育总局与地方政府共建，以地方管理为主
6	沈阳体育学院	体育总局直属	体育总局与地方政府共建，以地方管理为主
7	首都体育学院	体育总局直属	地方政府管理为主
8	天津体育学院	体育总局直属	地方政府管理为主
9	山东体育学院	体育总局直属	地方政府管理为主
10	河北体育学院	体育总局直属	地方政府管理为主
11	南京体育学院	体育总局直属	地方政府管理为主

[1] 2001—2010年体育改革与发展纲要[EB/OL]. http://www. qxn. gov. cn/newDetail/QxnGov. TYJ. File/3977. html.

续表

序号	院校名称	改制前归属	改制后归属
12	广州体育学院	体育总局直属	地方政府管理为主
13	吉林体育学院	体育总局直属	地方政府管理为主
14	哈尔滨体育学院	体育总局直属	地方政府管理为主

回顾体育院校60年的发展历程，我们不难发现，它犹如襁褓里的婴儿一样，伴随着新中国茁壮成长。它在仿苏的懵懂和羞涩中，结束了孩提时光；它在“文化大革命”的骚动和叛逆中，留下了青春的记忆；它在改革开放的春风和细雨中，迎来了美好的成年光景。它俨然是整个新中国高等教育发展的一个缩影。国家每一个微小的举措对它的办学理念、规模、招生、教学、管理和队伍建设等都产生着深刻的影响。

二、我国体育院校学生事务管理模式的嬗变之路

在大致了解了我国体育院校的发展历程之后，接下来，笔者就体育院校学生事务管理模式的嬗变做一下梳理。体育院校自创建伊始，便对应产生了相应的学生事务管理模式。只是学生事务管理的内容、模式和体制等随着体育院校的发展变迁而变化，逐渐演变成为现有的学生事务管理模式。而现有的学生事务管理模式则是当今社会、政治、经济、国际交流等综合作用下的产物，它既继承了过去体育院校办学的优点，也摒弃了先前学生事务管理模式的一些弊端。在这种继承和摒弃的运转过程中，其自身又存在着一些问题和矛盾。因此，总结和归纳我国体育院校学生事务管理模式的嬗变历程，对我国现行学生事务管理模式的改革和创新具有重要意义。

仿照分析我国体育院校发展历程的思路，本文依旧以时间为序，来分析和把握各个不同时期学生事务管理模式的特点和规律。如前文所述，笔者把体育院校的发展历程拟人化的分为了八个阶段来进行描述，但对学生事务管理模式而言，无须进行如此细化的阶段划分，因为，在体育院校每个不同的发展阶段，其前后衔接的阶段所对应的学生事务管理并未有明显的变化特征。但纵观整个发展阶段，某些重大的历史事件，如“文化大革命”，却导致了学生事务管理模式的直接变化，使之前后出现了一些实质性的改变。因此，笔者以“文化大革命”的发生为时间基点，将我国体育院校学生事务管理模式的嬗变分为了三个阶段。

（一）第一阶段，“文化大革命”之前（1949—1965年），我国体育院校学生事务管理模式的特点和规律

新中国成立伊始，我国的高等教育在接管、改造旧的公立学校的过程中，以毛泽东主席“新体育”思想为指导，仿照前苏联的办学模式，逐步建立起了自己的高等体育院校。截至1954年，新中国已经创办了6所高等体育院校。当时学生的招生数量非常有限，1954年，6所体育院校的招生总数仅为960人，在校生总数也仅有1900人。但这情况到了1953年开始有所转变，1958年更是发展到极致，当年招生人数竟达3034人，学生总数为7278人。具体情况见图3.1。

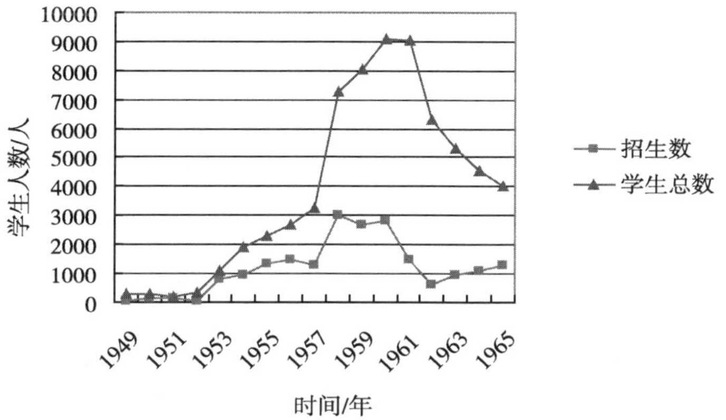

图3.1 1949—1965年，我国高等体育院校数量、招生人数及学生总数

注：数据来源于《中国教育年鉴1949—1981》，第965–966页。

从我国高等体育院校数量及学生数量变化情况来看，当时，我国体育学院学生事务管理具有以下特点和规律：

1. 兼职为主的学生事务管理队伍是开展学生工作的主力军

我国体育院校建立后的一段时间内，因学生数量有限，学生事务管理的有关工作，相对来讲还是比较宽松的，主要是负责学生的日常生活管理和思想政治教育。未设立专职的学生事务管理人员来从事管辖。1953年4月，清华大学率先设立了政治辅导员制度，选拔思想政治觉悟高、业务素质好的高年级学生和青年教师，“半脱产”从事思想政治教育，开辟了学生事务管理由专职人员从事的先河。在其影响下，我国体育院校也陆续产生了类似“半脱产”从事学生事务管理的兼职教练和老师，主要负责学生的思想政治教育。因此，兼职为主的学生事务管理队伍成了我国那个年代开展学生工作的主力军。

2. 分散的管理模式是学生事务组织机构赖以存在的基础。

新中国体育院校虽然创立了，但其很多组织机构的建立和发展还处在摸索和完善阶段。此时，我国体育院校学生事务管理机构的职责主要由分散的学校相关部门共同去履行。此种情况的产生，一方面，可能是学院未设立专门负责学生工作的组织机构；另一方面，可能是负责学生工作的组织机构和学院其他机构之间在学生管理方面存在着千丝万缕的关系，不能明确地划分彼此的职责界限。比如，学生的学籍管理由教务处负责，学生的宿舍管理由总务处负责，学生的校园活动由团委负责，但每项任务的开展可能都会涉及负责学生工作的组织机构。因此，分散的管理模式是此时我国体育院校学生事务组织机构赖以存在的基础。

3. “大跃进”式的招生数量使学生事务管理面临前所未有的巨大压力

1958年，“大跃进”运动席卷全国，高等教育领域也未能幸免，体育院校也不例外。最明显的变化是，我国体育院校的数量由1957年的6所，增长到1958年的21所。1960年，我国体育院校的数量竟然疯长到了30所，具体见图3.2。学生在校生总数由1957年的3252人，增长到1960年的9086人，具体见图3.3。

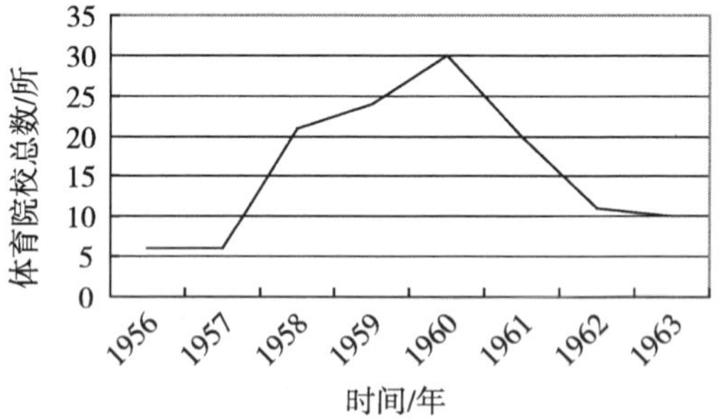

图3.2 1958年“大跃进”运动时期我国高等体育院校数量变化情况

注：数据来源于《中国教育年鉴1949—1981》，第965页。

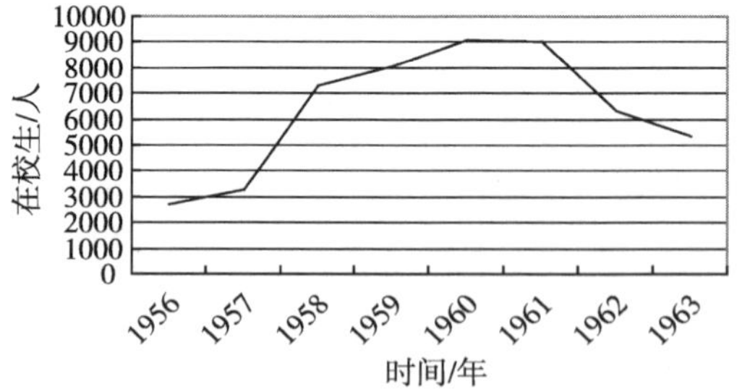

图3.3 1958年“大跃进”运动时期我国高等体育院校在校生数量变化情况

注：数据来源于《中国教育年鉴1949—1981》，第966页。

随着办学数量和学生的急剧增长，我国体育院校学生事务管理面临着巨大的压力。一方面是学生数量大幅度的增加，另一方面是贫乏的物质条件和师资队伍缺乏而衍生出来的各种现实矛盾。无论从师资队伍的建设，还是从学生事务管理的实效内涵考虑，此阶段我国体育院校的学生事务管理面临着巨大的压力。受制于当时轰轰烈烈的政治运动，这种压力不是靠努力和克服就能解决的，此时我国体育院校的学生事务管理呈现出鲜有的混乱和迷茫。

（二）第二阶段，“文化大革命”期间（1966—1976年），我国体育院校学生事务管理模式的特点和规律

1966年5月至1976年10月，“无产阶级文化大革命”席卷全国，高等教育界成为“文化大革命”的首发区和重灾区，我国的体育院校也难逃厄运。全国体育院校由1960年的30所，锐减为1971年的5所，具体见图3.4。大部分体育院校停止招生，直到1971年才开始恢复招生，具体见图3.5。在校学生流失严重，给管理带来了巨大考验。

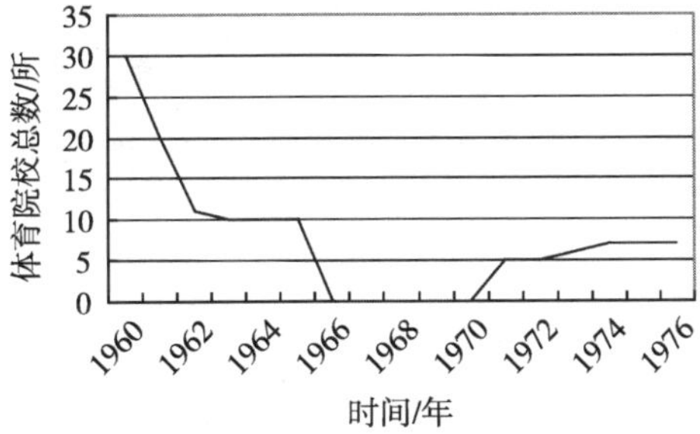

图3.4 “文化大革命”时期我国高等体育院校数量变化情况

注：数据来源于《中国教育年鉴1949—1981》，第965页。

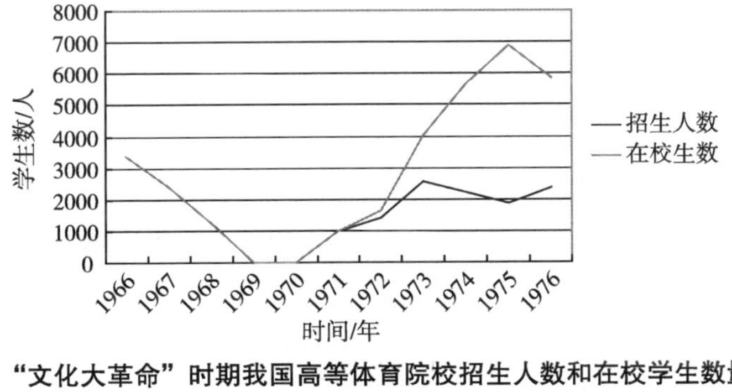

图3.5 “文化大革命”时期我国高等体育院校招生人数和在校学生数量变化情况

注：数据来源于《中国教育年鉴1949—1981》，第965–966页。

从我国体育院校数量、招生人数和在校学生数量的变化情况来看，“文化大革命”期间，体育院校的学生事务管理具有以下特点和规律：

1.“夺权”和“武斗”充斥着校园，学生事务管理基本处于停滞状态

“文化大革命”前期，即从1966年至1970年期间，全国体育院校在社会上“夺权”和“武斗”的充斥下，处于全面瘫痪状态，招生和毕业工作停滞，更谈不上学生事务管理了。全体学生沉浸在“文化大革命”的狂热中，“停课闹革命”，整个学生工作可以说是基本停止运行。

2. 在“斗、批、改”的“左”倾思想下指导下，我国体育院校的学生事务管理以“教育革命”为主

随着“文化大革命”的进一步发展，工宣队在“斗、批、改”的“左”倾思想下指导下进驻校园，开始了“教育革命”的探索。所谓的“教育革命”，其实就是否定了正确的办学方针，违背了高等教育的发展规律，为当时的政治斗争服务，从而导致了全体学生基本处于游离状态，未能真正有效地进行正常的学习和生活。此时体育院校的学生事务管理还基本处于被支配的状态，未能实质性地开展学生的相关工作，而是被动地去为“教育革命”服务，呈现出混乱和盲从的特点。

3. 部分师生未参与“文化大革命”，但改变不了当时整个体育院校学生事务管理的大气候

尽管“文化大革命”对广大师生造成了政治、精神和生活上的迫害，但强烈的事业心和历史责任感促使他们觉醒，并较为理智地面对所谓的“教育革命”。部分师生始终未卷入“文化大革命”所挑起的批判、斗争和混战中，他们在极其艰难的条件下仍然坚持训练和学习。但即便如此，却改变不了当时整个体育院校学生事务管理的大气候。

总体说来，“文化大革命”期间，我国体育院校学生事务管理基本上是处于一种无序的状态，混乱、盲从和跟风成为当时学生工作的主要特点。

（三）第三阶段，“文化大革命”之后（1977—2000年），我国体育院校学生事务管理模式的特点和规律

“文化大革命”结束之后，党中央及时对高等教育工作进行拨乱反正。十一届三中全会的成功召开，标志着我国的高等教育逐渐由“乱”到“治”，迎来了改革开放的春天。我国体育院校也在悄然发生着变化，并逐渐步入了发展的黄金时期。笔者将“文化大革命”之后的这段时间定格在1977年至2000年。一则是为了和上文中体育院校发展历程中的阶段划分相对应，

二则是源于我国高等教育在此期间进行了翻天覆地的变化。从1977年的高考恢复招生制度，到20世纪90年代的高等教育扩招制度，我国体育院校的办学规模和管理方式发生了巨大的改变。此时的学生事务管理模式具有以下特点和规律。

1. 在内容上，以思想教育为主，强调学生的政治素养

为了吸取“文化大革命”的教训，加强和改进学生思想政治工作，全国高校逐渐恢复和发展了政治辅导员制度。但此时的辅导员基本上是以兼职为主的，主要是从师生中选拔一些优秀的代表来从事这项工作，或者让他们担任年级班主任，辅助班级的各项管理。此时的体育院校也顺势而为，以强调学生的思想政治教育为首要任务。

2. 在方式上，成立了以专职辅导员为主，兼职辅导员为辅的“专兼”管理模式

随着20世纪90年代高等教育领域的扩招制度，越来越多的适龄青年得以跨入大学校园，接受高等教育。高等教育的发展模式也从之前的精英教育阶段向大众化教育阶段过渡。扩招的最直接表象体现在在校生的数量剧增，具体见图3.6和表3.4。

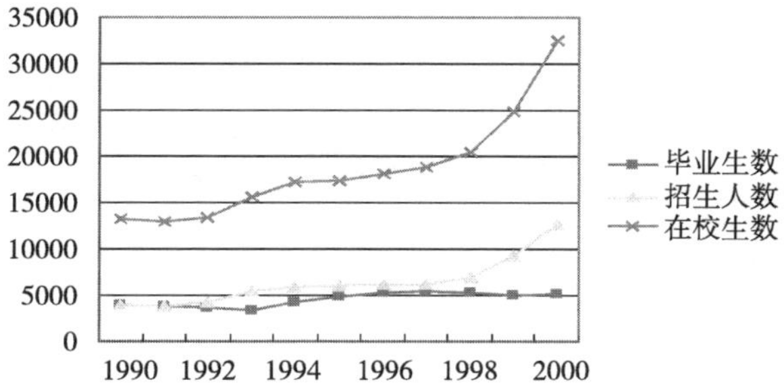

图3.6 1990—2000年我国体育院校扩招后毕业生人数、招生人数及在校生人数情况

注：以上数据来源于各年度的《中国教育统计年鉴》，人民教育出版社出版。

从图3.6可以看出，我国的高等教育在1999年全面扩招后，招生人数和在校生人数急剧飙升。如，2000年体育院校在校生人数比1997年在校生人数多出13685人，增长了73%。2000年体育院校招生人数比1997年招生人数多出6435人，增长了105%。这些剧增数字后面隐藏的问题实质，在一定程度上增加了学生管理的难度。同时，学生增长的幅度远远超出了教师的增长幅度，进而导致从事学生工作的师资严重匮乏。

从表3.4可以看出，我国体育院校在扩招前，学校规模都是保持在500~

1500人。而这种情况，在1995年前后慢慢发生了改变。到了2000年，学生人数达到2001~3000人的体育院校就有6所，占总数的43%左右。学校规模的变化对办学条件提出了新的要求。学生与辅导员数量不相匹配的矛盾日益凸显。因此，在兼职队伍不能满足学生日常工作需求的情况下，教育部于1987年5月颁发了《关于加强和改进高等学校思想政治工作的决定》，明确规定“从事学生思想政治教育的专职人员，是教师队伍的组成部分，应列入教师编制，实行教师聘任制”。辅导员身份的确定，在一定程度上激发了辅导员工作的积极性。但现实中相关政策落实和履行的不得力，还是给大多数辅导员的发展空间蒙上了阴影。因此，辅导员从事学生事务管理的“专兼”管理模式在体育院校也同样盛行。

表3.4 我国体育院校扩招前后学校规模变化情况

年份	300人及以下	301~500人	501~1000人	1001~1500人	1501~2000人	2001~3000人	3001~4000人
1990	1	2	6	6	1		
1991	1	2	6	6	1		
1992		4	4	6	1		
1993		2	6	5	1	1	
1994		1	5	5	3	1	
1995		1	4	4	4	1	
1996			5	4	4	1	
1997			5	2	6	1	
1998			5	2	4	3	
1999			2	3	2	7	
2000			1	3	2	6	2

注：以上数据来源于各年度的《中国教育统计年鉴》，人民教育出版社出版。

3. 在体制上，成立了专门负责学生工作的管理机构

为了更好地开展和协调学校的学生工作，体育院校和全国许多高校一样，逐渐成立了校党委和校行政领导下的学生工作委员会，下设学生工作处（部），负责全校的学生管理工作。同时在院系一级，明确了院（系）党总支副书记对本单位学生工作的领导责任，各年级班主任和辅导员对其负责，展开工作。我国体育院校逐渐形成了分工明确、齐抓共管、职责分明、条块结合的学生工作运行机制。

“文化大革命”之后，我国体育院校的学生事务管理模式具有了专业化方向发展的倾向和雏形，但又没有形成真正意义上的专业化发展模式。制度层面上的诸多因素，使其专业化发展举步维艰。但无论如何，我国体育院校学生事务管理模式还是初具规模，为培养合格的体育人才作出了重大贡献。

三、我国体育院校学生事务管理的基本内容

我国体育院校学生事务管理的基本内容与普通高校相比，基本一致。从国家颁布的相关法律法规，如1990年1月20日起施行的《普通高等学校学生管理规定》，1995年11月23日起实施的《中国普通高等学校德育大纲》，1999年1月1日起实施的《中华人民共和国高等教育法》，以及2005年9月1日起实施的《普通高等学校学生管理规定》等，结合体育院校学生事务管理的实际，其主要内容包括以下几个方面：

1. 新生入学管理

新生入学管理就是体育院校及学生事务管理者协助新生成功地熟悉校园，了解本校文化及氛围，快速融入并适应大学生活的指导性教育活动。一般来讲，新生入学管理的主要内容包括：入学的安全教育、国防知识教育、军训教育、学习和日常生活教育等。学生事务管理者要及时熟悉每位新生的档案，并积极为新生提供教师、学生和其他工作人员之间进行充分互动的机会，最大限度地使新生的大学生活步入正轨。

2. 体育院校学生学籍管理

体育院校学生学籍管理是指对取得学籍资格的学生进行学籍登记、备案和变更的管理。其主要内容包括：学生资格管理，即学生注册、学籍变动、学生档案信息管理等内容；学业成绩管理，即按规定所取得的必修课与选修课成绩的管理、奖励与处分的管理、课外活动的记载等内容的管理；学籍事务管理，即学生证办理、学籍学历证明、成绩查询和所获学分证明、学籍变更审核与登记等内容；毕业文凭管理，即毕业证书的审核、颁发和网上查询等内容。

3. 体育院校学生社团管理

学生社团是体育院校园文化继承和弘扬的主要载体，它对培养学生的团队意识、合作精神、创新思维和实践能力具有十分重要的意义。学生社团管理的主要内容包括：社团的审批、监管、变更和注销及社团活动的开展等内容。

4. 体育院校学生心理健康与咨询管理

学生在身心发展的过程中，随着生理、心理的发育和成熟，他们在学习、生活、人际交往和自我意识等方面可能会遇到或产生各种心理问题。有些问题如不能得到及时解决，将会对学生的健康产生不良影响，严重的会使学生出现行为障碍或人格缺陷。因此，在体育院校开展心理咨询和心理健康教育是学生事务管理的一个重要方面。其主要内容包括：个人适应能力的心理咨询、人际关系的心理咨询、恋爱与性的心理咨询和就业与求职的心理咨询等内容。

5. 体育院校学生宿舍管理

宿舍是学生休息、娱乐、学习和交友的重要场所。良好的宿舍管理有助于学生的学习、生活和品德的健康发展。学生宿舍管理的主要内容包括：安全管理、卫生管理、后勤管理和学生教育管理等内容。

6. 体育院校学生资助管理

学生资助管理是指体育院校在国家政策指导下构建的学生资助体系，旨在帮助经济贫困的学生顺利完成学业，从一定程度上保障了贫困生的受教育权利，有利于实现教育的公平。学生资助管理主要包括奖学金的评定、学生贷款的申请和发放、勤工助学金的发放、学费减免等相关内容。

7. 体育院校学生职业生涯辅导管理

体育院校学生职业生涯辅导是指体育院校组织学生事务管理者帮助学生“进行深度的自我探索、职业定位，提升职业决策能力与职业素质，从而使他们能够科学规划自己的学习、生活和未来的职业选择，最终达到人与职业的最优结合和个人的全面发展，同时满足社会需要的过程”。❶其主要内容包括：帮助学生确定职业生涯志向、指导学生进行合理的自我评估、引导学生进行职业环境分析、引导学生正确设定职业生涯目标、帮助学生制定职业生涯实施计划等内容。

体育院校学生事务管理的内容主要体现在上述七个方面。但学生事务管理的各项工作往往是相互交织在一起的，而且大部分是由不同职能部门承担的，彼此间的独立只是相对的。因此，学生事务管理各部门唯有协调合作，形成合力，避免互相推诿，才能真正意义上为学生提供优质的服务。综上所述，我国体育院校学生事务管理内容的体系框架见图3.7。

---

❶ 储祖旺. 高校学生事务管理教程[M]. 北京：科学出版社，2008：235.

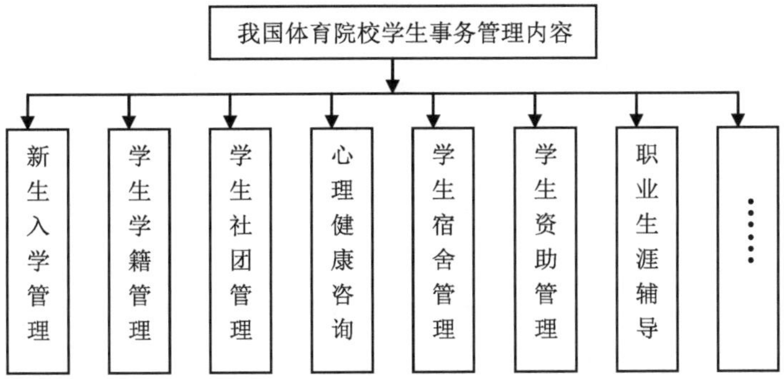

图3.7 我国体育院校学生事务管理内容的体系框架图

第二节 我国体育院校现行学生事务管理模式的主要特征分析

伴随着体育院校的不断发展，其招生规模和学生数量也在与日俱增。伴随着时代的进步和科技的日新月异，传统的学生事务管理模式与现代学生的特点和个性显得格格不入。如何探讨和发现体育院校传统学生事务管理模式的不足和缺陷，是下文行将阐述的主要问题。

一、现行高校学生事务管理模式分析

为了更好地分析和了解我国体育院校学生事务管理模式的特点，本文先尝试分析一下现今国内外高校学生事务管理的主要模式类型。

1. 单线平行类学生事务管理模式

单线，顾名思义，即负责学生事务管理的机构分布在同一个层面上。将这些同在一个层面上的不同管理机构连成一条直线时，它将和学生事务管理的对象，即学生层面形成平行关系，这种管理学生的范式，本文称为单线平行类学生事务管理模式。按照管理机构性质的不同，可以将其分为学校单线平行类学生事务管理模式、学院单线平行类学生事务管理模式和社会单线平行类学生事务管理模式三种类型，其机构类型见图3.8。

从图3.8可以看出，与学生层面对应的学生事务管理层面为学校（学院、社会）层面，在这个层面上，存在着许多由十字星代表的管理机构，它们彼此相连构成了一条单线。在两个层面之间的垂直虚线，表示其指导思想也是单向的，即管理机构在学生层面上进行工作的分工，他们与学生之间是单向直接联系的，而不经过中间环节，同时责任的主体也具有唯一性。若想要提高单向的服务质量，则要求管理者不断加强单向的管理理念，增强单向的责任意识。

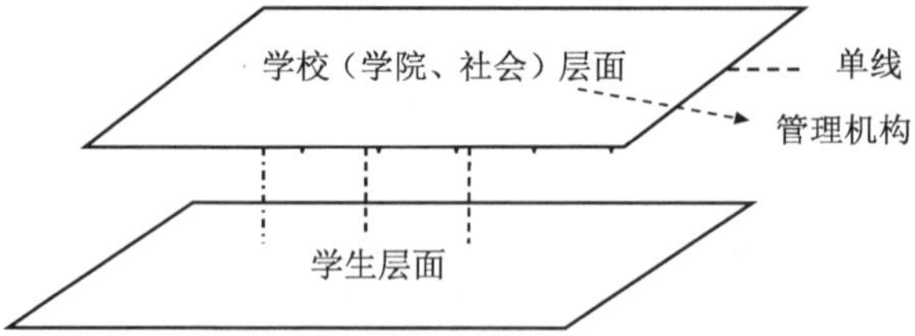

图3.8 单线平行类学生事务管理模式结构图❶

现实生活中，学校单线平行类学生事务管理模式应用相对比较广泛。比如，美国大多数高校学生事务管理机制便是采用了该模式。美国高校依据学生事务管理内容的差异，在学校层面成立了许多不同的职能机构，如招生中心、活动中心、学习中心、咨询中心、住宿中心、资助中心等，它们直接面向学生进行单向服务，而不经过院系等中间环节。为了更好地方便服务学生，满足学生的需求，学校层面还不断调整或增加相应职责的管理机构。这些学生事务管理机构直接隶属于校长，它们职责明确，彼此相对独立，充分体现了指导思想单向性的特点。在学校层面，美国学生事务管理机构可以通过三种途径实现其与校长的沟通。一是直接报告式，即学生事务管理机构直接面向校长报告学生事务的有关情况；二是间接报告式，即学生事务管理机构与校长之间另设一位主管学生工作的副校长，学生事务的有关工作先报告至副校长，再由后者直接报告给校长；三是双重报告式，即除了分管学生事务的副校长之外，再另设一名主管学生日常工作的执行副校长，学生事务的相关情况须向两位副校长分别报告。上述三种途径各有利弊，每个学校会根据实际情况选择不同的报告方式，以最大限度地提高学生服务的质量和效率，具体见图3.9。

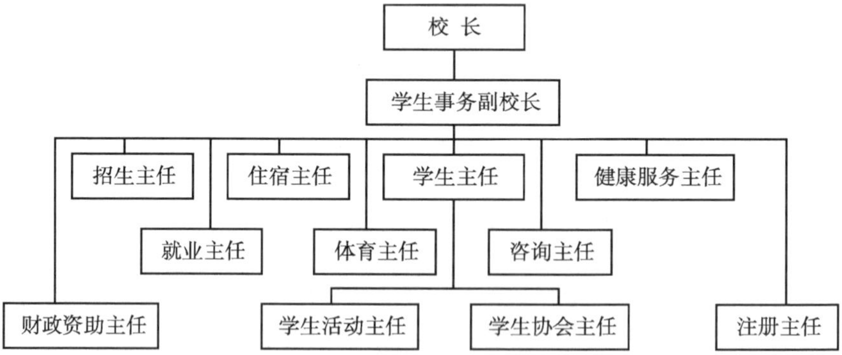

图3.9 美国高校学生事务管理组织结构示意图❷

❶ 王秀彦，等. 高校学生事务管理概论[M]. 北京：高等教育出版社，2009：79.

❷ BARNES G A: The American university：a world guide[M]. Philadelphia：ISI Press，1984：14.

从图3.9可以看出，美国大部分高校采用的单线平行类学生事务管理模式，具有单一层级、高度分工、扁平化的三大特点。即学生事务管理主要集中在学校层面统一展开，各职能部门直接面向全体学生服务，院系层面没有与学校对应的机构；工作高度分工，专业化程度较高；组织内以扁平方式运转，信息传递快捷，运行方式灵活多样。

我国香港地区高校学生事务管理模式与美国大致相似。学生事务处是学校内学生事务管理的唯一权威机构。它上对分管校长负责，下则直接面向学生和学生社团服务。根据学生事务的不同设立相应的分支机构，职能明确，功能不交叉而又相互配合。以香港理工大学学生事务管理组织结构为例，来进一步了解香港高校学生事务管理模式，具体见图3.10。

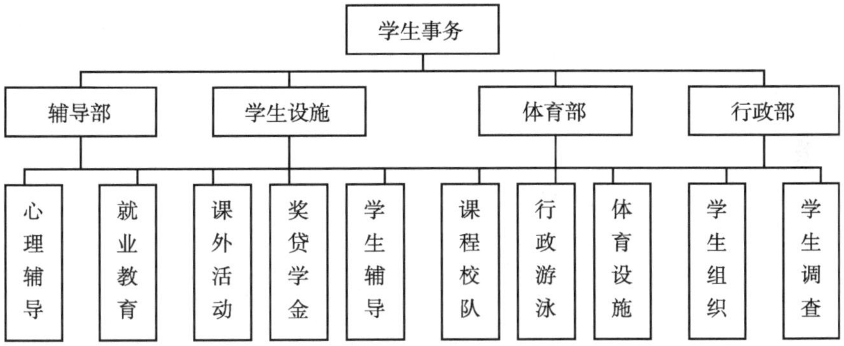

图3.10 香港理工大学学生事务管理组织结构示意图❶

2. 多线平行类学生事务管理模式

所谓多线平行类学生事务管理模式是指学生事务管理机构建立在学校层面、学院层面、社会层面中的两个或者三个中的管理模式。该模式的主要特点是不同层面之上的学生事务管理机构是一种平行和合作的关系，彼此之间没有隶属关系，并且直接面向学生进行管理和服务。因此，根据学生事务管理机构所在层面的不同组合，可以分为四种类型：第一，学校层面与学院层面组合而成的“学校—学院”平行类学生事务管理模式；第二，学校层面与社会层面组合而成的“学校—社会”平行类学生事务管理模式；第三，学院层面与社会层面组合而成的“学院—社会”平行类学生事务管理模式；第四，学校层面、学院层面和社会层面三者组合而成的“学校—学院—社会”平行类学生事务管理模式。其具体结构见图3.11。

从图3.11可以看出，高校学生事务管理机构三个不同层面的载体，即学校层面、学院层面和社会层面可以互相组合成不同的管理运行机制。笔者将社会

❶ 樊富珉，等. 香港高校学生辅导[M]. 北京：清华大学出版社，2001.

层面用虚线表示，意即一般情况下，很少有高校采用“学校—学院—社会”三者相结合的学生事务管理模式。各层面的管理机构或者服务机构之间，责任明确，工作具体。各部门形成合力实现对学生事务的管理。

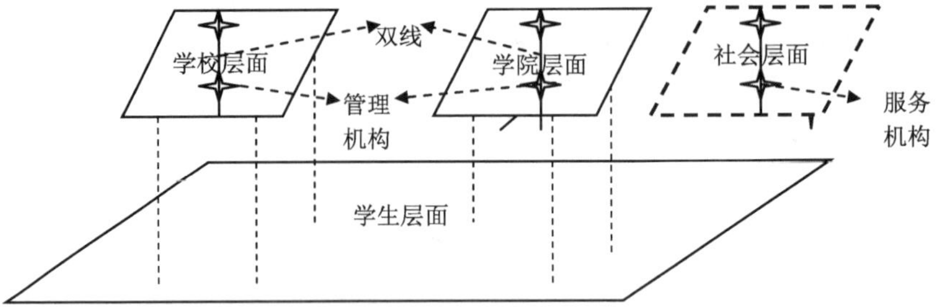

图3.11 多线平行类学生事务管理模式结构图❶

实践中，很多高校一般采用“学校—学院”平行类学生事务管理模式，即学校层面和学院层面的组合模式，如大部分英国高校便是如此。它们在学校层面设立学生事务管理机构，如注册中心、学习中心、咨询中心等，直接面向学生开展工作。在学院层面由院长或者系主任负责学生事务，并指定专人为学生开展心理咨询、职业生涯规划等具体工作。同时，学院为每个学生安排一个指导教师，负责学生全方位的指导。

以英国雷丁大学为例，其学生事务管理实行两级管理制，设有学生服务中心。中心设有一名主任，直接向大学的校长负责。在院系一级，院长和系主任负责学生事务，并为每个学生安排一个导师，有的系设有高级导师，负责全系学生的指导工作。在系里也有指定专人负责学生事务的具体工作，如职业发展、心理咨询和残疾学生服务，他们与学校的学生事务管理机构保持联系。但学校学生事务管理机构与院系只是合作的关系，不具有领导与被领导的关系。在院系一级没有专职人员和专设机构负责学生事务，所有人员都是兼职的，具体见图3.12。

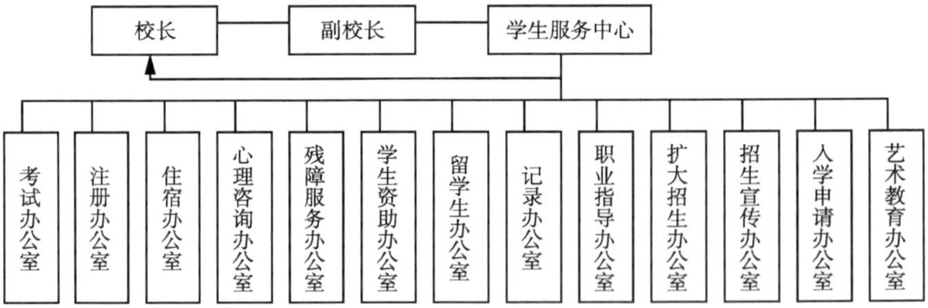

图3.12 英国雷丁大学学生事务管理组织结构示意图❷

❶ 王秀彦，等. 高校学生事务管理概论[M]. 北京：高等教育出版社，2009：80.

❷ 详细情况见雷丁大学网站http://www. reading. ac. uk/.

3. 多线交叉平行类学生事务管理模式

所谓多线交叉平行类学生事务管理模式是指学生事务管理机构分布在学校、学院和学生三个层面上，分属于几个不同的管理系统，管理系统之间通过人员的交叉、同一层面不同系统之间规定指导关系来实现各学生事务管理系统之间的合作。每个管理系统都是分级管理的，即学校层面的管理机构并不直接面向学生服务，而是通过学院层面面向学生，但学院层面上的管理机构则直接面向学生提供服务，具体见图3.13。

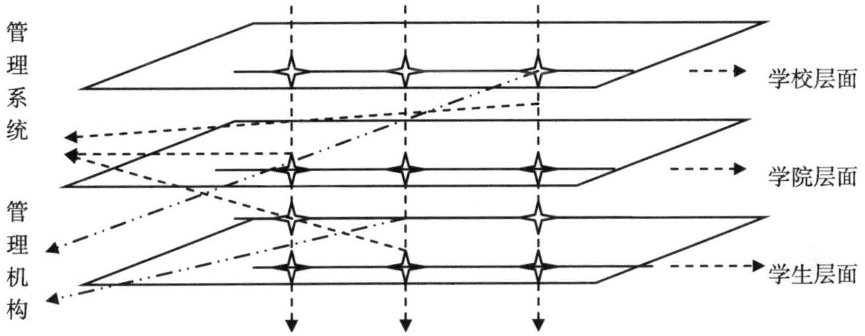

图3.13 多线交叉平行类学生事务管理模式结构图❶

从图3.13可以看出，多线交叉平行类学生事务管理模式在实际运作中主要分为两种类型，一是校内多线交叉型，二是社会辅助型多线交叉型。现实社会中以前者为主。比如，我国的高校学生事务管理模式便采取这种校内多线交叉型的管理模式。在这种模式下，学校层面通常设立学生工作处、校团委、招生就业处等管理机构，主要采取间接报告式来和学院层面进行沟通，体现学生事务管理的层次性和条理性。学院层面主要设立了院学生工作办公室、院系学生会等管理机构，负责学生日常管理、招生就业、课外活动等工作，为学生提供学习、生活等各种服务，体现了责任的明确性。学生层面则设立了班级、团支部等管理机构，主要负责贯彻上级精神，更好地为学生服务，体现了集思广益、团结协作的指导思想。详细情况见图3.14。

除了校内多线交叉型的学生事务管理模式之外，社会辅助型多线交叉型的学生事务管理模式也常被一些国家所采用，比如日本。日本高校的学生事务管理是由各大学自设的组织机构学生部来承担的，它为“学生个人或团体活动提供各种服务，以促使学生形成丰富人格，达到自主发展的管理组织”。学生部

❶ 王秀彦，等. 高校学生事务管理概论[M]. 北京：高等教育出版社，2009：85.

从健康福利到课外活动、就业等，为学生提供各种援助。学生部下设教务、学生、入学、留学生等科室，由各项事务的专职人员从事管理工作。学生的食宿等生活后勤服务是由消费生活协调组织等群众组织来承担的。以东京农工大学为例，来了解日本高校学生事务管理的组织结构，具体见图3.15。

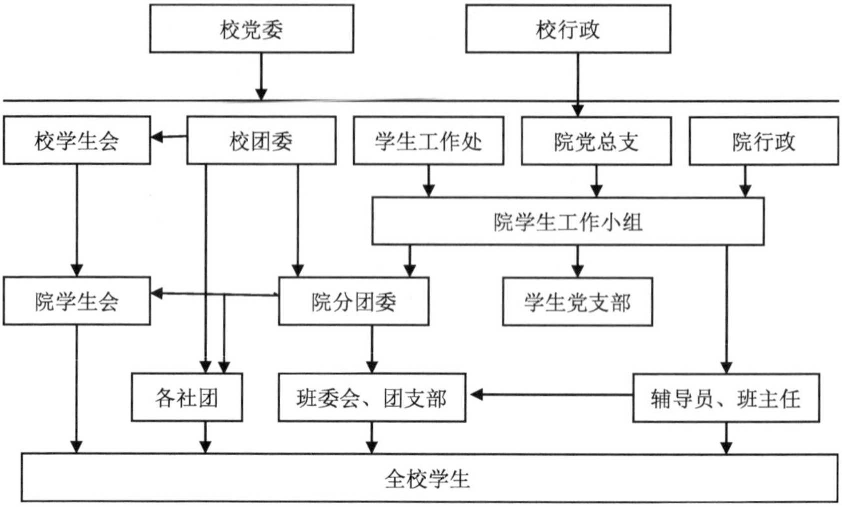

图3.14 我国内地高校学生事务管理组织结构示意图❶

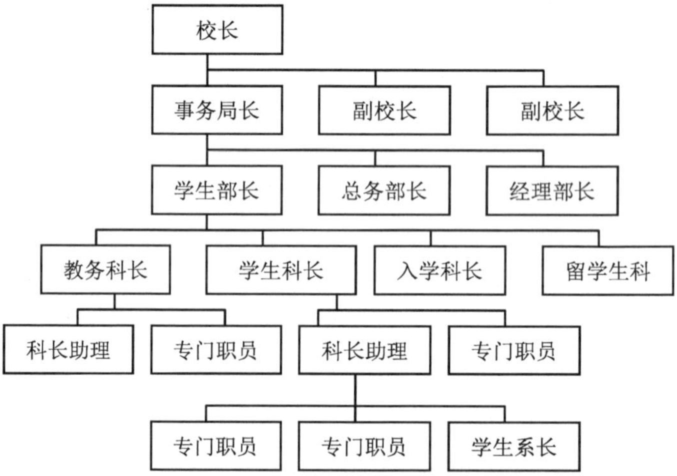

图3.15 日本东京农工大学学生事务管理组织结构示意图

4. 循环式学生事务管理模式

循环式学生事务管理模式是指学校层面、学生层面和社会层面三者之间构建了一个三角关系，学生学术性事务管理由学校层面负责，非学术性事务管理

❶ 储祖旺. 高校学生事务管理教程[M]. 北京：科学技术出版社，2008: 122.

则由社会层面负责。同时在学校层面设立一学生事务管理的中间机构，负责社会层面和学生层面之间的沟通和交流。根据循环运行程度的不同，可以分为单线型学生事务管理模式和双线型学生事务管理模式。单线型学生事务管理模式是指学校只负责学术管理，社会负责全部非学术性事务，中间机构也仅仅负责联系学校和社会层面之间的沟通。而双线型学生事务管理模式表现为学校与社会共同承担学生事务管理和服务的职责。目前，循环式学生事务管理模式的运用还主要是以单线型学生事务管理模式为主，比如德国和法国的高校。

由此可见，目前世界上不同国家高校采取的学生事务管理模式因本土情况的差异性而各具特色。但无论采用什么类型的学生事务管理模式，培养合格的、高质量的优秀人才始终是各国共同追求的目标。

二、我国体育院校现行学生事务管理模式的主要特征

在分析了目前高校主要的几种学生事务管理模式之后，接下来笔者谈谈我国体育院校的学生事务管理模式。如前文所述，我国内地高校主要采用了多线交叉平行类学生事务管理模式，而且大部分是选择了校内多线交叉型的管理模式。我国的体育院校也不例外，主要也是采用了这种校内多线交叉的学生事务管理模式，但又具有自身的特色。

1. 从组织外部环境而言，我国体育院校现行学生事务管理模式具有较强的制度依附性

组织环境是指“所有潜在影响组织运行和组织绩效的因素或力量”，是组织管理活动内在与外在的客观条件。它调节着组织结构设计与组织绩效的关系，影响着组织的有效性，对组织的生存和发展，起着决定性的作用。一般来讲，以组织界线，即系统边界来划分，可以把组织环境分为组织内部环境和组织外部环境。我国体育院校学生事务管理模式的组织内部环境，本文会在稍后的章节里面涉及。组织外部环境包括的因素主要有政治、法律、经济、文化、资源、社会人口、技术等。一般外部环境的这些因素，对组织的影响是间接的、长远的。当外部环境发生剧烈变化时，会导致组织发展的重大变革。笔者根据组织环境的相关特点，描绘了我国体育院校学生事务管理的组织环境示意图，具体见图3.16。

因此，若从组织外部环境来考察我国体育院校学生事务管理模式，则其具有明显的制度依附性。主要表现在：第一，我国高等教育政府主管部门对我国体育院校（当然也包括其他高校）的行为规则和思维模式制定了较为详细的规

定，如高等教育法规、地方政府对大学的各项规定、各种教育法规的介入等，导致我国体育院校只能在其规则范围内活动，任何超越规则的行为都被视为违规。学生事务管理模式必须有助于实现国家和政府主管部门所确定的目标。第二，从学生工作衍化的过程来看，我国体育院校学生事务管理具有浓厚的政治色彩与行政属性，主要任务还是以学生思想政治教育为主。虽然近几年学生事务管理的内容有所拓展，但国家主导思想始终是将学生的思想政治教育摆在首位，这在一定程度上弱化了学生事务管理的服务功能。第三，从教育资源的分配来看，我国体育院校是在政府的直接领导和管辖下办学的，教育资源由政府集中分配，这其中当然包括了学生事务管理。政府部门掌握着学生事务相关内容的决策权和评估权，如专业设置、招生规模、人员编制等。每所体育院校都必须按照上级主管部门的规则和要求运作。第四，从隶属关系来看，我国体育院校学生工作部门实行党委领导负责制，主管校领导由教育部或地方政府组织部任命。上述极具行政特色的组织外部环境以外的诸多规定，使我国体育院校学生事务管理具有明显的制度依附性特征。

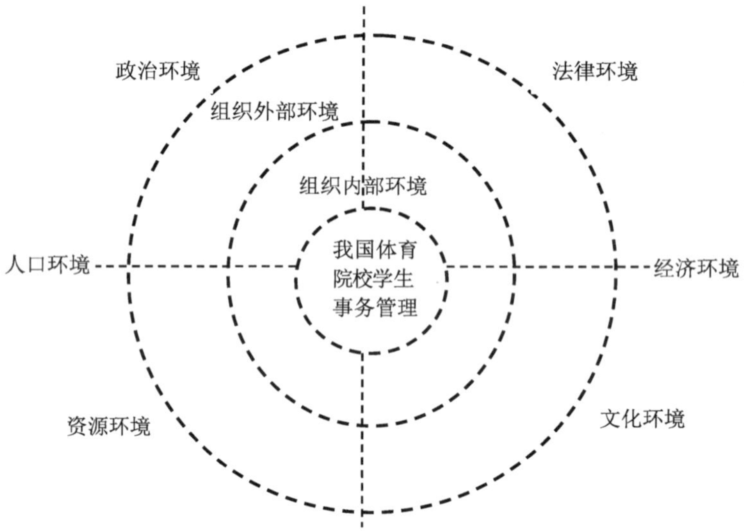

图3.16 我国体育院校学生事务管理组织环境示意图

2. 从组织结构而言，我国体育院校现行学生事务管理模式具有分散性特征

组织结构具有广义和狭义之分。狭义的组织结构是指“为了实现组织的目标，在组织理论指导下，经过组织设计形成的组织内部各个部门、各个层次之

间固定的排列方式，即组织内部的构成方式”。它表明“组织各部分排列顺序、空间位置、聚散状态、联系方式以及各要素之间相互关系的一种模式，是整个管理系统的‘框架’”。广义的组织结构，不但包含了狭义的组织结构内容，而且还涵盖了组织之间的相互关系类型，如企业集团、专业化协作等。本文所指，即狭义一说。

从组织结构着手来探讨我国现行体育院校学生事务管理模式，就是要弄清楚体育院校在职务范围、责任、权利方面所形成的动态结构体系。首先，从单位、部门和岗位的设置而言，我国体育院校设有功能齐全的学生事务管理组织学生处（科、部），承担全体学生非学术性活动或课外活动的管理职能。同时还设立了相对独立的招生工作处、教务处、学生就业指导服务中心等机构来辅助和协调学生事务的管理和运行。其管理单位、部门和岗位的设置不是集中在一个管理机构，而是分布在不同的管理部门，具有明显的分散性特征。其次，从各个单位、部门和岗位的职责、权力的界定而言，我国体育院校在学院层面设有主管学生事务的党委书记或者副校长，负责管理下属的学生工作处（科、部）。学生工作处处长向其报告工作并执行上级命令。院系则设有党总支副书记或副院长、总支秘书和团总支书记等，他们接受学生工作处的领导，并承担委派的各项工作。从上述分析不难看出，体育院校学生事务管理的各个单位、部门和岗位的职责、权力都是分布在不同的部门，且由不同职权的人在承担，同样具有明显的分散性特征。最后，从各个单位、部门和岗位角色相互之间关系的界定来看，我国体育院校实行的是校、院系两级管理体制，条块结合，以块为主。同样具有明显的分散性特征。

我国体育院校学生事务组织结构设置的分散性，决定了与之匹配的学生事务管理模式也呈现出了较强的分散性特征。

3. 从管理方式而言，我国体育院校现行学生事务管理模式具有“管治”特征

所谓“管治”是指对学生的一种监督与制衡机制，即通过一种制度安排，来合理地界定和配置学生事务管理者与学生之间的权利与责任关系。简单地讲就是管理者为了达到管理的目标而对被管理者施与的一种管理过程。在这个过程中，组织的目标自上而下必须统一，通过控制，使个体利益最大限度地服从组织的整体利益。我国体育院校现行学生事务管理模式具有明显的这种“管治”特征。“师为上、生为下；师为主、生为仆；师为尊、生为卑”的传统学生观，要求学生无条件地服从各种规章制度。“师道尊严”和“天地君亲师”的封建传统，使得大多数学生事务管理工作者采取专制独断式的管理方法来管理学生事务。在这种观念的影响下，学生好似学生事务管理者的隶属品，缺乏主体地位和人格尊严。他们往往沦为被灌输的“器皿”和“仓库”，成为没有主体意识的、缺乏主动性的“物”。“非礼勿视，非礼勿言，非礼勿动”成了学生不能逾越的行为准则，严重抹杀了学生的个性和创新性。使学生和教师之间的相互关系简单地定格为领导与被领导、管理与被管理的隶属关系。容易导致师生沟通障碍，不利于学生事务工作的开展。

4. 从价值取向而言，我国体育院校现行学生事务管理模式具有“以社会为本”的特征

随着经济的发展和社会的进步，我国体育院校学生事务管理模式也在悄然变化。为了满足学生和社会发展的需要，为了促进国际间的交流与合作，我国体育院校逐渐增设了学生资助中心、学生心理咨询中心及就业指导中心等机构来应对学生事务的急剧增长。在管理目标上，考虑更多的是如何增强学生的社会适应性，以满足和适应社会的需要。这种依据社会发展来确定学生事务管理内容和模式的行为，完全体现了“以社会为本”的价值取向。它一方面提高了我国体育院校学生事务管理机构对社会环境变迁的适应性和敏感性，保障了主流文化和核心价值在学生群体中的有效传授和继承；另一方面，由于在学生事务管理过程中，它忽略了学生的个性需要，而对学生自身发展所需要的学习指导、职业生涯规划、创新教育等方面的技能又缺乏必要的教育和引导，使得社会的需要和学生的个体需要在一定程度上出现偏差，导致管理目标难以实现，从而影响了学生事务管理的质量。

5. 从任务管理而言，我国体育院校现行学生事务管理模式具有“辅导员包揽”的特征

为了适应社会发展和学生本身的需要，我国体育院校也逐渐增设了除学生处（科、部）之外的一些学生事务管理机构，如就业指导中心、心理咨询中心等。

总体上来说，我国体育院校学生事务管理机构还是比较齐全的。各部门如果能协调合作，充分发挥团队精神，能有效地推动我国体育院校学生事务的发展。但从实际情况来看，各个行政机构都成为了颁发或者传达行政指令的机构。所有的行政指令，最终都指向辅导员，具体见图3.17。因此，与学生事务有关的具体工作，全依赖于辅导员去履行和完成，呈现出“辅导员包揽”的特征。而相应的学生事务管理机构并未真正履行自身的本职工作，任何跟学生有关的事务到最后都由辅导员去处理。这种情况，在我国其他普通院校比较少见。

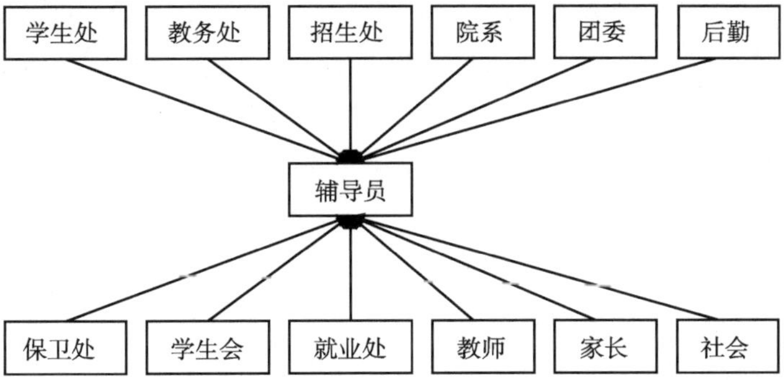

图3.17 我国体育院校辅导员与行政职能部门及人员的关系示意图

三、我国体育院校现行学生事务管理模式存在的主要问题

在总结了我国体育院校现行学生事务管理模式的五大特征之后，接下来笔者谈谈其存在的主要问题。我们知道，任何管理模式不可能是万能的，既然存在优点，当然也会存在缺陷。只有尽可能的填补缺陷，缩小差异，现有的管理模式才能超越平庸，走向辉煌。我国体育院校现行学生事务管理模式存在的主要问题表现如下：

1. 从管理外部环境而言，经济的飞速发展和高等教育的大众化给我国体育院校现行学生事务管理模式带来了巨大压力

随着经济的飞速发展，社会主义市场经济体制对我国高等教育提出了新的更高的要求。我国体育院校的各项活动在某种程度上与劳动力市场、知识市场必然产生联系，同样会受到市场规律的调节和制约，面临着市场竞争带来的各种压力。在这种情况下，与其他高校一样，我国体育院校为了谋求自身发展，增强市场竞争力，必须适应和满足社会对各类人才的需求，调整办学方针和策略。与此同时，由于改革开放的不断深入，人民生活水平提高了，广大群众希望子女能够接受高等教育的要求更加紧迫了。顺应此举，我国高等教育开始实行了扩招政策。1990—1998年，全国普通高校和成人高校本专科在校生总规模从372.9万人增加到623.1万人，年增长率为6.6%。1999年，普通高校招生规模为156万人，与1998年相比，增长率达44%。短短几年，我国高等教育便迈入了大众化发展的道路。2000年，我国体育院校在校生人数比1997年在校生人数多出了13685人，增长了73%。2000年，我国体育院校招生人数比1997年招生人数多出了6435人，增长了105%。截至2010年底，我国体育院校在校生人数已经达到了107564万人。[1]招生人数的增加、在校生人数的上涨、独生子女的特点、贫困生的资助、宿舍的管理等诸多问题，也在短时间内突然爆发，给我国体育院校学生事务管理带来了巨大压力。层出不穷的新问题，时时刻刻都在考验着我国体育院校学生事务管理的水平和能力。因此，经济的飞速发展和高等教育的大众化使我国体育院校传统学生事务管理模式面临着诸多新问题和新挑战。

2. 从管理理念而言，传统口号式的宣传未能真正体现我国体育院校学生事务管理的生本理念和服务精神

在我国，以人为本是科学发展观的核心内容，也是《关于进一步加强和改进大学生思想政治教育的意见》的指导思想之一。因此，我国体育院校学生事务管理树立“以生为本”“一切为了学生”的工作理念，既是落实科学发展观的必然要求，也是贯彻这一文件精神的具体体现。我国体育院校学生事务管理的目的就是要为学生提供优质的服务，促进学生的全面和健康发展，培育合格的体育人才。但由于传统观念的长期影响，“以生为本”“一切为了学生”“为了学生一切”等类似口号式的学生管理理念，仅仅只是停留在口头上喊喊而已，或者是张贴在墙上变成了文字装饰。在实际工作中，我国体育院校学生事务管理工作不同程度地存在忽视学生主体地位的现象。如把学生视为被管理的对象，强调整齐划一的管理，忽视学生的个性需求。往往是问题式管理代替发展式管理，事后处理代替预警干预。而不能从真正意义上去关心学生、尊重学生、爱护学生、服务学生和指导学生。“以生为本”的服务理念，要真正落实到实处，取得成效，在我国体育院校还处在摸索阶段。何时能将这种口号式的宣传内化为真正意义上的学生事务管理理念，还有很长的一段路要走。

3. 从管理方式而言，简单的管治模式抹杀了我国体育院校学生事务管理的科学性和艺术性

诚然，管理既是一门科学，也是一门艺术。方法科学，手段艺术，则效果显著，立竿见影。我国体育院校的学生事务管理往往还是采用简单的管治方

[1] 数据来源于国家教育部网站http://www.moe.edu.cn/publicfiles/business/htmlfiles/moe/s6200/list.html.

法，进行封闭式管理。这种管理方法简单、粗暴，既不科学，也不艺术。学生往往被视为问题制造者，用一堆僵化的规则来约束和限制学生的个性发展，主张学生无条件遵守和服从学校的各种规章制度。如有违反，便用惩罚来代替一切。不能把学生视为一个个具有独立思维和行为能力的成人，忽视学生需求，抹杀学生个性，不能充分调动学生参与的积极性和主动性，使学生处于被动的接受状态。这种忽视学生主体的差异性，力求通过各种规章制度来管住学生的方法，收效甚微。再加上，部分学生事务管理者对学生的反馈意见重视不够，工作方法欠妥，甚至导致学生的逆反心理和对抗情绪。在学生管理过程中，用统一的培养标准和统一的教育目标要求学生，强调整齐划一，使得学生组织的活动曲高和寡，参与活动的学生总是那几个熟悉的面孔，教育活动参与率不高，受教育面不广。因此大学生思想政治教育的实现既要有一套贴近学生实际的德育目标，又要有科学性、操作性很强的教育途径和方法。简单的管治模式只会抹杀了我国体育院校学生事务管理的科学性和艺术性。

4. 从管理内容而言，思想政治教育的空洞说教掩盖了我国体育院校学生事务管理内容的差异性和多样性

高校思想政治教育承担着提高大学生政治素质和思想道德水平、促进大学生全面发展的重要职责。按照“学校教育，育人为本；德智体美，德育为先”的原则，培养社会主义事业的合格建设者和可靠接班人。因此，思想政治教育在我国体育院校学生事务管理中占重要的地位。似乎学生所有的工作都是围绕思想政治教育展开的，而不是围绕学生的全面发展。这种状况的存在，当然与我国的特殊国情有关。德育优先没错，但思想政治教育的途径和方法过于陈旧。空洞的说教，理论的苍白，不能使学生真正自觉去遵守各项规章制度，更不能将日常的思想政治教育内化于心，见之于行。爱党、爱国、爱集体的豪言壮语不应该仅仅只是当作口号在校园或者课堂上喊喊而已，而应该让学生付诸行动，使其成为一辈子为之奋斗的理想和信念。虽然，在日常思想政治教育过程中，我国体育院校也开展过军训式的集中教育，开学典礼的入学教育，甚至一些个别谈心式的个人教育，但这些教育的实质更多的是在履行常规的规章制度而已，或者说是为了应付检查或完成上级的命令要求而已，思想政治教育流于形式。过多地强调思想政治教育，不但耗费了教师和学生的大部分时间，而且影响了学生事务其他工作的开展，掩盖了我国体育院校学生事务管理内容的差异性和多样性。只有德智体美的全面发展，才能培养出更加优秀的体育人才。

5. 从管理队伍而言，人员的流失和专业素质的缺乏妨碍了我国体育院校学生事务管理发展的连续性和稳定性

在上文分析我国体育院校学生事务管理模式特征时，笔者指出，从任务管理而言，我国体育院校现行学生事务管理模式具有“辅导员包揽”的特征。换句话说，辅导员是工作在学生事务管理一线的主力军。辅导员素质的高低直接影响和决定了学生的培养质量。总的来讲，我国辅导员制度宏观政策到位，辅导员的职责定位进一步明确为“高等学校教师队伍的重要组成部分，是高等学校从事德育工作，开展大学生思想政治教育的骨干力量，是大学生健康成长的指导者和引路人”。但现实情况是，部分体育院校对国家政策落实不到位，辅导员得不到应有的重视，职业认同感较低，没有归属感，更缺乏发展空间。辅导员往往身兼数职，既是教育者、管理者，又是服务者和被管理者，角色定位混乱，导致部分辅导员思想不稳定，态度不端正，工作缺乏热情。再加上辅导员的工作界定不清晰，干多干少差别不大，容易使人产生倦怠。而辅导员的评价机制又缺乏有效的和合理的手段，导致人员流失严重，从而妨碍了我国体育院校学生事务管理发展的连续性和稳定性。

本章小结

本章以参照美国心理学家埃里克森人格终身发展理论，将我国体育院校的发展历程划分为以下八个阶段，即萌芽期（1949—1951年）、创立期（1952—1955年）、调整期（1956—1960年）、独立发展期（1961—1965年）、动乱期（1966—1976年）、成年早期（1977—1985年）、成年期（1986—2000年）和成熟期（2001—至今）。同时，以“文化大革命”的发生为时间基点，将我国体育院校学生事务管理模式的嬗变分为了三个阶段：第一阶段“文化大革命”之前（1949—1965年）；第二阶段“文化大革命”期间（1966—1976年）；第三阶段“文化大革命”之后（1977—2000年）。并描述了与之对应的学生事务管理模式的特点和规律。然后，以现行模式为切入点，本章探讨和分析我国体育院校现行学生事务管理模式的主要特征及存在的问题。分析认为，我国体育院校现行学生事务管理模式具有以下主要特征：从组织外部环境而言，我国体育院校现行学生事务管理模式具有较强的制度依附性；从组织结构而言，我国体育院校现行学生事务管理模式具有分散性特征；从管理方式而言，我国体育院校现行学生事务管理模式具有“管治”特征；从价值取向而言，我国体育院校现行学生事务管理模式具有“以社会为本”的特征；从任务管理而言，我国体育院校现行学生事务管理模式具有“辅导员包揽”的特征。同时指出，我国体育院校现行学生事务管理模式存在的具体问题有：从管理外部环境而言，经济的飞速发展和高等教育的大众化给我国体育院校现行学生事务管理模式带来了巨大压力；从管理理念而言，传统口号式的宣传未能真正体现我国体育院校学生事务管理的生本理念和服务精神；从管理方式而言，简单的管治模式抹杀了我国体育院校学生事务管理的科学性和艺术性；从管理内容而言，思想政治教育的空洞说教掩盖了我国体育院校学生事务管理内容的差异性和多样性；从管理队伍而言，人员的流失和专业素质的缺乏妨碍了我国体育院校学生事务管理发展的连续性和稳定性。通过上述分析，为构建我国体育院校学生事务管理模式厘清了思路，提供了重要参考价值。

第四章 国外高校学生事务管理模式介绍

在对我国体育院校学生事务管理模式的发展历程及现状进行了梳理之后，接下来本章就国外具有代表性国家的高校学生事务管理模式进行了介绍。一来通过国际比较的视角，可以更好地了解国外高校学生事务管理发展的新特点、新趋势；二来通过这种比较、鉴别，可以更好地为构建我国体育院校学生事务管理模式提供新思路、新路径。又因国外高校涉及诸多国家，本章不可能进行逐一介绍，仅选取一些具有代表性国家的高校学生事务管理作为参照。而每个国家因地理位置、宗教信仰、文化差异和价值观的不同，其所在国家的高校学生事务管理又各具特点，自成系统。故本章以欧美发达国家和亚太地区国家或地区的高校为例，来对国外高校学生事务管理模式的特点做如下阐述。

第一节 欧美主要国家高校学生事务管理模式

在梳理欧美主要国家的高校学生事务管理模式时，笔者抛开了各个国家传统学生事务管理的历史介绍，而是着重分析它们现有的学生事务管理模式的特点。因为对其学生事务管理模式历史沿革的研究，我国许多学者已经做了详细的、系统的探讨。如果本文再去做类似的重复，既无意义，又背离了科研创新的宗旨。因此，笔者选取了美国、英国、法国和德国四个国家作为西方国家高校的主要代表。下面，逐一介绍其高校学生事务管理模式的主要特点。

一、美国高校学生事务管理模式的特点

美国的高等教育举世闻名。据2012年《泰晤士报高等教育》最新公布的世界大学排名前100名中，美国的高校占有43个席位，其人才培养的质量笑傲群雄。这些斐然成绩的取得，除了跟美国本身的高等教育制度有关外，另外重要的一点便是其高度发达的学生事务管理系统。美国高校的学生事务管理已经形成了以专业化、专家化、个性化和规范化为特点的成熟发展模式。

1. 从管理模式而言，主要表现为条状化运行、垂直集权管理为主的特点

美国高校学生事务管理的组织管理模式，无论是组织运行模式，还是内部管理结构模式，都是实行集权的垂直管理模式，呈现出组织机构扁平化的特点。高校设有一名主管学生事务工作的副校长，下设数位助理。学生事务的不同部门，如就业服务中心、学生生活中心、校际体育运动中心等，则负责开展具体的学生工作，所有的学生事务管理人员都由专职的、具有博士学位以上的专业人士担任。其机构设置和权限分配只在学校层面进行，在学院或系的层面上没有对应的组织和分工要求。学生事务管理多头并进，条状运行。其组织结构可以参阅美国加州大学圣迭戈分校学生事务组织结构图，具体见图4.1。

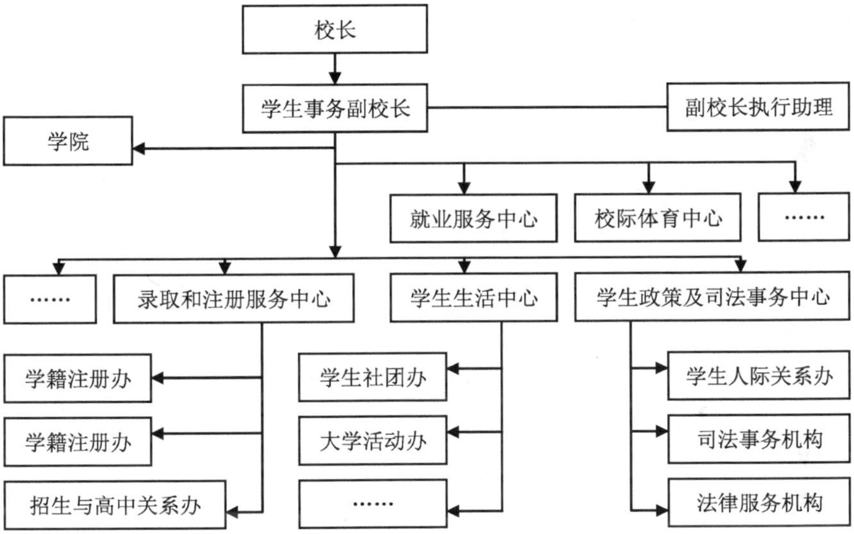

图4.1 美国加州大学圣迭戈分校学生事务组织结构图

注：资料来自加州大学圣迭戈分校网站：http://www.ucsd.edu/。

全面负责学生事务的副校长一般由校长内阁会议成员担任，直接向校长报告。学生事务管理部门则直接面向学生开展各项工作。学生、群体或社团就有关学生事务工作直接与学生事务管理部门交涉，院系一般不设立专职的学生事务管理部门和专职的人员。学生事务管理部门内部实行层级负责制，各部门在自己的职责范围内独立开展工作，直接向上级主管负责人报告工作。

具体到不同的高校，管理体制也各有差异。美国是一个多民族、多文化的移民国家，其价值观的多样性决定了学生事务管理的差异性。每个高校可以根据学生的个性需求具体开展工作。如有的高校实行间接报告式，有的则是双重报告式等。从这个意义上讲，美国的高校学生事务管理没有统一的模式，表现为多样性和个性化。

由此可见，美国高校学生事务管理的组织形式主要呈现出条状结构、多中心架构的特点，管理中间层级少，执行体系垂直化，管理重点在各个学生事务管理中心。

2. 从运行机制来看，呈现出主管负责为主、职能部门分工明晰的特点

为了保证学生事务管理工作的有效开展，美国各高校充分结合自身的特点，选择不同的运行机制，但都实行主管负责的原则。主管学生事务的副校长通过决策、评估、会议等形式对全校的学生事务管理行使监管的职责。由教师和学生组成的事务议会向主管副校长报告工作，提供建议和信息咨询。一些学生社团组织也在学生事务的管理、决策和实施过程中发挥着举足轻重的作用。学生事务的任何决策都充分听取学生的意见，体现了学生的意志。

学生事务各部门之间，职能分工明确，严格实行工作责任制，但又非常注意彼此之间的相互协作和配合，表现为管理职能的高度分化。副校长定期召集学生事务高级管理人员和各部门负责人开会，部门和部门之间也形成了定期召开会议的工作制度。通过会议的形式，学校可以协调学生事务工作的时间和内容，并且能够统一思想和行动，有助于落实相关决策和措施。

3. 从工作方式而言，体现出高度的规范化、专业化和个性化特点

美国高校学生事务管理的规范化主要体现在具有较强指导性的规章制度方面。如《美国高等学校学生事务管理人员行为规范》、《美国高等学校学生事务管理人员伦理标准》、《学生事务观》和《学生事务应用手册》等规范性制度的出台，从各个方面为学生事务管理的顺利开展提供了指导和帮助，也让学生事务管理有法可依、有理可循。

美国学生事务管理专业化的特点主要体现在队伍建设方面。从事学生事务管理的工作人员，具有较高门槛的从业标准。一般从业者必须具有高等教育学、教育管理学、心理学、教育学和行政管理学等专业的硕士学位或博士学位，有些专业性较强的岗位还必须持有专业资格证书或行医执照，如学生顾问、心理咨询师等。他们一般都是该领域里的专家或学者，具有较高的文化素质修养。

美国学生事务管理的个性化主要表现为工作方式各异、体制灵活。美国学生事务管理机构充分尊重学生个性需求，针对学生的特点，提供个性化的发展和服务，真正实现了以人为本、以生为本的人本化管理理念，从而最大限度地保障了学生的健康发展。

二、英国高校学生事务管理模式的特点

英国高等教育结构体系完整，种类齐全，无论是科研水平还是毕业生质量都享誉全球。在2012年《泰晤士报高等教育》最新公布的世界大学排名前10名中，英国占有3个席位，这与它们独具特色的学生事务管理密切相关。

1. 从管理模式而言，主要表现为分散管理和集中管理为主的特点

英国高校学生事务管理模式可以分为分散管理和集中管理两大类。在分散管理模式下，高校通过设立学习支持中心等部门，提供学生事务的管理和服务。在集中管理模式下，高校设有学生服务中心，下设若干个职能办公室，如学生注册办公室、学生住宿办公室、心理咨询办公室等，这些职能机构直接面向学生，负责管理除教学以外的全部学生事务，具体的组织结构图可以参阅本书第三章中英国雷丁大学的学生事务管理组织体系。学院或系的层面不再设有专门的学生事务管理机构和专职从事学生事务管理的工作人员。涉及与学院或系有关的学生事务，一般由学生服务中心的相关办公室同院系联系，再由院系下达有关任务，最终由学生个人导师协助院系和学生完成相应的事宜。院系有时候也会聘用兼职的专人负责学生事务的管理，但他们与学校层面的学生事务管理机构不存在上下级领导关系，仅仅只是工作上的合作关系而已。

分管学生工作的副校长或其他高级管理者直接领导学生事务管理机构，并对其负责。在院系层面，学生事务由院长或系主任负责，并为每个学生安排一个导师，负责学生学习生活等各方面的指导和服务。

2. 从运行机制来看，呈现出学校为主、导师为辅的特点

从运行机制来看，英国高校的学生事务管理，无论是集中管理模式还是分散管理模式，其工作主体集中在学校层面。学院或系级层面采用个人导师制，协助学校学生事务管理机构开展工作。同时，全国行业协会提供信息与资源的支持。各机构之间各司其职、互相协作，形成了有效的工作联系系统。

个人导师制是英国高等教育的一个传统特点。学生入学后，学院或系会给每个学生安排一名专业教师作为个人导师，负责其专业学习和个人生活等方面的指导。导师的主要职责是为学生的专业学习、职业生涯规划等提供帮助，充当学生与学校之间沟通的媒介。如果学生遇到了专业学习之外的困难，导师有责任推荐学生到学校专门的机构接受咨询和帮助。因此，导师制是英国高校学生事务管理的重要组成部分。

各种全国行业协会组织和非政府组织，在英国高校学生事务管理体系中也

扮演着非常重要的角色。如高校招生委员会，以学生的申请费和大学的录取费作为收入，与英国教育部没有任何行政和经济关系，是一个纯粹的民间机构，却负责管理整个英国高校本科生的招生工作。类似的民间组织还有学生贷款公司，负责全国学生贷款工作。在这种全国性的行业协会和非政府组织的支持下，英国高校学生事务管理工作开展得如火如荼，工作成效显著。

3. 从工作方式而言，体现出依法办事、以人为本、服务至上的特点

法律至上的观念在英国深入人心，它在调整和规范学生事务管理方面发挥着决定性的作用。从学生事务相关政策的制定和颁布，到学生违纪、违法的处理过程，全程都有律师参与，提供法律援助。学生的违纪处理，必须合乎法律的规定，同时给予学生申诉的权利。

英国高校学生事务管理倡导以人为本、以学生为中心的服务理念。学生事务管理充分尊重学生的权利和意愿，尊重学生成长的需要和多元化的价值观；鼓励学生自主选择学习和生活方式，为学生提供教育引导和管理服务。在实践中，学生事务管理者注重了解学生状况，遵循平等与多元化的原则，积极发挥学生主体作用，促进学生的全面发展。服务至上也是英国高校学生事务管理的一大特色。高校学生事务管理的宗旨是：以学生为中心，更好地了解学生，为学生提供优质的服务。专家型的学生工作队伍通过现代化的手段为学生提供专业化和职业化的各种服务管理。

三、法国高校学生事务管理模式的特点

法国高等教育具有悠久的历史渊源和深厚的文化基础。它的高校学生事务管理具有明显的地方色彩。法国高校对大学生的住宿、用餐、发放助学金等事务，实行高度社会化的管理与服务体制，工作效率高，实践性强。原则上，高等学校只负责教学、科研及相关事宜。学生的非学术性事务全部交由一个专门提供学生服务的机构——大学事务中心承担。

1. 从管理模式而言，主要表现为学生事务管理社会化的特点

法国高校学生非学术性事务的管理并不是由大学负责的，而是交给社会化的服务机构来管理。这种社会化的高校学生服务机构在法国被称为“大学事务中心”。它于1936年由法国教育部创办，是一家带有企业性质的自治性组织，具有法人资格和经费自主权的公立机构，总部设在巴黎。它的主要任务是改善在校大学生的生活与学习条件，促进国际交流与合作。高校只成立联络办公室，负责沟通和协调本校学生与社会性服务机构之间的各种具体事宜。

法国高校学生事务管理实行国家与地方的两级管理体制。全国大学事务中心受法国教育部领导，由教育部部长任命其行政委员会的主席，对各地区的大学事务中心负责。地区大学事务中心隶属于全国大学事务中心，受其领导，并定期向其汇报工作。它直接面向大学，为学生提供管理和服务。

2. 从运行机制来看，呈现出垂直监管、扁平化运作的特点

法国高校学生事务管理机构全国大学事务中心，本身不直接介入具体学生工作，而是通过各地区大学事务中心来面向高校开展工作，但对地区大学事务中心实行垂直监管。全国大学事务中心由27人组成的行政委员会行使领导权。行政委员会由1名高等教育部部长任命的主席，4名高等教育部的代表，1名分别来自于财政部、住房部、社会事务部、外交部的代表，8名经选举产生的学生代表，3名由大学事务中心工会推举的代表，3名大学校长的代表，4名社会知名人士的代表共同组成。行政委员会负责制定总政策，研究学生的实际需求，开展各项学生满意的服务。同时，面向28个地区大学事务中心分配经费预算，接受和分配有利于大学事务中心发展的各种捐赠、遗产和资助。全国大学事务中心的主任，由高等教育部部长提名、政府总理任命，任期为3年，其重要职责在于筹划与执行行政委员会的决议，并且保障大学事务中心的各项服务得以正常运转。主任下设四个行政机构，如学生生活处、文化活动处、财务处等。此外还设有一个工作小组，负责欧洲交流项目等事宜。

地区大学事务中心直接面向学生，为本学区内的学生提供生活服务。各地区大学事务中心也是由行政委员会行使领导权的。行政委员会由高等教育部长任命的主任领导，负责执行和落实行政委员会的决议，全面领导和主持日常工作。各地区大学事务中心直接面向学生，提供服务。服务范围广泛，主要以经营食堂和宿舍为主。它们自主经营，不以追求利润为目的，但享受政府提供的补贴。地区大学事务中心的学生事务管理者属于国家工作人员，他们的收入由国家按规定的统一标准支付，与经营效益脱钩。

3. 从工作方式而言，体现出高效率、高质量的社会化特点

法国高校学生事务管理工作方式社会化，服务质量高。法国高等教育界认为，高校学生事务管理的责任在于政府，而不是学校。他们认为学生事务工作是教育质量保证的重要组成部分。为了让学校专注于学术和科研，为了提高教育质量，政府要积极介入学生事务管理，选择企业性质的服务项目，让学生走出校门，步入社会，通过与企业之间的接触，增强大学生活的实践性，促使学生日常生活社会化。

法国高校学生事务管理实行两级管理模式，工作效率高。负责学生事务工作的全国大学事务中心和地区大学事务中心的层级运行方式，不仅满足了学生经济、食宿和个性发展的需要，而且为高校学术和科研的发展提供了有力的保障；不仅优化了学生事务管理的资源配置方式，节约了管理成本，而且有利于国家对高校学生事务工作的监管，有利于学生事务管理人员的职业化发展。

四、德国高校学生事务管理模式的特点

德国高等教育历史悠久，其高超的学术水平和优秀的教学质量举世闻名。按洪堡精神建立的德国大学，秉承教学与科研相统一的思想，主张学术自由。它们一度成为欧美各国高校争相仿效的楷模。因此，作为教学和科研机构的场所，德国高校固守着学术活动的界限。高校并不承担学生非学术性事务的管理，而是交由社会化的机构来承担。高校只成立联络办公室，沟通和协调学生与社会性服务机构之间的各种事宜。这点，与法国高校学生事务的管理模式有点类似。

1. 从管理模式而言，主要表现为学生事务管理机构一体化的特点

德国高校学生事务管理主要表现为学生事务管理机构的一体化。承担高校学生事务管理的一体化社会服务机构被称为“大学生服务中心”，它是一家按企业运行方式经营的自制性组织，具有独立法人资格，其领导由州政府任命。它不以追求利润为目的，在财政上自负盈亏，面向学生提供食宿、就业、勤工俭学等各种服务。大学生服务中心独立于高校而存在，主要负责高校学生在经济、社会和文化等方面的具体事务。遵循“一城一中心，辐射各高校”的机构设置原则，即无论学校或学生多寡，一座城市只设立一个服务中心，并由最高机构“全国大学生服务中心” 统筹管理。这种一体化社会服务机构的设置，不但优化了资源配置，实现了资源共享，而且为了生存，它必须为学生提供价格低廉、高质量、高效率的服务。同时无形中也加强了学生与社会的联系，有利于学生在实践中把握机会，健康发展。

2. 从运行机制来看，呈现出后勤高度社会化的特点

高校后勤社会化是德国学生事务管理的一大亮点。德国高校学生事务管理的运行，全部由社会团体或企业承担。如德国大学生服务中心，创建于第一次世界大战后，距今已有近百年的历史，其总部设在波恩，其成员由大会、理事会和秘书长组成。德国大学生服务中心已经发展为一个现代化的大学生服务机

构，在德国共有62个分中心，员工近2万人。其主要任务是为分布在德国三个城市的高校学生提供各种服务，解决学生在校期间的生活、住宿及经济、健康等问题。

德国大学生服务中心除了为学生提供食宿等服务外，还组织学生参观旅游，举办各种文化娱乐活动，为学生提供勤工助学机会，并负责管理和发放德国政府贷学金。德国大学生服务中心同样不以盈利为目的，其经营所得主要用于社会公益活动，用于改善大学生学习和生活的外部社会条件。这种高度社会化的后勤管理方式日益受到国际教育界的重视，得到了越来越多的国家和地区的认可。

3. 从工作方式而言，体现出学生高度自治的特点

德国高校学生事务管理除了机构设置一体化、服务后勤社会化的特点外，学生高度自治也是其主要特色。学生的高度自治主要体现在学生自主学习、自我管理和参与学校管理等方面。比如，学生在课程学习和毕业时间方面都可以进行自主选择，自主负责。学生会根据专业特点成立专门的机构为低年级学生提供学习指导，并负责给其他学生提供咨询、发布信息和公告等服务。又如，学生会成立宿舍委员会参与宿舍管理的工作。每栋公寓会通过选举产生自己的楼长，代表学生维护合法权益。代表学生最高组织机构的学生议会，与校方关系完全平等，拥有财政权和教学管理的相应权利。学生议会通过选举产生并成立学生联合委员会，代表所有学生权益，负责处理学校层面的学生日常工作。

第二节　亚太地区主要国家和地区高校学生事务管理模式

在介绍了欧美主要国家高校学生事务管理模式的特点之后，接下来介绍亚太地区主要国家和地区高校学生事务管理模式的特点。与欧美国家相比，亚太地区的高校学生事务管理也各具特色，自成体系。本节，把亚太地区的高校单独列举出来，一是基于它们共同的版图特点，都位于亚洲，都具有亚洲的共性和个性；二是基于它们共同的文化底蕴，即亚洲国家和地区的文化在某种程度上深受儒家文化的影响，因此，其高校学生事务管理在某种程度上可能存在一定的契合，这正是构建我国体育院校学生事务管理模式所必须熟悉和了解的。因此，本节拟选取日本、泰国、新加坡及我国香港地区的高校作为例子，逐一介绍其高校学生事务管理模式的主要特点。

一、日本高校学生事务管理模式的特点

日本是一个面积不大的岛国。自20世纪60年代末期开始，日本一直就是世界公认的资本主义经济强国，科学研发能力居世界第三。日本属于发达国家，国民生活质量高，经济发达，人均国民生产总值超过4万美元，位居世界前列。这些骄人成绩的背后，得益于日本高度发达的高等教育体系和高质量的学生事务管理系统。

1. 日本高校学生事务管理模式主要表现为集权化管理为主

日本高校学生事务管理由各个大学自主设置的组织机构学生部来承担。学生部的领导事务局长由校长任命，并对校长负责，承担全校的学生事务管理工作，表现为集权化管理为主的特点。学生部下设不同的学生事务管理分支机构，受学生部长领导，并向其汇报工作。各个大学的管理体制和具体管理事务差异不大，但都充分体现了规范与服务并存的学生事务管理方针，在强调为学生服务的同时，也重视教育的引导作用。比如，通过制定和颁布规章制度，对学生的校园集会进行限制，防止学生自治组织与学生部发生冲突，充分体现了集权化管理的特征。

负责高校学生事务管理的职能机构学生部，其主要目的是为学生的发展提供相应的指导与服务，促使学生形成健全的人格，以达到学生个人的自主发展。提供的指导与服务涉及健康、福利、课外活动、就业等多个领域，充分体现了为学生服务的特点。

2. 日本高校学生事务管理模式呈现出高校后勤组织民间化的特点

日本高校学生事务管理除了学生部负责管理外，一些群众性的民间组织也参与其中。日本高校学生的食宿等生活后勤服务则由群众组织，日本消费生活协调组织来承担。根据政府颁布的《生协法》，日本主要大学都成立了消费生活协调组织，主要为高校的后勤提供服务。消费生活协调组织在为学生提供各项服务时，学校有义务向其提供房屋等基本设施的无偿使用。政府对高校后勤服务实行免税或低税等税率优惠政策，吸引民间其他专业服务公司参与竞争学校后勤服务管理，以便更好地为学生提供优质的、高水平的服务。

3. 日本高校学生事务管理体现了大学教授会的意志和思想

日本高校学生事务管理机构学生部充分反映了本校教授会的意志。大学教授会是学校运营的决策和咨询机构，其下设各种委员会，如学生生活委员会、就业委员会等。这些委员会就学生事务管理等相关内容形成决议和意见，主导

了学生部学生事务管理的工作思想、原则和方针。学生部实际上成了本校教授会的代言人，从而让教授们的意志在学生事务管理中得以体现。

二、泰国高校学生事务管理模式的特点

泰国是一个君主立宪制国家，它是宗教、文化中心和多民族的聚集地。泰国的高等教育受西方国家的影响，实行改革开放政策，允许外资和私人投资办学。高校按市场方式运作，倡导教育产业化。但也形成了独具特色的高校学生事务管理系统。

1. 泰国高校学生事务管理模式尊重学生主体，竭力为学生提供优质服务

泰国高校学生事务管理充分尊重学生的主体地位，把学生视为立校之基，因此，各高校非常重视优秀生源的争取。他们视学生为客户，非常重视学生的各种需求，竭力为学生提供优质的服务。高校学生事务管理机构设立专职人员，面向学生，提供各种项目的服务，如就业、心理咨询、法律等。学校要求学生事务管理人员应该尊重每一位学生的个性，不得因种族、肤色、出生、宗教信仰、性别、年龄等而歧视学生。对学生事务管理人员而言，学生都是具有独立行为能力的成年人，应该为自己的行为负责，没有太多值得担心的问题。他们只需要为学生提供细致、全面、优质的各种服务，帮助学生解决实际问题。

2. 泰国高校学生事务管理模式坚持以学生为本，重视学生的思想政治教育

泰国高校学生事务管理坚持以学生为本，教师以身作则，重视榜样示范作用。高校学生事务管理充分尊重学生的道德选择权利，强调学生作为成人的自我责任意识。通过规范学生的道德行为，来引导和提升学生的思想意识。但又不希望直接影响学生的思想意识，学校只是负责一些基础道德文明素质的培养，引导学生树立正确的社会政治观念，培养学生的健全人格。

泰国高校学生事务管理非常重视学生的思想政治教育，但又不设立专门的“思想政治教育”体制，如专职人员、专门课程等来具体实施，而是重视教育的隐形作用，认为思想政治教育只有与学生活动结合起来，才能有效。因此，泰国的高校学生事务管理将思想政治教育始终贯穿于学生的学习生活中，融合在教育管理中，通过间接、综合、渗透等途径来具体实施。学校不承担对学生思想政治教育的责任和后果，只是尽告知、展示的义务，具体责任则由学生自己承担，充分体现了尊重学生主体地位的以人为本的管理理念。

3. 泰国高校学生事务管理模式面向世界，具有国际化的管理思路和眼光

泰国高校学生事务管理面向世界，非常重视高等教育的国际化，注重培养

学生的国际化意识，以期增强学生的国际竞争力。因此，部分高校的学生事务管理模式基本上都是借鉴欧美高校的学生事务管理模式，尊重学生个性发展，重视教务与管理，重视学生的生活服务，支持学生社团开展丰富多彩的校园文化活动，给学生充分的自由发展空间，体现了泰国高校学生事务管理的国际化思路和眼光。

三、新加坡高校学生事务管理模式的特点

新加坡面积非常狭小，但政治稳定、环境优美，其高等教育在亚洲位居前列，是小国办大教育的典型代表。新加坡的高等教育环境和谐包容，既有生机勃勃的国际一流的本地公立大学，也有独具特色的顶尖外国私立大学，他们共同为学生的全面发展提供了机会和平台。

1. 新加坡高校学生事务管理模式体现了全员育人的发展思路和特点

新加坡高校学生事务管理由学校副校长负责主持工作，接受校长领导，并对其汇报工作。下设各种学生事务职能服务机构，如就业指导、心理咨询和社团管理，直接面向全体学生，为学生提供相应的各种服务。在院系一层，不设立学生事务管理机构，而是通过全员育人的发展思路和方针来行使学生事务管理工作。

新加坡高校学生事务管理的最大特征体现在全员育人的发展思路上，即高校以培养人才为中心，以服务学生为根本，促进学生的健康发展。因此，学校要求，除了学生事务管理人员外，其他教师在本职工作之余，也要承担一定的行政工作或管理事务。如专业教师要定期为学生组织、提供专业学习指导等，如有必要还需要担任学生辅导员，负责学生宿舍、学习和生活等诸多事情。学校也非常重视学生社团的管理。学生社团组织在学校享有较高的自治权利，他们负责开展、组织各种活动，并承担着和学生事务管理部门相互协调和沟通的任务。此外，学校也非常重视学生的心理问题。学生事务管理机构设立专门的学生心理咨询中心，为学生提供讲座、心理健康咨询、个人访谈等多项服务。总之，全员育人的发展思路贯彻于高校学生事务管理的始终。

2. 新加坡高校学生事务管理模式以儒家文化为基础，倡导全方位德育教育

新加坡高校学生事务管理推崇儒家文化，非常重视培养国家意识，认为国家至上，社会为先；家庭为根，社会为本。对待学生要做到关怀扶持；对待同事要做到同舟共济；对待工作要做到求同存异，协商共识。在学生事务管理中，强调以儒家文化为内核，构建和谐的服务环境，尊重学生多元化的需求取

向，推动学生的全面发展。在接受西方文化的同时，对学生实施全社会、多方位的德育教育体系，避免了思想教育的泛政治化，注重德育教育的实用和有效。

学校通过举办多种丰富多彩的校园文化活动，为学生提供参与社会实践的锻炼机会。并寓德育教育于各种活动之中，让学生在活动中学习，在活动中成长；懂得做人的道理，学会尊重他人，在发展自我个性的同时，领悟协同合作的团队精神。

3. 新加坡高校学生事务管理模式具有开放、包容、创新的管理特点

新加坡是一个国际化的大都市，与世界发展同步，因此，高校学生事务管理也呈现出了国家化和多元化的特点，具有开放、包容、创新的管理特征。首先，高校学生事务管理高屋建瓴，从全球的高度去培养学生，励志把学生培养成为环球知识企业的高素质人才，使学生事务管理呈现出开放性的特点。其次，在师资方面，引进国外优秀教师和学生加盟，因此，外籍教师和学生的比例非常高。学生事务管理既要满足本土学生的需求，又要考虑外籍师生的个性发展，使学生事务管理呈现出包容性的特点。高校学生事务管理人员既不能全盘照搬欧美学生事务管理模式的特点，又要充分尊重儒家文化，贯彻全员育人的方针，因此学生事务管理呈现出自身独有的特点，具有创新性。

四、我国香港高校学生事务管理模式的特点

我国香港是世界上为数不多的自由港口城市之一，独特的地理环境和制度为其高等教育的发展提供了有利的发展条件。香港的高等教育在近一百年的发展历史中，不断调整改革，逐渐形成了国际化、多元化的办学特色，凝聚了世界教育的先进理念和精髓。香港的高校学生事务管理已经成为香港高等教育的重要组成部分，在学生成长方面发挥着重要的作用。

1. 香港高校学生事务管理模式以扁平化的横向运作模式为主

在香港，学校层面通常会设立学生事务管理中心，面向全体学生，负责处理全校学生事务，是集教育、管理和服务为一体的综合职能部门。下设各种学生事务职能机构，如辅导中心、体育中心、学生设施中心等。在院系层面不再设立专门的学生事务管理机构，但由院长或系主任承担学生事务管理的责任。院系负责为每一名学生安排一名个人导师，导师要为学生的学习和生活提供指导和帮助。有些院系还会委任高级导师，为全院或系的学生提供咨询和指导。院系层面和学生事务管理中心不存在领导和被领导的关系，双方只存在协调与

合作的工作关系。但院系的全体教师有义务为学生的培养提供各种帮助。

高校结合自身实际情况采取不同的学生事务管理模式，但主要还是以扁平化的横向运作为主。学生事务管理机构的重心在于服务，而非教育与管理。其主要职责是面向全体学生，为学生提供就业规划、心理辅导、学习指导和课外活动辅导等细致、周到的各种优质服务。

2. 香港高校学生事务管理模式以学生为本，倡导全人发展的工作理念

香港高校学生事务管理坚持以学生为本的工作理念，充分尊重学生的个性发展，围绕学生成长的需要，遵循学生身心的发展规律，为学生提供全方位的服务。学生事务管理机构注重学生素质的全面发展，尊重学生的主体人格，强调通过教育手段调动学生的积极性、主动性和创造性，充分挖掘学生的潜能，为学生的个性和创造性发展提供广阔的空间。学生事务管理机构认为，课堂学习只能为学生提供理论知识，与实际运用相差甚远。学生事务管理工作有义务从多种角度为增长学生的知识和拓展学生各方面能力提供服务，促进学生的全面发展。

“全人发展”是香港高校学生事务管理秉承的工作理念，它是基于教育与人的价值关系而提出来的。在满足社会需要的前提下，高校学生事务管理要充分尊重学生的主体价值，把学生的全面发展作为教育的终极目标。学生事务管理机构和学生之间是一种平等的关系。学生作为学校的成员，可以通过多种途径参与学校事务管理，以培养学生的民主精神。学生事务管理者主动去倾听学生的意见，从反馈中发现工作的不足和存在的问题，明确亟待改进的某些具体方面。如香港科技大学的学生事务管理者会通过学生宿舍自由谈、学生领袖餐等方式来吸引学生参与管理，聆听学生的意见反馈，了解和掌握学生的思想特点，为更好地开展学生服务奠定了基础。

“全人发展”的服务理念还体现在学生组织方面。香港高校的学生组织具有独立的法人资格，完全独立，与学校和学生事务管理机构之间不存在任何隶属关系，也不存在领导与被领导的关系，仅仅只是一种服务关系。学校和学生事务管理机构只需为学生组织开展工作时提供帮助和指导即可，充分体现了学生主体地位的重要性。

3. 香港高校学生事务管理模式呈现出中西融合的国际化特色

我国香港因其独特的历史原因，使其高校学生事务管理既烙有中国传统文化的历史痕迹，也吸取了欧美学生事务管理模式的长处和优点。首先，香港高校学生事务管理体现了儒家“无为而治”的管理思想。高校学生事务管理崇尚民主、尊重学生的主体意识，通过组织课外活动积极发挥学生的主动性和创造性，通过不同渠道的校园文化活动为学生提供相对宽松自由的学习氛围，以校园文化来规范和约束学生的个性、行为及品格，提高学生自我教育、自我管理的能力。其次，香港高校学生事务管理不断吸收、借鉴和创新，体现了高度国际化的特征。如在20世纪前半期，香港高校学生事务管理工作的重点在于学生行为控制和福利改善方面，如纪律、资助、住宿等；20世纪中期前后，受西方学生事务“服务促发展”理念的影响，香港高校学生事务管理逐渐摒弃了保姆式的管理方式，开始将工作的重点放在学生的发展上，帮助学生增强公平责任感和社会责任感。直到现代，香港的高校学生事务管理模式还在结合着本身的特点，充分利用自身地理位置的优势，不断改进和提高学生事务管理的能力和水平，为香港高等教育的发展奠定雄厚的人文基础。

本章小结

本章对国外高校学生事务管理模式的特点进行了梳理。在介绍欧美主要国家的高校学生事务管理模式时，笔者选取了美国、英国、法国和德国四个国家，抛开了每个国家传统学生事务管理的历史介绍，而是着重分析它们现有学生事务管理模式的特点。美国高校学生事务管理模式的特点表现为：从管理模式而言，主要表现为以条状化运行、垂直的集权管理为主的特点；从运行机制来看，呈现出主管负责为主、职能部门分工明晰的特点；从工作方式而言，体现出高度的规范化、专业化和个性化特点。英国高校学生事务管理模式的特点表现为：从管理模式而言，主要表现为分散管理和集中管理为主的特点；从运行机制来看，呈现出以学校为主、导师为辅的特点；从工作方式而言，体现出依法办事、以人为本、服务至上的特点。法国高校学生事务管理模式的特点表现为：从管理模式而言，主要表现为学生事务管理社会化的特点；从运行机制来看，呈现出垂直监管、扁平化运作的特点；从工作方式而言，体现出高效率、高质量的社会化特点。德国高校学生事务管理模式的特点表现为：从管理模式而言，主要表现为学生事务管理机构一体化的特点；从运行机制来看，呈现出后勤高度社会化的特点；从工作方式而言，体现出学生高度自治的特点。与欧美国家相比，亚太地区的主要国家或地区的高校学生事务管理也各具特色，自成体系。本章选取日本、泰国、新加坡及我国香港地区作为例子，逐一说明。日本高校学生事务管理模式的特点表现为：管理模式以集权化管理为主；高校后勤组织民间化；体现了大学教授会的意志和思想。泰国高校学生事务管理模式的特点表现为：尊重学生主体，竭力为学生提供优质服务；坚持以学生为本，重视学生的思想政治教育；面向世界，具有国际化的管理思路和眼光。新加坡高校学生事务管理模式的特点表现为：体现了全员育人的发展思路和特点；以儒家文化为基础，倡导全方位德育教育；具有开放、包容、创新的管理特点。我国香港地区高校学生事务管理模式的特点表现为：以扁平化的横向运作模式为主；以学生为本，倡导全人发展的工作理念；呈现出中西融合的国际化特色。

通过欧美和亚太地区国家或地区高校学生事务管理模式的介绍，为构建我国体育院校学生事务管理模式提供了新的发展思路。

第五章　我国体育院校学生事务管理模式的重构

在分析和讨论了我国体育院校现行学生事务管理模式的特征和问题之后，在介绍和对比了国外主要国家高校学生事务管理模式的概况和优缺点之后，接下来，如何克服和改进我国体育院校学生事务管理模式的缺陷，如何构建和开创适合我国体育院校学生事务管理的最佳模式，是本章即将探讨的问题。随着我国高等教育的规模扩张，高等教育大众化衍生出来的各种问题也开始慢慢凸显。提高高等教育质量，追求卓越人才发展，已经成为人民大众的真正需求。我国高校学生事务管理作为培养人才的一线工作日益受到了国家、社会、家庭和学生的广泛关注。我国体育院校也不例外。如何提高学生事务管理的水平，如何开创学生事务管理的新局面，如何应对学生事务管理出现的新局面，如何整合现有的优势资源，如何提高院校的市场竞争力，已经成为摆在我国体育院校面前的一项重要任务。因此，构建我国体育院校有效的学生事务管理模式就是要通过制度变革和创新，优化组织结构，降低组织成本，提高管理人员素质，增强组织对环境变迁的适应性和兼容性，最大限度地提高学生事务管理的效率和质量。

第一节　我国体育院校学生性格特征分析

对我国体育院校学生事务管理模式进行研究，首先有必要分析和了解体育院校学生的性格特征。只有把握了他们的性格特征，才能从根本上提高管理服务的有效性和针对性，从而更好地促进体育院校学生的健康成长。

关于性格，众说纷纭。一般认为，性格是“人在对现实的稳定的态度和习惯化了的行为方式中所表现出来的个性心理特征”。[1]它具有两个要素，一是稳定的态度，二是习惯化了的行为方式。稳定的态度是一个人对人、物或思想观念的一种反应倾向性，它是在后天生活中习得的，由认知、情感和行为倾向三个因素组成。一个人对现实的态度表现在他在生活中追求什么，拒绝什么，

[1] 叶奕乾. 心理学[M]. 上海：华东师范大学出版社，2006：202.

而一个人怎样去做则表明了他的行为方式。一个人对现实的稳定的态度则决定了他的行为方式，而习惯化了的行为方式又体现了他对现实的态度。因此，一个人的性格是在社会生活实践中逐渐形成、发展和变化的。它是一个由多因素组成的具有层次性的复杂系统。生活环境的变迁、心理特征的变化等因素都会影响性格的形成。

一、体育院校学生性格特征分析的理论基础

性格分类的理论基础多种多样，如类型理论、特质理论等。性格类型理论于20世纪三四十年代产生于德国，主要用来描述一类人与另一类人的心理差异，主要代表人物有荣格、贝恩等。特质理论起源于美国20世纪40年代，该理论认为特质是决定个体行为的基本特征，其代表人物主要有奥尔波特和卡特尔等。因此，要了解体育院校学生的性格特征，首先要明确他们属于哪种性格类型。所谓性格类型是指一类人身上所共有的性格特征的独特组合。针对不同性格理论的内涵，本章选取性格类型理论来作为分析体育院校学生性格特征的理论基础，旨在探讨这一群体所表现出来的共性的性格特征，从而更好地为开展学生事务管理提供理论上的指导。

性格类型理论主要有三种：单一类型理论、对立类型理论和多元类型理论。

1. 单一类型理论

单一类型理论认为，性格类型是“依据一群人是否具有某一特殊性格来确定的”。[1]其主要代表人物有美国的佛兰克·法利。他提出了代表单一类型理论的T型性格理论。佛兰克·法利认为，T型性格是一种好冒险、爱刺激的性格特征。依据冒险和刺激行为的性质，他将T型性格分为“T+”型和“T−”型两种。当冒险和刺激行为的性质朝着积极、健康、创造性的方向发展时，即是所谓的“T+”型性格。具有该性格的人喜欢赛车、极限等运动项目。根据运动的特点，“T+”型性格又可分为“体格T+”型和“智力T+”型两种。具有“体格T+”型性格的人，会通过身体运动来实现追求新奇、不断刷新纪录的动机，如极限运动员。具有“智力T+”型性格的人，会通过科学技术的探新来实现超越，如科学家和思想家等。反之，当冒险和刺激行为的性质朝消极、病态、破坏性的方向发展时，即是所谓的“T−”型性格。具有该性格的人喜欢吸毒、酗酒等反社会行为。

[1] 王有智，欧阳仑. 心理学基础——原理与应用[M]. 北京：首都经济贸易大学出版社，2003：238.

2. 对立类型理论

对立类型理论认为，性格类型“包含了某一性格维度的两个相反的方向”。[1]其主要代表人物有美国的福利曼和罗斯曼（他们提出了A-B型性格类型）及瑞士人格心理学家荣格（他提出了内-外向型性格类型）。福利曼和罗斯曼认为，具有A型性格的人主要特点是，性情急躁，缺乏耐性，富有竞争精神，工作认真负责，生活经常处于紧张状态，社会适应性差，属于不安定型性格。具有B型性格的人主要特点是，性情不温不火，具有耐心，工作深思熟虑，生活节奏缓慢，社会适应性强，属于安定型性格。

瑞士人格心理学家荣格的内-外向型性格类型则是依据心理倾向来划分的。荣格认为，当一个人的兴趣和关注点指向外部客体时，就是外向型性格；当一个人的兴趣和关注点指向主体时，就是内向型性格。外向型性格的特点是，热情奔放，善于交往，独立自主，当机立断；内向型性格的特点是，疑虑困惑，交往面窄，自我剖析，做事谨慎。荣格认为，任何人都是外向型和内向型性格的统一体，当哪种性格占优时，他就是哪种性格的人。他认为人的心理活动有感情、感觉、直觉和思维四种基本功能，当结合外向和内向两种心理倾向时，便产生了八种性格类型，它们分别是：外向感情型、外向感觉型、外向直觉型、外向思维型；内向感情型、内向感觉型、内向直觉型、内向思维型。每种性格类型的人具有不同的性格特征。

3. 多元类型理论

多元类型理论认为，性格类型是“由几种不同质的人格特征构成的”。[2]其主要代表人物有德国心理学家斯普兰格、美国心理学家霍兰德和佛洛姆等。斯普兰格按照人类文化生活的形式和人们对这些文化生活形式的态度和价值标准，将人的性格分为六种类型：社会型、理论性、宗教型、审美型、经济型和权力型。美国心理学家霍兰德根据性格特征与职业选择的关系，也把人的性格分为六种类型，即社会型、现实型、艺术型、研究型、常规型和企业型。佛洛姆则从精神分析学说出发，将人的性格分为三大类，即创发性性格、非创发性性格和变态性格。另外，英国的培因根据人的情感、智力和意志三种心理机能在性格中何者占优势的特点，将人的性格分为情绪性、理智型和意志型。

除了上述几种性格类型外，还存在着其他一些性格类型的分类标准，如莫

---

[1] 王有智，欧阳仑. 心理学基础——原理与应用[M]. 北京：首都经济贸易大学出版社，2003：239.
[2] 王有智，欧阳仑. 心理学基础——原理与应用[M]. 北京：首都经济贸易大学出版社，2003：240.

瑞斯的类型论、阿德勒的类型论等。但由于性格本身的复杂性，至今还没有一个公认的分类方法。

因此，本章旨在通过性格类型理论的梳理，为接下来体育院校学生性格特征的分析提供理论依据。

二、影响我国体育院校学生性格形成和发展的因素分析

一般认为，性格是遗传因素和环境因素相互作用的结果。遗传因素是性格形成的自然基础和发展的潜在因素。在遗传因素和环境因素相互作用的过程中，环境因素对性格的形成和发展起决定作用。性格是人在实践活动中，在人和环境因素相互作用的过程中形成和发展起来的。性格是一个人生活经历的反映。由此可以看出，体育院校学生的性格也是遗传和环境因素相互作用的结果。遗传因素对他们性格的形成和发展固然重要，但后天环境对他们性格的影响和塑造起着至关重要的作用。因此，本章抛开遗传因素的影响，着重分析环境因素对他们性格形成和发展所产生的影响，也即本研究的初衷所在。

众所周知，环境因素一般包括自然环境因素和社会环境因素。其中自然环境因素主要是指人出生前的胎内环境和出生后所生活的地理环境。这些因素对在体育院校生活和学习的学生而言，已无研究的必要。因此，本章主要是分析社会环境对其性格的形成和影响。影响性格形成和发展的社会环境因素主要包括家庭、学校、运动项目和主观因素。

1. 家庭对体育院校学生性格形成和发展的影响

家庭对一个人的性格形成和发展具有重要和深远的影响。美国心理学家佛洛姆说："家庭是社会的精神媒介，通过使自己适应家庭，儿童获得了后来在社会生活中使他适应其所必须履行的职责的性格。"[❶]因此，家庭被称为"制造人类性格的工厂"。同样，家庭对体育院校学生的性格养成也产生着重要影响。父母亲的影响、家庭结构、独生子女等家庭因素对他们性格的养成产生了不可估量的作用。

（1）父母亲的影响。

父母亲对孩子早期性格的养成至关重要。因为按照教育的顺序，首先是家庭教育，其次才是学校教育。前苏联教育家克鲁普斯卡娅认为"母亲是天然的

❶ 孔克勤，叶奕乾，杨秀君．个性心理学[M]．上海：华东师范大学出版社，2006：120.

教师。她对儿童，特别是幼儿的影响最大”。[1]可见，母亲在孩子性格形成和发展中起着重要作用，她是孩子性格健康发展的必要条件，也是今后体育院校学生性格养成的先天基础。同样，父亲对孩子性格的形成和发展也起着重要作用，特别是在孩子性别角色发展方面起着重要影响。“父亲为男孩提供模仿同化的榜样，为女孩提供与异性成人交往的机会。幼年没有与父亲接触过的儿童，在性别的社会化方面，往往是不完全的”。[2]所以，体育院校部分学生在性别取向的错位，如同性恋，与他们早期所接受的家庭教育，特别是父亲的影响是密切相关的。此外，父母亲对子女的教育态度也是影响孩子性格形成和发展的重要原因。在一个家庭中，如果父母对孩子表现出一种滥用支配的态度，则孩子往往表现出消极、顺从、依赖、缺乏独立性的个性特征；如果父母对孩子过于溺爱，则孩子往往表现出任性、骄傲、自私、依赖、胆怯、缺乏独立精神、缺乏社会性等性格特征；如果父母对子女过于严厉，则孩子往往表现出顽固、冷酷、残忍、独立或者懦怯、盲从、不诚实、缺乏自信心和缺乏自尊心等性格特征；如果父母作风民主，则孩子容易表现出独立、协作、亲切、机灵、快乐、大胆等性格特征。研究表明，孩子的良好性格特征与父母民主、信任、容忍态度的相关系数比较高；敌对行为与父母严厉态度的相关系数比较高；意志坚强与父母亲信任态度的相关系数比较高，但与父母亲的严厉态度呈负相关，情绪稳定性、自发努力和友好态度也与父母亲的严厉态度呈负相关。具体见表5.1。

表5.1 父母亲教育态度与孩子的性格特征

相关系数 / 儿童的性格特征 / 父母教育态度	意志坚强	情绪稳定	自发努力	友好态度	敌对行为
信任	0.74	0.60	0.27	0.44	－0.40
民主	0.43	0.16	0.36	0.33	－0.40
容忍	0.56	0.53	0.05	0.19	－0.10
严厉	－0.16	－0.08	－0.38	－0.38	0.40

注：本数据来源于美国心理学家皮克（R. P. Peck）等人的研究。

[1] 克鲁普斯卡娅教育文选[M]. 莫斯科：俄罗斯联邦教育科学院出版社，1948：252.
[2] 朱智贤，林崇德. 儿童心理学史[M]. 北京：北京师范大学出版社，1988：390.

由此可见，父母亲对孩子性格的形成和发展产生着重要的影响。这也是为什么来自于不同家庭的孩子性格会出现如此巨大反差的主要因素。

（2）家庭结构。

家庭结构对体育院校学生性格的养成也产生着重要影响。一般来讲，家庭结构存在三种情况，大家庭、核心家庭和破裂家庭。大家庭是指几代同堂的家庭。体育院校来自于大家庭的学生在性格方面容易出现两种极端，一是良好的性格特征，如宽容、体谅、尊重、礼让等，这主要是得益于大家庭形成的家风、家规等长期对他们的熏陶和教育所致；二是不良的性格特征，如焦虑、恐惧、不安、多疑等，这可能主要是由于大家庭存在隔代溺爱，家长在教育孩子问题上看法不一致，难以形成统一的是非判断标准，因而让孩子无所适从，进而造成了他们不良的性格。

核心家庭一般是指三口之家，由父母及孩子组成。通常由于年轻的父母缺乏教育孩子的经验和方法，再加上上班等因素，所以教养和爱抚孩子的时间相对较少，容易出现要么管得太松，要么太过严厉，往往对孩子性格的养成造成不利影响。这种核心家庭孩子出现的性格问题，在体育院校中较为明显，本章将在独生子女问题上对其再进行详细阐述。

破裂家庭，即父母离异或者一方死亡，或被判监禁等情况。家庭的破裂对孩子性格的养成会带来不利影响。生活在破裂家庭的孩子，性格上容易冲动、缺乏自制力、敏感等。经调查，体育院校有部分学生来自于这种破裂家庭，这对他们性格的形成和发展或多或少地带来了一定的负面影响。但这些学生不都是具有这种不良性格特征的，有些也具有坚强、理智等优良品质。

（3）独生子女。

根据马克思主义关于物质资料生产与人类自身再生产应该相适应的原理，结合当时我国国情，从20世纪70年代初我国开始大力推行计划生育。1978年后计划生育成为我国的一项基本国策。我国宪法明文规定：“国家推行计划生育，使人口的增长同经济和社会发展计划相适应。”因此，遵照国家计划生育政策，我国很多家庭结构都发生了彻底变化，只生育一个子女。早在19世纪末，美国儿童心理学家霍尔就说过：“独生子女本身就是一种疾病。”研究表明，独生子女具有自尊心较强、自信心较足、依赖性大、独立性差、谦虚精神欠缺等性格特征，具体见表5.2。

表5.2 独生子女对自己的态度

项目 人数分配 被试	谦虚			自信心			自尊心			独立性			自私		
	√	-	×	√	-	×	√	-	×	√	-	×	√	-	×
幼儿园	8	12	20	10	24	6	26	8	6	10	14	16	12	18	10
小学	17	9	14	28	10	2	36	3	1	17	15	8	11	6	21
中学	16	14	10	21	16	3	33	4	3	21	9	10	13	7	20
合计	41	35	44	59	50	11	95	15	10	48	38	34	36	31	51

注："√"表示较强；"-"表示一般；"×"表示较弱。

经调查，我国目前体育院校的学生，大部分都是来自于核心家庭，即是独生子女，只有少数来自于少数民族、农村或者偏远城市的学生是非独生子女。但并不是说，独生子女就是"问题子女"。相对于非独生子女而言，独生子女给我国体育院校学生事务管理带来的压力不容忽视。

2. 学校对体育院校学生性格形成和发展的影响

学校教育对体育院校学生性格的形成和发展具有重要意义。学校不仅为他们传授科学文化知识，进行思想政治教育，还促进他们性格的形成和发展。卢梭认为：人的形成，由于教育。教育人就是要形成人的性格。因此，学校教育在体育院校学生性格的塑造方面，扮演着重要的角色。学生在体育院校里形成了良好的性格，就能顺利走向社会，适应社会；反之，则会引发各种问题。

对体育院校学生性格塑造产生影响的主要学校因素有教师、班集体和课堂教学。教师对学生性格发展的影响主要体现在教师的言传身教上，即所谓的为人师表。教师的人品、学识、举止行为等从各个方面对学生性格的发展产生着潜移默化的影响。教师人品好、学识渊博、举止儒雅等，则会成为学生学习和追求的榜样；反之，教师人品差、学识低下、举止粗鲁等，则会成为学生厌恶和效仿的对象，对他们性格的发展造成不利影响。此外，教师的管教方式，特别是一线从事学生事务管理的教师，如辅导员，也会影响着学生性格的发展。研究表明，教师的管教方式和学生的性格特征存在着正相关关系，即教师的管教方式民主，则学生相应地表现出积极、友好等良好的性格特征。反之，如果教师的管教方式专制，则学生表现出紧张、冷漠等不良的性格特征。具体见表5.3。可见，教师和学生之间的关系时刻影响着学生的性格发展。

表5.3 教师的管教方式和学生的性格特征❶

教师的管教方式	学生的性格特征
民主的管教方式	情绪稳定、积极、态度友好、有领导能力
专制的管教方式	情绪紧张、冷漠、具有攻击性、缺乏自制性
放任的管教方式	无团体目标、无组织、无纪律、放任

班集体是学校的基本组织形式，它是学生生活和学习的主要场所，对学生性格的形成也会产生重要影响。优秀的班集体有利于培养学生的组织性、纪律性、团队性、自制性等优良品质，通过班集体各种活动，帮助学生克服自私、孤独等不良性格特征。教育家马卡连柯指出，要在集体中，通过集体进行教育。可见班集体对学生性格形成和发展的重要性非同一般。

此外，课堂教学对体育院校学生性格的形成和发展也起着关键作用。通过课堂学习，培养他们的主动、独立、自制和坚持等性格品质。通过系统的科学文化知识的学习，帮助他们形成科学、正确的世界观，从而促进他们良好性格特征的形成和实现。

3. 运动项目对体育院校学生性格形成和发展的影响

不同的运动项目对体育院校学生的性格形成和发展具有重要的指引作用。研究表明，任何体育项目都需要有较高的心理素质为基础，如信心、意志、自我控制等。因此，从事不同运动专项的学生，在性格特征方面所表现出来的差异性是与专项的特点密切相关的，具体见表5.4。

表5.4 运动项目与性格特征关系❷

运动项目	主要性格特征	次要性格特征	更次要性格特征
滑冰、滑雪、自行车、游泳	顽强性、勇敢	自我控制、坚定性	主动性、独立性、果断性、
体操、举重、田径、射击	顽强性、自我控制性	勇敢、自我控制	主动性、独立性、果断性
跳水、骑马、跳伞、障碍	勇敢、果断	顽强、自我控制	主动性、独立性、勇敢
篮球、排球、足球、羽毛球	主动性、独立性	顽强、勇敢、果断	自我控制、坚定性、果断性
击剑、摔跤	主动性、独立性	果断、勇敢	自我控制、顽强、坚强

❶ 孔克勤，叶奕乾，杨秀君. 个性心理学[M]. 上海：华东师范大学出版社，2006：128.
❷ 孔克勤，叶奕乾，杨秀君. 个性心理学[M]. 上海：华东师范大学出版社，2006：129.

因此，为了克服性格上的缺陷，有专家建议让孩子选择不同的运动项目来完善性格。如果一个人性格孤僻，那么不建议参加个人项目，而应该选择一些团队运动项目，如篮球、排球、足球等来提高与他人分享和合作的团队精神。如果一个人性格急躁，那么建议参加一些运动节奏缓慢、强度不高的运动项目，如太极拳、射击、象棋等。如果一个人性格多疑，建议参加网球、乒乓球、羽毛球等运动项目，因为这些项目要求从事者思维敏捷、头脑冷静、当机立断，任何多疑、犹豫等都可能导致失败。此外，性格胆小的人建议参加跳马、溜冰、游泳等运动项目，具体见表5.5。

可见，运动项目对体育院校学生性格的塑造产生了重要影响。因此，在学生事务管理中，应该结合运动项目的特点，客观分析和准确把握学生的性格特征，采取不同的管理方式，来提高管理服务的效率和水平。

表5.5 运动项目与性格缺陷的关系

性格缺陷	建议从事的运动项目	预期效果
不合群、孤僻、不爱交往	足球、篮球、排球等	改变孤僻习性，适应交往
胆小、害羞、怕失败	滑冰、拳击、摔跤等	不断克服害羞等心理障碍
犹豫不决、优柔寡断	乒乓球、羽毛球、跳远等	锻炼人的果敢性
性情急躁、爱冲动	太极拳、自行车、射击等	有益于稳定情绪
自信心不够	跳绳、俯卧撑、广播操等	增强自信心
不能正常发挥、容易紧张	公开、激烈的体育比赛等	提高沉着应对比赛的能力
好逞强、自负、骄傲	跳水、体操、马拉松等	懂得谦虚和尊重别人

4. 个人主观因素对体育院校学生性格形成和发展的影响

个体的性格是在人和环境相互作用的实践活动中形成和发展的，体育院校的学生也不例外。但是，任何环境因素都不能直接形成个体的性格特征，因为，它们必须通过个体已有的心理发展水平和心理活动才能发生作用，即个人的主观因素。个人的主观因素会受到各种因素的影响，如社会、理想、信念和世界观等。个体只有在接受和理解各种因素带来的影响之后，才能将其转化为自身的需要和动机，才能去付诸行动。因此，个体已有的心理发展水平和个人的主观因素密切相关。体育院校的学生在进入大学之后，他们将要面临新的环境、新的课程，以及新的同学和老师等，这些因素的影响会给他们的心理带来新的不同程度的刺激和强化，从各个方面影响着他们性格的形成和发展。所以，每个人都是自己个性的工程师，个人主观因素会对自身的性格塑造产生重要影响。

三、我国体育院校学生的性格特征

众所周知，个体的性格是由不同的性格特征按照不同的特点组合而成的。简单地讲，性格特征就是性格各个不同方面的特征。心理学上认为，个体的性格特征通常表现在以下四个方面，即性格的态度特征、性格的意志特征、性格的情绪特征和性格的理智特征。因此，笔者以性格特征为切入点，来分析和探讨我国体育院校学生的性格特征表现，目的在于把他们的基本特征划分出来，以便对他们性格进行全面、深刻的了解。

1. 我国体育院校学生性格的态度特征

性格的态度特征是指个体在处理各种社会关系方面，如社会、集体、同学、自己等所表现出来的性格特征。个体对客观现实的影响总是以一定的态度予以反应。客观对象和现象的多样性和复杂性决定了个体性格态度反应的差异性和多样性。体育院校学生在步入大学之后，面对新的环境和个体，他们所表现出来的性格态度特征也是多种多样的。他们对社会充满信心，对班集体充满热情，对同学友爱真诚，对老师尊敬礼貌，对待训练认真积极，对待学习勤奋刻苦，对自己严格要求。当然，体育院校难免会有些学生表现出消极的态度特征，如对社会冷漠，对集体漠不关心，对同学冷酷，对待训练马虎，对学习不认真，对自己放任等。但这只是个例，不足以说明体育院校学生总体性格的态度特征。

2. 我国体育院校学生性格的意志特征

性格的意志特征是指个体在对自己行为的自觉调节方式和水平方面的性格特征，主要表现为自觉性、坚定性、果断性、自制力等主要特征。自觉性是指在行动之前有明确的目的，事先确定了行动的步骤、方法，并且在行动的过程中能克服困难，始终如一地执行。坚定性是指能采取一定的方法克服困难，以实现自己的目标。果断性是指善于在复杂的情境中辨别是非，迅速作出正确的决定。自制力是指善于控制自己的行为和情绪。从上述分析中可以看出，我国体育院校的学生在自觉性、坚定性、果断性和自制力等方面表现出来的特征，一般都要优于普通高校的学生，这主要跟他们长期从事的体育学科专业的特点有关。我们知道，无论从事什么类别的体育项目，要想取得成绩，必须严格执行教练的训练计划和战术意图，必须长期坚持不懈地刻苦训练，必须自觉的完成教练分配的各项任务，只有这样，成绩的提高、比赛的胜利才有可能实现。

任何盲目的冒失，任何固执己见的执拗，任何我行我素的独断都有可能导致整个运动训练系统的崩溃和瓦解。

3. 我国体育院校学生性格的情绪特征

性格的情绪特征是指个体在情绪活动时在强度、稳定性、持续性和心境等方面表现出来的性格特征。一般而言，个体的情绪活动差异显著。例如，在情绪的强度方面，有的个体情绪强烈，不易于控制；有的个体则情绪微弱，易于控制。在情绪的稳定性方面，有的个体情绪波动性大，上下起伏；有的个体则情绪稳定，心平气和。在情绪的持久性方面，有的个体情绪持续时间长，对工作学习的影响大；有的个体则情绪持续时间短，对工作学习的影响小。在情绪的心境方面，有的个体经常情绪饱满，处于愉快的情绪状态；有的个体则经常郁郁寡欢，处于难过的情绪状态。我国体育院校学生的情绪特征也因人而异。

4. 我国体育院校学生性格的理智特征

性格的理智特征是指个体在认知活动中表现出来的性格特征。在认知活动的过程中，我国体育院校学生性格的理智特征呈现出多样化的特点。比如有的学生能按照一定的目的任务主动地去观察，而有的学生则容易受环境刺激的影响，往往显得比较被动；有的学生善于分析技术细节，而有的则倾向于观察对象的整体和轮廓。不同项目的学生所表现出来的理智特征也会有所差异。比如从事短跑项目的学生倾向于快速感知，而从事球类项目的学生，则倾向于精确感知。

5. 我国体育院校学生性格的实证调查

为了更好地了解和把握我国体育院校学生的性格特征，笔者选取了北京大学王登峰教授的《中国大学生人格量表》CCSPS[1]，对我国体育院校学生性格进行实证调查。本次调查共发放问卷500份，回收了439份，回收率为87.8%。剔除无效问卷53份，有效率为87.93%。通过对386份有效问卷的数据进行梳理可以发现，我国体育院校学生的性格特征在CCSPS中7个人格维度的均值依次为：hy, 48.47; sz, 27.33; zx, 38.68; yy, 34.92; dj, 23.15; zq, 24.09; sh, 25.63。根据*T*分区间的分值标准，结合对应分值的个性解释，可以看

[1]《中国大学生人格量表》(China College Student Personality Scale，CCSPS)由68个项目组成，共测量人格的七个维度，即活跃、爽直、坚韧、严谨、成就取向、重情、随和。其中每个项目都是关于个体的动机、内心感受或具体行为的陈述，要求被试对该陈述符合自己的程度进行评定。测试的评定由5个等级组成，从1到5分别代表“完全不符合”到“完全符合”的程度。

出，我国体育院校学生的性格特征在爽直、成就取向、重情和随和四个人格维度差异性比较明显，其分值在T分区都是处于0~30的范围；在活跃、坚韧、严谨三个人格维度方面差异性不是很明显，其分值在T分区都是处于31~69的范围内变化，具体见表5.6，这与王登峰教授的调查结果基本趋向一致。

表5.6 我国体育院校学生CCSPS的7个人格维度的均值表

因子名称	均值	T分区间 起始分	截止分	个性解释
活跃（hy）	48.47	0	30	与人交往中紧张、拘束、不擅言辞，甚至被动退缩
		31	69	与人交往平和、自然，但不够主动
		70	99	擅长与人相处，积极主动，温和自然
爽直（sz）	27.33	0	30	人际交往中含蓄委婉、平和稳重
		31	69	人际交往中能够适当控制情绪，但不够委婉
		70	99	人际交往中心直口快，直截了当
坚韧（zx）	38.68	0	30	做事得过且过、不思进取、容易放弃
		31	69	做事认真、肯投入，比较容易满足
		70	99	做事目标明确，坚定执着，踏实努力
严谨（yy）	34.92	0	30	做事放纵随意，别出心裁
		31	69	做事比较注意遵守规矩，但有追求新异的倾向
		70	99	做事认真、遵守规矩和自我克制
成就取向（dj）	23.15	0	30	淡泊诚信、随和友好和谦逊豁达
		31	69	注重成功和成就，同时也注重方式和手段的正当性
		70	99	势力浮夸、自私虚假和不择手段
重情（zq）	24.09	0	30	为人处世坚持原则，注重理智
		31	69	为人处世既坚持原则，又能照顾到情绪和感受
		70	99	为人处世注重情感联系，敏感投入
随和（sh）	25.63	0	30	愚钝拖沓，刻板敏感
		31	69	与人为善，灵活热情
		70	99	机制灵活，诙谐乐观

王登峰教授以CCSPS的7个维度分数为因变量，以专业等为自变量进行MANOVA分析，结果显示三种不同专业的大学生，即理工类专业、文史类专业和文体艺术类专业，在活跃、坚韧、成就取向和随和四个维度上总体差异不明显，另外三个维度上，即爽直、重情和严谨，差异显著，具体见表5.7。由于每个人格维度都包括了3个不同的水平，因此总体上差异不显著时，仍有可

能存在不同水平间的差异。因此在对每个人格维度的专业差异进行分析时发现，文体艺术类专业被试的平均分数都远远高于理工类专业和文史类专业被试的平均分数，具体见表5.8。专业差异的结果表明，文体艺术类专业的学生与文史类和理工类学生相比更加活跃、爽直、随和、重感情、自信，也更加注重成功。换句话说，我国体育院校学生的性格特征要比普通大学学生的性格特征更加明显，往往表现得更加活跃、爽直、随和、重感情、自信。

因此，体育院校学生的性格特征决定了我国体育院校的学生事务管理模式应该有别于普通高校的学生事务管理模式。只有准确把握了体育院校学生的性格特征，才能更好地开展学生事务管理工作，促进学生的健康发展。

表5.7　理工类、文史类和文体艺术类专业大学生人格特点的MANOVA分析：被试间差异

因变量	平方和	df	均方	*F*	Sig.
活跃	159.68	2	79.84	1.15	0.32
爽直	2067.13	2	1033.57	23.35	0.00
自信	184.15	2	92.08	2.28	0.10
严谨	233.34	2	116.67	3.10	0.05
成就取向	149.05	2	74.53	2.52	0.08
重情	328.79	2	164.39	9.22	0.00
随和	14.13	2	7.06	0.60	0.55

注：量表数据出自于王登峰《中国大学生人格量表》(CCSPS)第12页。

表5.8　我国大学生理工类、文史类和文体艺术类专业CCSPS的7个人格维度均值对照表

因子名称	专业类别	被试均值
活跃（hy）	理工类	50.59
	文史类	50.55
	文体艺术类	50.87
爽直（sz）	理工类	25.68
	文史类	25.34
	文体艺术类	26.48
坚韧（zx）	理工类	41.67
	文史类	41.74
	文体艺术类	41.99
严谨（yy）	理工类	35.33
	文史类	35.56
	文体艺术类	35.47

续表

因子名称	专业类别	被试均值
成就取向(dj)	理工类	21.71
	文史类	21.73
	文体艺术类	22.00
重情(zq)	理工类	24.93
	文史类	24.91
	文体艺术类	25.35
随和(sh)	理工类	26.27
	文史类	26.32
	文体艺术类	26.35

注：量表数据出自于王登峰《中国大学生人格量表》(CCSPS)第14页。

从上述分析可以看出，我国体育院校学生在性格特征方面，既受到社会、家庭、学校等因素的影响，又跟自身所从事的专业密切相关。他们既拥有普通院校学生个性特征的某些共性，又具有自身特点的独特个性。无论表现为哪种性格特征，对学生事务管理而言，只有充分发挥他们性格特征的优势，最大限度地避免他们性格特征的劣势，才能更好地培养和造就合格的体育人才。

第二节　我国体育院校发展型学生事务管理模式构建的基本思路及特征

在了解了我国体育院校学生的性格特征之后，在分析了我国体育院校现行学生事务管理模式所存在的一些问题之后，结合我国体育院校的实际情况，如何构建一种适合我国体育院校学生事务管理的新模式是下文行将探讨的主要问题。

一、发展型学生事务管理模式重构的思路及原则

为了确定我国体育院校发展型学生事务管理模式构建的总体思路，笔者以我国教育部颁发的《普通高等学校学生管理规定》《高等学校学生行为准则》和《中共中央国务院关于进一步加强和改进大学生思想政治教育的意见》等相关文件精神为依据，以学生事务管理理论为指导，将其概括为：以马克思列宁主义、毛泽东思想、邓小平理论和“三个代表”重要思想

为理论指导，以培养人才为中心，按照国家教育方针，遵循教育规律，不断提高管理水平，积极构建将教育、管理、服务三者融为一体的新型学生事务管理模式，努力培养社会主义合格建设者和可靠接班人，促进学生的全面发展。

1. 坚持中国共产党领导的学生事务管理原则

根据《中华人民共和国教育法》和《中华人民共和国高等教育法》的相关规定，国家坚持以马克思列宁主义、毛泽东思想、邓小平理论为指导，遵循宪法确定的基本原则，发展社会主义的高等教育事业。高等教育的任务是培养具有创新精神和实践能力的高级专门人才，发展科学技术文化，促进社会主义现代化建设。

高等教育必须贯彻国家的教育方针，为社会主义现代化建设服务，与生产劳动相结合，使受教育者成为德、智、体等方面全面发展的社会主义事业的建设者和接班人。国家根据经济建设和社会发展的需要，制定高等教育发展规划，举办高等学校，并采取多种形式积极发展高等教育事业。国家按照社会主义现代化建设和发展社会主义市场经济的需要，根据不同类型、不同层次高等学校的实际，推进高等教育体制改革和高等教育教学改革，优化高等教育结构和资源配置，提高高等教育的质量和效益。

国家举办的高等学校实行中国共产党高等学校基层委员会领导下的校长负责制。中国共产党高等学校基层委员会按照中国共产党章程和有关规定，统一领导学校工作，支持校长独立地行使职权，其领导职责主要是：执行中国共产党的路线、方针、政策，坚持社会主义办学方向，领导学校的思想政治工作和德育工作，讨论决定学校内部组织机构的设置和内部组织机构负责人的人选，讨论决定学校的改革、发展和基本管理制度等重大事项，保证以培养人才为中心的各项任务的顺利完成。

从上述法律条款可以看出，作为我国高等教育机构之一的体育院校，其相关的办学指导思想、人才培养目标等也必须坚持中国共产党的领导，为我国社会主义事业发展服务。因此，其组织内部的学生事务管理活动也必须坚持中国共产党领导的原则。

2. 坚持以思想教育为主的学生事务管理原则

思想政治教育是指“社会或社会群体用一定的思想观念、政治观点、道德规范，对其成员施加有目的、有计划、有组织的影响，使他们形成符合一定社会或一定阶级需要的思想品德的社会实践活动”。[1]大学是思想教育的主要阵地，学生是思想政治教育的主体。思想政治教育是我国社会主义精神文明建设的首要内容，也是解决社会矛盾和问题的主要途径之一。鉴于改革与开放、发展与稳定的要求，以及大学生在社会政治稳定中举足轻重的影响力，我国高校的思想政治教育仍然是学生事务管理中的重中之重。因此，我国体育院校学生事务管理模式的重构必须充分坚持以思想教育为主的学生事务管理原则。

诚然，坚持以思想政治教育为主，不能只停留在正面的、显性的空洞说教和外部灌输上，而应该从人格和心理的角度来深化思想政治教育工作。以理想信念教育为核心，深入进行正确的世界观、人生观和价值观教育；以爱国主义教育为重点，深入进行培育和弘扬民族精神教育；以基本道德规范为基础，深入进行公民道德教育；以大学生全面发展为目标，深入进行素质教育。以此推动大学生自身素质和健康人格的良性发展。

坚持以思想教育为主的学生事务管理原则，不是单纯倚重思想政治教育，而应该是协调和统一思想政治教育与学生事务管理之间的关系。在构建我国体育院校学生事务管理模式的过程中，既要坚持中国共产党的领导，保证社会主义核心价值在学生事务管理中的指导作用，又要设立专业化的思想政治教育和学生事务管理相关的职能机构，全方位满足学生多样化的需求。

3. 坚持以人为本的学生事务管理原则

我国体育院校学生事务管理模式的选择和重构必须在一定的理念和价值观的支配和指导下进行。管理理念和价值观的确立决定了学生事务管理的出发点和归宿，它对学生事务管理具体内容的框定和模式的形成具有重要的决定作用。所谓理论指导实践便是对其最好的诠释。

“坚持以人为本，树立全面、协调、可持续的发展观，促进经济社会和人的全面发展。”是中国共产党十六届三中全会《中共中央关于完善社会主义市场经济体制若干问题的决定》提出的一个新要求，是科学发展观的核心思想。我国古代最早明确提出“以人为本”思想的是春秋时期齐国名相管仲：“夫霸王之所始也，以人为本。本理则国固，本乱则国危。” 意即，霸王的事业之所以有良好的开端，是因为它以人民为根本。这个本理顺了国家才能巩固；这个本理乱了，国家势必危亡。管仲所说的以人为本，就是以人民为本。“本”在哲学上有两种含义：一是指世界的“本原”；二是指事物的“根

[1] 冯刚. 辅导员队伍专业化建设理论与实务[M]. 北京：中国人民大学出版社，2010：21.

本”。本书所提“以人为本”的“本”，取其后者“根本”之意。

因此，以人为本的学生事务管理理念，其核心在于本，也就是全体学生。也即回答了在我国体育院校学生事务管理层面上，什么最重要，什么最根本，什么最值得我们关注。坚持以人为本的学生事务管理就是要更新教育观念，将过去那种以学校为主体、以教师为核心的传统管理模式转变为以学生为主体，以学生的全面发展为核心的新型管理模式。管理不再只是手段，而是为学生提供优质服务的过程。以人为本，既要处理好个人本位与社会本位的统一，又不否定和排斥组织的发展目标，处理好学生与学生事务管理机构的关系，营造和谐的组织环境，全心全意为学生提供高效、优质的服务。以人为本，就是要优化学生事务管理的组织结构，提高学生事务管理者的水平，引进信息化的学生事务管理手段，推行精细化的学生事务管理服务理念，打造专业化的学生事务管理队伍，促进学生的全面发展。

4. 坚持学生参与管理的学生事务管理原则

学生参与管理是近几年来世界高等教育管理发展的主流趋势。1998年10月，联合国教科文组织在《二十一世纪高等教育：展望行动世界宣言》中明确提出:“国家和高等院校的决策者应把学生及其需要作为关心的重点，并应将他们视为高等教育改革的主要的和负责的参与者。这应包括学生参与有关高等教育问题的讨论、参与评估、参与课程和教学方法的改革，并在现行体制范围内，参与制定政策和院校的管理工作。”[1]由此，笔者将学生参与管理的含义界定为：由学生或者学生团体从事包括我国体育院校所有与学生本人利益相关的公共事务管理与决定的行为，旨在落实民主管理，维护学生合法权利，保障学生和学校双方的共同利益。

因此，在我国体育院校学生事务管理模式重构的过程中，坚持学生参与管理的原则既是实现学生事务管理使命的内涵所致，也是由当代大学生身心健康发展规律所决定的。实行学生参与管理，可以充分发挥学生的主人翁精神，增强学生的荣誉感和集体归属感，有利于学生自身的全面发展。通过设计和优化组织机构，营造和谐的文化氛围，鼓励和倡导师生之间的合作与交流，缔造出公开、公正的管理新模式，从而有效地激发学生的竞争和参与意识。

---

[1] World conference on higher education.World Declaration on Higher Education for the Twenty-First Century: Vision and Action[EB/OL].(1998-10-9)[2012-02-01]http://www.unesco.org/education/educprog/wche/declaration_eng.htm.

实行学生参与学生事务管理的原则，就是要突破管治思维模式，打破传统师道尊严的绝对权威，以学生为本，积极推行参与式管理的机制，引导和鼓励学生投身于学生事务管理的各项活动，充分发挥自身的聪明才智，为自身和学院的发展奉献一己之力。

5. 坚持教育即生活的学生事务管理原则

教育即生活源自于杜威的教育理论。笔者将其作为构建我国体育院校学生事务管理模式的原则，主要是因为它的实用性。对学生事务管理者而言，教育不应该是高扬抽象的主体性教育，而应该是关注学生生命自由成长的主体性教育。这种主体性教育必须在生活中进行，通过尊重生命个体独有的体验和经历，达到对现实生活的理解。

生活教育不是抽象的，而应该是具体的。要引导学生广泛接触社会，积极参与社会劳动，在实践中感受生活，提升精神境界。传统的学生事务管理往往侧重解决学生所出现的问题，而对其人格的培养、个性的需求关注较少。即使学生有一些实践锻炼的机会，很多情况下也是在被安排的前提下进行的，这样的效果不尽如人意。坚持教育即生活的学生事务管理原则就是通过学生自主、自愿的行为，让他们“从生活中学习，从经验中学习”。因此，学生事务管理的工作要贴近学生的学习实际、生活实际；注重学生的个性关怀，贴近生活，形成一个平等、民主、和谐的管理文化环境；让学生“在做中学”，懂得“教育即生活”“学校即社会”的道理，从而为踏入社会做好更充分的准备。

6. 坚持教育、管理与服务相统一的学生事务管理原则

传统的学生事务管理模式更多地侧重于学生的管治，把学生当作管理的客体，很少关注学生的个性需求，往往是“一刀切式”的整齐划一管理，根本谈不上服务学生。但对我国体育院校来说，重管理，轻服务，或者轻管理重服务的学生管理模式都不可能达到最佳的效果，这主要是由体育院校学生的特点导致的。只有教育、管理、服务三者协调统一，才是解决我国体育院校学生事务管理的最佳办法。

因此，构建我国体育院校发展型学生事务管理模式必须坚持教育、管理与服务相统一的学生事务管理原则。在学生事务管理中，既要强化服务功能，提升服务意识，又要坚持“以德育为核心，强调服务，重视管理”的职责，做到教书育人、管理育人、服务育人。同时要紧紧围绕教育、引导学生来增强服务，切忌因追求服务的完善、管理的科学而淡化、忽视学生事务管理教育的功能发挥。

我国体育院校发展型学生事务管理模式的重构思路与原则除上述六个方面的原则之外，还可以从其他不同角度进行触及。但考虑到我国体育院校的实际情况和特点，笔者认为上述六个方面是构建我国体育院校发展型学生事务管理模式过程中所必须遵循的主要原则。

二、发展型学生事务管理模式的内涵

我国体育院校学生事务管理的出发点和归宿是促进学生的最终发展，即将学生培育成为合格的、优秀的体育人才。因此，发展型学生事务管理模式的内涵就是，针对体育院校学生的性格特征，以最大限度地满足学生的个性需求和实际需要为前提；以尊重、理解学生为基础；以感恩成长、励志成才、铸就成功为主题；以制度化、体系化的社团活动为载体，不断增强思想政治教育的实效性、恒久性和感染性，合理引导学生自身不良行为的转变，促进学生德才兼备、知行合一；让学生在“教育即生活”的氛围中，健康成长、快乐成才，实现自身的可持续发展。

简单地讲，发展型学生事务管理模式是指以学生为主体，以“以人为本”为核心，促进和实现学生的全面发展。它是基于人本化管理思想在教育领域的贯彻和坚持，是“以生为本”的教育原则在学生事务管理领域的探索和尝试，是以对学生的主体作用、思维方式和社会价值充分尊重为基础的教育理性回归。在高等教育大众化的背景下，在市场经济蓬勃发展的条件下，发展型学生事务管理模式就是以教育、管理、服务为手段，促进和实现学生的全面发展。这种新型管理模式有利于我国体育院校的培养目标和学生自我发展目标的逐步趋同和统一，有利于学生事务管理者和学生之间形成一种双向互动的和谐师生关系。它突破了我国体育院校传统的单纯以教育、管理为主的“管治”型工作模式，克服了“以强调为学生提供各种有效、适当的服务，强调为维护学生权益而过分削弱了学校的教育和管理功能、淡化了集体观念和社会公德教育”的服务型学生事务管理模式的缺陷，转化为以教育、管理、服务并重的新型工作方式。对我国体育院校的学生事务管理而言，发展型的学生事务管理模式，一方面既强调学校在教育、管理方面的权威性和重要性，同时又突出了以学生为核心的服务理念，尊重和满足了学生的个性需求。二者有效地结合，才能更好地促进学生的全面发展。其内在逻辑关系见图5.1。

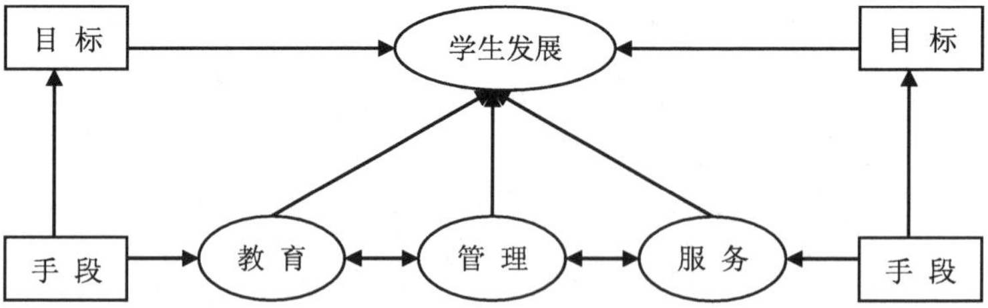

图5.1 我国体育院校发展型学生事务管理模式的内在逻辑关系

三、发展型学生事务管理模式的主要特征

从上文分析可以得知，发展型学生事务管理模式主要是以教育、管理、服务为手段，促进学生的全面和持续发展。由此可见，它管理的出发点和归宿是学生的发展；它管理的核心是以人为本；它管理的落脚点是制度建设。因此，发展型学生事务管理模式的主要特征可以简单地概括为“教育为先、管理为辅、服务为主、发展为本”的十六字方针，具体分述如下。

1. 教育为先的特征

教育为先是发展型学生事务管理模式的重要属性之一。在“以人为本”思想的指导下，首先，对我国体育院校学生进行思想政治教育。以理想信念为核心，进行树立正确的世界观、人生观和价值观的教育；以爱国主义教育为重点，进行培育和弘扬民族精神的教育；以道德规范为基础，进行公民道德品质教育和诚信教育。

其次，对我国体育院校学生进行学习教育。结合我国体育院校的培养目标，以专业建设、课程学习、训练安排、学习习惯、考风考纪等为主要内容，依托学生综合测评体制，整顿学习秩序，树立优秀标兵，督促学生养成良好的学习习惯和生活习惯。

最后，对我国体育院校学生开展人文素质教育。我国体育院校的学生因从事专业的特殊性，文化底蕴相对薄弱。为了弥补自身的不足，要依托校园文化的大背景，以社团活动为媒介，通过组织丰富多彩的校园活动，来培养和熏陶学生的人文素养，提升自身的人格魅力。

2. 管理为辅的特征

管理为辅也是发展型学生事务管理模式的重要属性。管理为辅并不是一般意义上理解的管理功能的削弱，相反，在某种程度上是管理得到了加强。但其基础是以尊重学生为前提的。对体育院校学生而言，其个性鲜明，性格特征明显，如果弱化管理，则学生的发展会处于一种无序状态。在这种情况下，只有延续家长制的管理作风，发挥管理者的权威性，才能使学生的发展步入良性的轨道。因此，学生事务管理者要以尊重学生的人格为前提，把学生当作一个成熟的个体来对待，让管理仅仅成为学生成长道路上的辅助手段。

在班级建设、学风建设、党团建设、宿舍管理、学籍管理、奖惩处罚、危机处理等日常学生事务的管理中，要充分发扬学生的主人翁作用，允许学生民主参与管理各项工作，对学生提出的合理建议要积极采纳，对学生反馈的信息要认真对待，让学生的价值得到充分的体现。

3. 以服务为主的特征

以服务为主是发展型学生事务管理模式的另一重要属性。在人本化思想的指导下，在以人为本精神的引领下，学生事务管理者抛开行政化、官僚化和命令化的管理方式，在学生事务管理中，以满足学生合理需要为前提，以学生个性发展为依托，为体育院校学生提供高效的服务。对学生在生活、学习和感情等方面出现的各种问题，学生事务管理者要秉承服务育人的理念，创造一切条件方便学生，满足学生的个性需求。积极开展各项活动，寓教育、管理于服务之中，在服务中进行学生管理，在服务中开展学生教育。

当然，所谓服务不是无条件地满足学生的所有需求，或者任凭学生不良个性的发展。而是在我国高校学生行为规范的约束下，有条件地满足学生正当的个性需求和合理的其他需求。服务的理念是恒久的，服务的范围是有限的。但只要是学生的合理需求，学生事务管理者就应该采取各种措施和手段，为学生提供优质服务，从而保障学生的合法权益，促进学生的健康发展。

4. 以发展为本的特征

以发展为本是发展型学生事务管理模式的又一重要属性。发展是学生事务管理的终极目标，也是高等教育的归宿。只有学生发展了，成为有用的人才，才能造福社会，促进社会的进步和发展。学生事务管理要对学生的全面和可持续发展负责。让他们在接受和参与教育的基础上，把知识变成智慧，变成自我控制的意识，变成实践与创新的能力。

为此，在马克思关于人的发展理论指导下，在可持续发展思想的指引下，学生事务管理应该利用自身优势，积极组织和开展各类学术讲座、科技攻关计划等校园活动，加强学生的创新教育。同时，要充分发挥咨询指导的作用，建立相应的咨询机构，健全现有的咨询制度，构建先进的咨询网络，对学生在发展过程中遇到的各种问题，要通过有效的咨询、指导，如个别咨询、网上咨询等形式，为学生提供积极的帮助，促进学生健康发展。要加强学生的就业指导，帮助学生树立正确的择业观，掌握一定的择业技巧，从而增强就业竞争力和社会适应能力。还可以通过创业培训教育，激发学生的创业热情，培养他们的创业精神和技能，促进个人的全面发展。

第三节 我国体育院校发展型学生事务管理模式的总体运行方式

在讨论了我国体育院校发展型学生事务管理模式的构建思路、原则、内涵及主要特征之后，接下来，笔者将结合我国体育院校的实际情况和学生的性格特征，拟从领导体制、运行机制和制度保障三方面来具体谈谈发展型学生事务管理模式的整体运行情况。

一、建立和改善我国体育院校学生事务管理的领导体制

发展型学生事务管理模式的本质在于学生的健康、全面和可持续发展。若要实现目标，不能只依靠辅导员包揽式的单兵作战，而应该让整个院校同时运转起来。因为，学生事务管理是一项艰巨复杂的系统工程，它既需要学校领导层面科学、英明的决策，同时又需要院、系等各部门的精心协调；既需要稳定、高素质的专业化学生事务管理队伍，同时又需要学校教职工的全身心投入。因此，我国体育院校发展型学生事务管理模式应该建立和健全学生事务管理的领导体制。即在校党委统一领导下，全面实行校长负责制，党政工团齐抓共管，职能部门各司其职，全体教师共同承担，学生事务管理者具体负责，学生、家长和社会广泛参与的新型学生事务管理领导体制。

《中华人民共和国高等教育法》第三十九条规定：“国家举办的高等学校实行中国共产党高等学校基层委员会领导下的校长负责制。中国共产党高等学校基层委员会按照中国共产党章程和有关规定，统一领导学校工作。” 因此，我国体育院校校党委要充分发挥政治核心作用，执行中国共产党的路线、方针、政策，坚持社会主义办学方向，领导学校的思想政治工作和德育工作。要经常分析和掌握学生的思想状况和学生事务的进展情况，研究和制订学生事务管理总体发展规划；要支持校长依法独立负责地行使职权，确保行政、群团组织的发展目标和思路高度统一，帮助和支持它们在我国法律和规章制度的允许范围之内开展工作；要积极发挥学院党总支和基层党组织的作用，形成完整的组织

领导体系，为实现学生的发展提供坚实的组织保障。

此外，要成立党政一把手全面负责学校、院系两级学生事务管理的层级组织机构，见图5.2。即学校、院系的党政一把手是学生事务管理第一责任人；分管学生事务管理的校领导和院系领导是学生事务管理第二责任人；相应的学生事务管理职能部门要具体落实学校党委确定的路线、方针和政策，负责地履行学生教育、管理和服务等职能，即第三责任人；各教学辅助单位，也即第四责任人，要配合学生事务管理等职能部门，积极开展丰富多彩的校园文化活动，促进学生德智体美劳的全面发展。当然，责任人之间的作用是相互的，只有和谐共处、协调顺畅，才能最大限度地发挥团队合作的功效。

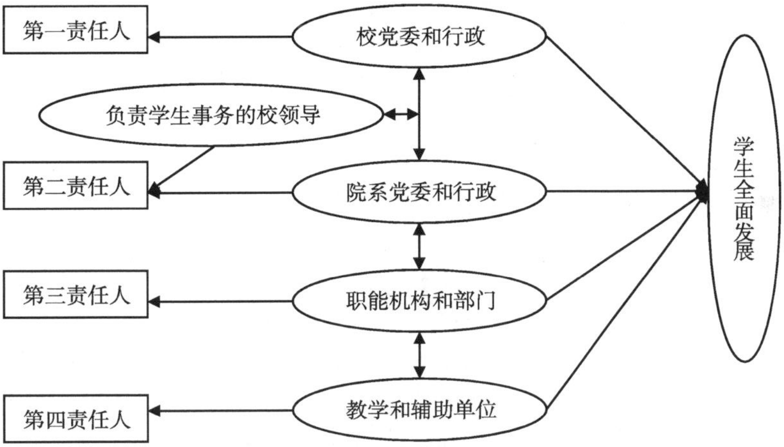

图5.2 发展型学生事务管理模式领导层级组织结构图

二、健全我国体育院校发展型学生事务管理模式的运行机制

我国体育院校传统的学生事务管理模式行政化倾向比较严重，各学生事务管理部门更多的是传达学生事务的相关文件或委派任务，真正任务的落实全部依仗工作在学生事务一线的专、兼职辅导员，其管理效果可想而知。发展型学生事务管理模式就是要打破这种常规的运行机制，去除行政化过多的制约，从学生的终极发展目标来开展工作。

1. 建立一体化的学生事务管理环境机制

目前，我国体育院校学生事务管理因其直线职能型的管理模式，呈现出了条块分割的管理特点。学生事务在这种环境下运转，一方面，容易造成管理资源的浪费和铺张；另一方面，各职能部门相互间的推诿或制约，不利于学生事务管理的交流与合作，从而在某种程度上阻碍了学生的健康发展。为了统筹资源，兼顾效率与公平，最大限度地为学生发展提供和谐的管理环境，各个学生事务管理部门要积极打破部门间的界限和壁垒，形成一体化的工作环境，保证学生能够在有限的资源和条件下享受一流的教育和优质的服务。让招生、就业、宿舍、咨询、教务等部门资源统一协调起来，以学生发展为中心，在以人为本理念的指导下，为学生提供360° 的全方位服务，推动学生的全面发展。这种一体化的学生事务管理环境可以为体育院校的育人提供一种宽松的环境氛围，为学生缔造一个能够激发兴趣、启迪思维的外围空间。让学生在这种一体化的工作环境中，学会关心和尊重他人，学会与人合作和交往，培养团队协作精神，养成吃苦耐劳的良好习惯，从而在未来的社会竞争中处于不败之地。一体化的360° 学生事务管理环境图具体见图5.3。

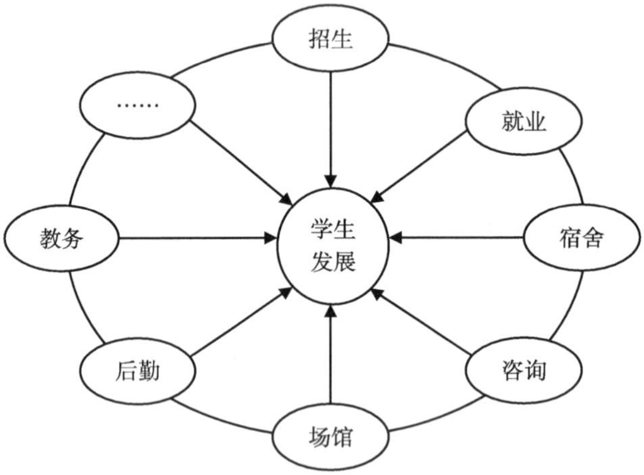

图5.3 一体化的360° 学生事务管理环境图

2. 尝试扁平化为主的学生事务管理机构范式

根据我国体制的特点，现行我国体育院校的学生事务管理模式基本上以直线型的职能组织结构为主。这种结构的主要特点是学校各级单位从上到下实行垂直领导，呈金字塔结构。下属学生事务职能部门只接受一个上级的指令，各级主管负责人对所属单位的一切学生事务问题负责。其优点是：结构简单，权责明晰，命令统一。其缺点也显而易见：管理无专业分工，各级管理者必须是全能管理者，各级管理者负担重，当学生较多时，难以有效领导与管理；管理沟通的信息来源与基本流向被管理者严格控制，并且管理沟通的速度和质量严重依赖于直线中间的各个点，信息容易被截取或增删，造成管理沟通不顺畅或失误。发展型学生事务管理模式便较好地避免了上述组织缺陷。一方面，它通过直线型组织结构来加强领导，落实学生事务的领导层级制；另一方面，它突破了原有金字塔式的组织结构，把学校、学院、社会和学生四个层面都引入到管理中来，增强了学生事务管理的有效性和针对性，同时，在每个层面，又尝试实行扁平化的职能分工范式，以横向的功能体系代替原有的纵向行政体系，将学生事务有关的职能进行分化和整合，实现学生处、招生办、团委等部门的有机重组，形成专业化的学生事务管理机构，建立直属校领导的多个服务中心，如学习指导中心、学生事务管理中心、招生就业外等，具体见图5.4。

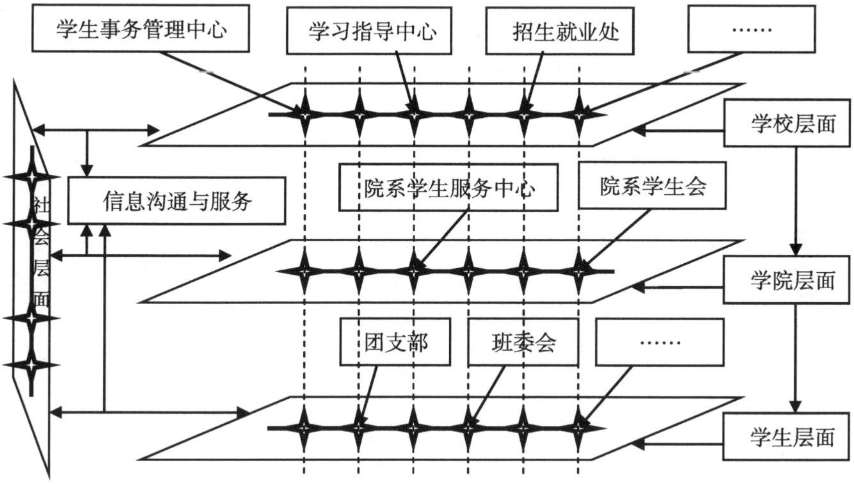

图5.4 发展型学生事务管理模式范式❶

3. 搭建多元化的学生事务管理信息化平台

随着网络的飞速发展，信息传递的途径和方法越来越快捷、高效。多元化的联络方式，如QQ、MSN、博客、播客、微博等，给学生事务管理发展提供了新的契机。发展型学生事务管理模式以网络信息化为基础，充分利用现代化的媒介手段，搭建多元化的学生事务管理信息化平台，推动学生事务的快速发展。我国体育院校多元化学生事务管理信息化平台的搭建，可以通过以下途径实现：首先，信息数字化。即学生事务管理者将学生事务相关的各种信息以数字化的形式加以整理、归纳、运用和共享，如学生的获奖信息、学业成绩、考勤记录、党团活动等以及国家相关的政策法规、学校的规章制度等。这样既方便了学生事务管理者，也利于学生及时关注和查询相关信息。其次，流程网络化。借助于教育技术和信息技术，将学校资源以学生事务为主线集中到一起，

❶ 王秀彦，等. 高校学生事务管理概论[M]. 北京：高等教育出版社，2009：94.

来改造学生事务管理的传统流程和教育方式，建立基于信息化管理平台的学生事务管理运行机制。既优化了资源配置结构，又提高了管理服务水平，为学生的健康发展提供了信息化保障。最后，办公自动化。即依托信息技术和相关学生事务管理系统软件，实现学生事务的无纸化办公，打破传统办公形式的时空局限，让学生事务管理者在虚拟的网络信息平台上处理各种学生事务。此外还可以通过信息技术，实现学校层面、学院层面、学生层面和社会层面之间的交互性沟通，增强沟通的有效性和实时性。

多元化的学生事务管理信息化平台的搭建，不但可以使学生事务管理工作成本降低，效率得以提高，还可以实现我国体育院校学生事务管理从事务型管理方式到发展型管理方式的重大转变。

4. 打造发展型的学生事务管理队伍

发展型的学生事务管理模式若要培养发展型的学生，则离不开发展型的学生事务管理队伍。那何谓发展型的学生事务管理队伍呢？笔者以为，发展型的学生事务管理队伍必须具备以下几个特征。

首先，必须具备以人为本的管理理念。简单地讲就是要尊重学生人格，了解学生需求，理解和引导学生个性的健康发展，全心全意地为学生奉献一己之力。当然，学生事务管理者不是无条件地满足学生的任何要求，而是在现有资源环境的允许范围之内，最大限度地服务于学生。在服务管理的同时，不能丧失管理者应有的地位和权威。在威严中，以仁慈的胸怀，以包容的胸襟，以负责任的态度，为学生提供服务。其次，必须具备专业化的知识结构。即发展型的学生事务管理者应该具备广博的知识，专业化的知识结构，既懂教育又懂管理，还能够充分利用自身的知识储备去挖掘学生的身心特点，最大限度地为学生的健康发展负责。通过实践，把自己历练成为某个领域的专家型管理者，既懂理论，又了解实践的职业型学生事务管理精英。最后，必须掌握科学的管理理论。即学生事务管理者要深谙体育院校学生的特点，遵循学生身心的发展规律，遵守国家相关的法律和规章制度，以系统、科学化的工作方式，投身于学生事务管理领域。在管理的过程中，善于总结和提炼学生事务管理的规律和特点。在实践中，勇于突破传统的工作范式，致力于创新型管理模式的开发和探讨，开创我国体育院校学生事务管理的新篇章。

因此，我国体育院校要为打造发展型的学生事务管理队伍提供必要的途径和机制保障，以适应学生事务管理的良性发展，为最终学生的发展，提供人才保障。

三、完善我国体育院校发展型学生事务管理模式的制度建设

制度建设是我国体育院校发展型学生事务管理模式的重要内容。我国体育院校学生事务管理制度是一系列权利、义务和责任的综合，具有明确的规范性、强制性和相对稳定性。科学合理的学生事务管理制度能调整和处理学生事务管理过程中出现的各种不适，为解决问题提供了合法的依据，从而保障学生事务管理的正规化运行。

为保障学生事务管理工作的顺利进展，党中央、国务院于2004年8月26日制定并颁发了《关于进一步加强和改进大学生思想政治教育的意见》，对新形势下加强和改进大学生思想政治教育工作做了全面部署，成为指导我国高校学生思想政治教育工作的纲领性文件，对我国体育院校发展型学生事务管理具有重要的战略和现实意义。2005年9月1日，教育部制定并颁发了《普通高等学校学生管理规定》和《高等学校学生行为准则》等规章制度，为我国体育院校发展型学生事务管理提供了制度保障。

除了国家层面的宏观制度外，我国体育院校也结合自身情况，以国家相关的制度为基础，制定并颁布了相应的规章制度，如《学生手册》《班主任管理办法》等，为学生事务管理的顺利开展提供了详细的制度系统。

然而，无论是国家层面的宏观学生事务管理制度，还是学校层面的微观学生事务管理制度，在实践中的落实情况不是很理想，很多制度形同虚设。在解决问题或者制度贯彻方面，往往表现为执行不力，落实未果。这在某种程度上损害了学生的切身利益，也抹杀了学生事务管理者从业的积极性和自尊心，从而造成恶性循环，给学生的全面发展带来了巨大的负面影响。

发展型的学生事务管理模式就是要避开传统工作模式的缺陷，以学生的发展和教师的发展为主线，积极健全和完善我国体育院校学生事务管理的制度建设。对违反学校规章制度的学生，要本着教育为先、发展为主的方针，通过合理、合法的手段，纠正学生不良行为，积极推动和促进学生的正面转化。切忌以制度打压学生，处分或者开除学生。这些过激的做法都是有悖于发展型学生事务管理模式初衷的，也不利于学生正当权益的保护和享有，更不利于学生的健康发展。同样，对学生事务管理者而言，体育院校要积极为他们提供相应的物质保障和职业归属感，积极动员和鼓励他们投身于学生事务管理。要让学生事务管理者，特别是一线的辅导员和班主任，能怀揣梦想，带着希望去从事工

作。学院要严格遵守并履行国家颁发的各种制度，让辅导员有自己的职业发展空间，能从学生事务管理中找到价值认同感。同时要积极提供各种条件，为培养发展型的学生事务管理队伍提供具体的制度保障。对于发展型学生事务管理队伍的建设问题，将在下章进行详细论述。

本章小结

本章分析了影响我国体育院校学生性格形成和发展的关键因素，主要有家庭结构、父母的影响、所在学校、从事的运动项目及个人主观因素等。经调查，我国体育院校学生在人格方面比普通高校学生表现得更加活跃、爽直、随和、重感情和自信。在此基础上，本章“以发展为目的，以学生为根本，以辅导员制度建设为落脚点”，构建了我国体育院校学生事务管理的新模式：发展型学生事务管理模式。发展型学生事务管理模式的构建必须坚持中国共产党领导的学生事务管理原则，坚持以思想教育为主的学生事务管理原则，坚持以人为本的学生事务管理原则，坚持学生参与管理的学生事务管理原则，坚持教育即生活的学生事务管理原则和坚持教育、管理与服务相统一的学生事务管理原则。其内涵是：以最大限度地满足学生的个性需求和实际需要为前提；以尊重、理解学生为基础；以感恩成长、励志成才、铸就成功为主题；以制度化、体系化的社团活动为载体，不断增强思想政治教育的实效性、恒久性和感染性，合理引导学生自身不良行为的转变，促进学生德才兼备、知行合一。其主要特征为：以教育为先、以管理为辅、以服务为主和以发展为本。要从领导体制、运行机制和制度保障三方面来具体落实发展型学生事务管理模式的整体运行：即建立和改善我国体育院校学生事务管理的领导体制；健全我国体育院校发展型学生事务管理模式的运行机制；完善我国体育院校发展型学生事务管理模式的制度建设。

第六章　我国体育院校发展型辅导员队伍建设

我国体育院校发展型学生事务管理模式的核心是发展。发展包含两层意思，一是学生的发展，二是教师的发展。我国体育院校学生的发展在发展型学生事务管理模式的构建思路、原则、内涵、特征以及运行方式等方面都已经提及，在此不再赘述。而教师的发展，即工作在一线的学生事务管理者——辅导员的发展，则是本章行将探讨的问题。笔者将教师的发展仅仅局限在辅导员的发展方面，主要源于我国体育院校辅导员的现实情况以及传统学生事务管理的弊端，这点在论文的第三章已经详细论述。此外，我国体育院校发展型学生事务管理模式的落脚点是制度建设。这些制度必然涵盖了国家和体育院校颁布和实施的所有学生事务管理的刚性规章制度，如辅导员制度。制度建设自然就涉及辅导员制度的制定、颁布和落实。接下来，本文结合我国辅导员的相关制度情况，来谈谈我国体育院校发展型辅导员队伍的建设情况。

第一节　我国高校辅导员制度的历史沿革及其理论基础

辅导员是高校教师队伍的重要组成部分，是开展大学生思想政治教育的重要力量。在高校，辅导员扮演着大学生日常思想政治教育和管理工作的组织者、实施者和指导者，以及大学生的人生导师和健康成长的知心朋友等多种角色。承担着对大学生进行日常思想政治教育、服务育人以及加强学生班级建设管理的工作职责，对大学生的成长成才起着至关重要的作用。加强高校辅导员队伍建设，打造一支政治强、业务精、纪律严、作风正的高水平辅导员队伍，既是推进大学生思想政治教育工作的重点和关键，也是推进大学生思想政治教育工作的突破口和着力点。然而随着互联网的出现，世界的距离变得越来越近。国际化的交流日益增多。在高等教育急剧转型的今天，大众化教育模型已经取代了过去精英教育的发展模型。再加上“80后”“90后”大学生具有强烈的个性特点和时代特征，传统意义上的辅导员工作已经不能适应和解决这些新产生的问题和新出现的矛盾。迫切需要具有专门知识、专项技能、专业领域的各种“专业化”的辅导员去研究和解决这些新产生的问题和矛盾，为大学生提供立体化的咨询和引导，把他们培养成为对国家和社会有所作为的新一代。因此，如何加强我国体育院校辅导员队伍建设，如何提高辅导员的专业化水平等问题，已经成为摆在我国体育院校面前的一个重要课题。

一、我国高校辅导员制度的历史沿革

我国高校辅导员制度自诞生之日起，见证了新中国成立初期的发展，遭受了“文化大革命”的冲击，经历了改革开放时期的恢复和调整，迈向了20世纪90年代的发展和完善，辅导员制度逐步走向了系统化和科学化。

1. 我国高校辅导员制度的萌芽

我国高校辅导员制度起源于革命战争时期。1933年11月，中国共产党在中央红军学校的基础上，在江西瑞金成立了中国工农红军大学。这是一所中共中央直接领导的专门培养军事干部的学校，学员是来自红军营、团级以上的军事和政治干部。学校设有校务处和教务处两个职能机构，其中教务处管理全校教务和训育工作。训育即相当于今天的思想政治工作。

长征胜利以后，为配合党的抗日民族统一战线政策，1936年6月，在陕西瓦窑堡将中国工农红军大学改名为抗日红军大学，1937年又改名为中国人民抗日军事政治大学，设有政治部、训练部和校务部三个职能机构。其中，政治部下设组织、宣传、训育和秘书四科室，主要负责党的思想政治工作。参照部队编制形式，在各大队设有政治委员，各支队设有政治协理员，各中队设有政治指导员。政治指导员全面负责基层中队学员的思想、学习、健康和生活等工作，并辅助学校开展教学工作。政治指导员制度增强了部队的凝聚力，鼓舞了士气，团结了力量，大大提高了军队的战斗力，为培养优秀的军事政治干部作出了杰出的贡献。这种政治指导员制度实际上就是我国高校辅导员制度的前身。

2. 我国高校辅导员制度的产生

新中国成立以后，党中央提出了教育工作要为政治服务的方针，加强了对高校的思想政治工作，从政策层面确立了政治辅导员制度。1951年10月，教育部面向东北、华北、华东等地区颁发了《关于加强对学校政治思想教育的领导》的文件，要求对各级各类学校加强思想政治工作。1952年10月28日，教育部颁发了《关于在高等学校有重点的试行政治工作制度的指示》，要求在高等学校设立政治工作机构“政治辅导处”，并配备若干名辅导员，以掌握教职工和学生的思想政治状况，指导他们的政治理论学习和社会活动。这一指示的实施，有力地促进了高校思想政治工作专门机构与制度的初步形成。

1953年4月，为了进一步贯彻和落实党中央《关于在高等学校有重点的试行政治工作制度的指示》，清华大学提出在学校设立政治辅导员制度，选拔思想政治觉悟高、业务素质好的高年级学生和青年教师，半脱产性质地从事思想政治工作。清华大学这种“双肩挑”形式的政治辅导员制度是对高校政治辅导员制度的创新和发展，它标志着我国高校辅导员制度的正式产生。

3. 我国高校辅导员制度的发展

1957年2月27日，毛泽东主席在《关于正确处理人民内部矛盾的问题》的报告中指出：“思想政治工作，各个部门都要负责任。共产党应该管，青年团应该管，政府主管部门应该管，学校的校长教师更应该管。”因此，为了加强党的领导，高校进一步在各系建立和健全了党团组织，增配了专职的思想政治工作干部。1961年9月15日，党中央颁布了《教育部直属高等学校暂行工作条例》（简称《高教十六条》），指出：“为了加强思想政治工作，在一、二年级设政治辅导员或者班主任，从专职的党政干部、政治理论课教师和其他青年教师中挑选有一定政治工作经验的人担任。同时，要逐步培养和配备一批专职的政治辅导员。”[1]这是党中央第一次在文件中正式提出要在高校设立专职政治辅导员制度。

1964年6月10日，中共中央批转高等教育部党组《关于加强高等学校政治工作和建立政治工作机构试点问题的报告》，报告提出在高等教育部设立政治部，并在直属高校北京大学、清华大学试点设立政治部作为党委的工作机构。同时提出在两三年之内配齐班级的专职政治工作干部，每百名学生至少配备一人。干部要从高校优秀毕业生中选留，专门从事学生的思想政治工作，即担任政治辅导员职位。1965年3月1日，高等教育政治部通知各直属高校要迅速建立政治部，并大力充实政治工作干部队伍。不仅重申了在高校设立专职学生思想政治工作干部的要求，而且对专职学生思想政治工作干部的编制人数、干部来源都做了详细的规定。同年，教育部制定并颁发了《关于政治辅导员工作条例》，以法规的形式对高校政治辅导员的地位、作用和学生工作等一系列问题作出了明确规定，标志着我国高校政治辅导员制度建设得到了巩固和发展，辅导员队伍不断壮大。

1966年，“文化大革命”全面爆发，高校辅导员制度遭到严重的破坏，大学生思想政治教育受到了灾难性的打击，学校停课闹革命，出现泛政治化倾

[1] 中国教育年鉴（1949—1981）[M]. 北京：中国大百科全书出版社，1984：697.

向。高校政治辅导员制度实际上已被取消了，辅导员队伍也随之解散。1978年拨乱反正以后，我国高校辅导员制度才得以恢复和进一步发展。

4. 我国高校辅导员制度的完善

党的十一届三中全会以后，高校政治辅导员制度得以恢复，并步入了正规化的发展道路。1980年4月，教育部与共青团中央联合颁发了《关于加强高等学校学生思想政治工作的意见》，指出各校要根据具体情况建立政治辅导员制度或班主任制度，并从政治、业务都好的优秀毕业生中选留或从教师中选任。辅导员或班主任既要做学生思想政治工作，又要坚持业务学习，有的还要担负一部分教学任务。学校领导要从政治上和业务上关心他们的成长，帮助他们落实政治学习和业务进修计划。另外也对辅导员的职称评定和福利待遇问题也作了相应的规定。1981年，教育部在《高等学校学生思想政治工作暂行规定》中进一步指出，可按120名左右的学生配备1名政治辅导员在一线从事思想政治工作。1986年5月，国家教委颁布了《关于加强高等学校思想政治工作的决定》，对高校政治辅导员的选拔、培养、使用和今后的发展方向作出了明确的规定。1987年5月29日，党中央颁发了《关于改进和加强高等学校思想政治工作的决定》，指出高校政治辅导员是教师队伍的组成部分，应该列入教师编制，实行教师聘任制，为高校政治辅导员的发展提供了政策保障。

20世纪90年代以来，高校政治辅导员制度建设迈入了新的发展阶段。1995年11月23日，国家教委颁布试行了《中国普通高等学校德育大纲》，提出按1：120～1：150的要求配备高校专职政治辅导员。1999年，中共中央颁布了《关于加强和改进思想政治工作的若干意见》，提出要建设一支政治强、业务精、作风正的思想政治工作队伍。2004年8月，中央16号文件颁布，明确提出辅导员是大学生思想政治教育工作队伍主体的重要组成部分，是大学生思想政治教育工作的骨干力量。2005年1月，教育部根据中央16号文件的精神颁布了《关于加强和改进高等学校辅导员班主任队伍建设的意见》，对高校辅导员的选聘配备原则、培养培训、发展等政策作出了明确的具体规定。2006年4月26~28日，全国第一届高校辅导员队伍建设会议在上海召开，标志着我国高校辅导员制度进入了一个崭新的发展阶段。

二、我国高校辅导员队伍建设的理论基础

辅导员队伍作为大学生思想政治教育的骨干力量，是我国高校育人的一项重要组织保障。在高等教育飞速发展的背景下，辅导员队伍建设已经成为高校

统筹改革、维护稳定发展的一项长效机制。加强高校辅导员队伍建设，造就一支政治强、业务精、纪律严、作风正的高水平辅导员队伍，是我国长治久安的重要保障。既然高校辅导员是大学生思想政治教育的指导者、组织者和实施者，那么辅导员工作就应该以思想政治教育学、管理学、心理学和教育学等学科的相关理论为指导，按照“学校教育、育人为本；德智体美、德育为先”的原则，培养社会主义事业的合格建设者和可靠接班人，促进大学生的全面发展。

1. 思想政治教育理论

思想政治教育理论为高校辅导员工作的开展指明了方向，即高校思想政治教育的目的就是要不断提高大学生的思想道德素质，提高大学生认识世界和改造世界的能力，为建设中国特色社会主义、实现共产主义而努力奋斗。辅导员工作必须始终坚持思想政治教育的目的指向，帮助大学生树立正确的世界观、人生观和价值观；确立在中国共产党领导下走中国特色社会主义道路，实现中华民族伟大复兴的共同理想和坚定信念；帮助大学生养成良好的道德品质；增强大学生克服困难、经受考验、承受挫折的能力，提高大学生的思想认识和精神境界。

思想政治教育理论为辅导员工作提供了重要的思想指导。思想政治教育理论认为，人的思想品德的形成和发展是人的心理、思想和行为共同作用的结果，也是知、情、信、意、行五个要素均衡发展的过程。因此，辅导员工作要遵循思想品德形成和发展的规律，自觉应用这些规律，提高教育的实效性，从而达到育人育德的目的。

思想政治教育理论为辅导员工作提供了具体的方法指导。思想政治教育理论认为，思想问题的产生与大学生的认识角度、认识能力及环境等各种因素密切相关，解决思想问题，要晓之以理动之以情，可以采用说理教育的方法、情感教育的方法等。辅导员开展工作要主动学习和掌握思想政治教育的基本方法，不断提高工作技能和水平。

2. 可持续发展理论

可持续发展理论实际上是一个涉及环境资源保护的相关理论，它要求人类在发展中，讲究经济效率、关注生态和谐，并追求社会公平，最终达到人类的全面发展。可持续发展理论虽然缘于环境保护问题，但作为一个指导人类走向21世纪的发展理论，它已经超越了单纯的环境保护，而是将目光投向了人类经济的可持续发展领域。笔者将其引入学生事务管理领域，目的就在于，要运用发展的眼光来看待我国体育院校辅导员队伍的建设。我国体育院校发展型的学生事务管理模式核心就在于可持续发展，既要让学生发展，也要让辅导员自身得到发展。这样才能实现良性循环，达到学生和教师的共同发展，缔造出双赢的效果。

可持续发展理论认为，社会公平是环境保护得以实现的机制和目标。虽然世界各国的发展阶段、发展的具体目标不尽相同，但发展的本质应该一致，即改善人类生活质量，提高人类健康水平，创造一个保障人们平等、自由、教育、人权和免受暴力的社会环境。同理，高校辅导员队伍建设离不开公平的发展环境。各个高校不能仅仅只将辅导员纳入教师系列，而应该为辅导员的发展提供一个与其他教师一样的发展平台和空间，这样才能确保辅导员队伍的稳定和持续发展。

辅导员队伍建设的相关理论除了上述理论之外，还涉及马克思的人的全面发展理论、心理学理论、管理学理论和教育学相关理论。这些理论，笔者已经在本文的第二章提及，在此不再重复阐述。

第二节　我国体育院校辅导员队伍现状分析

我国体育院校辅导员的队伍建设伴随着高校辅导员制度的历史沿革而悄然发生着改变。在高等教育大众化之前，我国体育院校辅导员队伍的构成主要是以兼职教师为主。因学校规模和学生数量有限，学生事务管理的相关工作主要由学生处等行政部门承担。而一些一线的专职教师或教练就成为学生事务管理的主力军。20世纪90年代，国家经济飞速发展，人们对走进大学接受高等教育的需求越来越强。在此背景下，国家调整了高等教育发展战略，降低了大学入学的门槛，使越来越多的适龄青年得以进入大学接受高等教育，从而拉开了高等教育大众化的序幕。高等教育的这种转型带来的一个直接后果就是高校在校生人数急剧上升，学生事务管理任务繁重，师生比例失调，体育院校也不例外，从而催生了专职辅导员队伍的产生。经过近几年的发展，我国体育院校辅导员队伍从无到有不断壮大，在学生事务管理中的作用日益凸显。

一、我国体育院校辅导员队伍的主要特征

我国体育院校辅导员队伍的建设和发展，主要呈现出以下几个明显的特征：

1. 从师生构成比例上来看，辅导员队伍在数量上基本饱和

从学生事务管理的视角来看，针对学生和管理者之间的数量比例关系，国家于1981年在《高等学校学生思想政治工作暂行规定》中明确指出，可按1∶120左右的比例配备政治辅导员，即当学生达到120名时，可以设立1名专职辅导员。随着高等教育的深入发展，1995年11月23日，国家教委在《中国普通高等学校德育大纲》中提出，按1∶120～1∶150的比例要求，配备1名专职辅导员，此时学生人数也由120名增加到了150名左右。随着高等教育大众化的普及，2006年9月1日，国家在《普通高等学校辅导员队伍建设规定》中进一步规定，各高校要按师生比不低于1∶200的比例设置本、专科生一线专职辅导员岗位，此时的学生数量参数由150名增加到了200名。现在，我国体育院校基本上是按1∶200的比例来配备辅导员岗位的，总体师生比例基本上处于常态，即学生和辅导员的比例大体上是一致的。

2. 从年龄结构层次来看，辅导员队伍呈年轻化特征

我国体育院校的辅导员基本上是以年轻人为主的。很多从事一线学生事务管理的辅导员基本上是刚毕业的学生。这些充满活力、激情四射的年轻骨干构成了我国体育院校学生事务管理的主力军和生力军。这种现象的产生主要是由辅导员工作的性质所决定的。我国体育院校的辅导员除了每天的日常管理工作之外，每天早晨还要组织学生进行早操训练，晚上11点之前还要查询学生就寝情况。同时要全天候待命，随时处理学生突发的任何情况。这种强负荷、高速运转的生活节奏和规律对个人的身体素质提出了巨大的挑战。只有那些干劲十足、精力旺盛的年轻人才能够胜任我国体育院校的辅导员工作。

3. 从学历结构层次来看，辅导员队伍呈现出高学历特征

我国体育院校目前的辅导员队伍，其学历结构层次基本上是以本科为主的，有些甚至是研究生和博士生。这一方面体现了我国体育院校辅导员队伍的高素质，也从另一方面反映出了学生事务管理发展的新动向和高要求。现在学生事务管理的工作不再只是停留在原始的上传下达方面，而是触及到学生发展的各个方面。学生一旦出现相关问题，需要辅导员运用相关领域的专业知识为学生排忧解难、回复咨询。辅导员自身素质的高低直接影响着学生工作的具体开展。另外，我国体育院校辅导员队伍刚刚组建不久，但招聘条件和从业资格等相关标准却要求也越来越高。例如，首都体育学院2012年辅导员招聘条件为：硕士研究生毕业，教育/管理/法律/心理/思想政治教育等相关专业，中共党员。从业的高门槛也是导致我国体育院校辅导员学历结构偏高的主要原因。

4. 从专业构成来看，辅导员队伍以体育相关专业为主

在现有的我国体育院校辅导员队伍中，极少数一部分辅导员是学习思想政治教育专业的，大部分都是以体育相关专业为主，也有少数一部分是学习其他专业的。这种情况的产生既有体育院校自身的原因，也有择业者个人的原因。从体育自身发展来看，我国体育院校一般都会选择本专业优秀的本科生或硕士生留校从事辅导员工作。一方面，这种选择符合国家的政策规定，国家鼓励选派优秀毕业生从事辅导员工作。国家放心，学校也放心。加上，留校工作的毕业生一般都具有班干部工作经验，对本职工作轻车熟路，便于更好地开展工作。另一方面，源于体育院校学生的特点，部分非体育专业的毕业生在面对具有挑战性较强的管理工作时，往往会选择放弃。这也是为什么我国体育院校的辅导员队伍往往以体育相关专业为主的主要原因。

5. 从毕业院校来看，辅导员队伍以母校毕业为主

我国体育院校辅导员，大多数学习期间表现良好，成绩优异，毕业后留校，开始从事辅导员工作。辅导员队伍以母校毕业者居多。这种情况的产生主要是源于体育院校本身的特点。一方面，国家政策明文规定并鼓励要选派优秀的毕业生从事辅导员工作；另一方面，我国体育院校秉承着薪火相传的传统，更倾向于将优秀的毕业生留在身边，为母校争光，为培养优秀的体育人才储备资源。

6. 从性别构成来看，辅导员队伍以男性居多

我国体育院校辅导员以男性居多。这种情况的产生可能是源于辅导员工作的性质。辅导员工作的高强度、高负荷对从业者的身体素质提出了较高的要求。女性由于先天的生理特点和后天的家庭职责分工原因，更愿意选择从事强度相对较低、负荷相对较轻的职业。此外，体育院校学生的性格特征和传统偏见，使部分女性从业者认为体育院校学生难管理，不利于工作开展，从而选择放弃了辅导员职业。

二、我国体育院校辅导员队伍建设存在的问题

我国体育院校辅导员队伍建设从无到有，取得了不少成绩，作出了巨大贡献，但在运作的过程中，也存在一些问题。

1. 辅导员队伍不稳定，流动性大

辅导员因工作性质的关系，相对比较辛苦。每天起早贪黑，全天24小时待命，工作烦琐，面面俱到。不但要负责学生的思想教育，还要承担日常管

理，以及部分教学任务。再加上遭遇了职业发展瓶颈，个人价值认同感较低。因此，辅导员队伍流动性大，队伍发展不稳定。造成流动性的原因有很多，比如，因为工作出色，调离了辅导员工作岗位；因合同到期，辞去了辅导员工作；因个人发展，离开了辅导员岗位等。种种原因导致辅导员队伍每年都在发生变化。有些辅导员刚积累点工作经验，便远离了学生事务管理工作。这种缺乏稳定机制的辅导员队伍建设，对我国体育院校学生事务管理带来了一定的困难。

2. 辅导员地位低下，得不到应有的尊重

辅导员工作本来是一项光荣、神圣的职业。但在实际情况中，我国体育院校对辅导员普遍存在一种歧视现象。常常误以为水平低下，能力羸弱的人才去从事学生事务管理；水平高，能力强的人一般都会选择去做一线专职教师。辅导员对学校而言，就好像是给学生打杂的勤杂工。任何只要跟学生有关的问题，都会转弯抹角地留给辅导员去解决。甚至，有些一线专职教师，在自身授课的过程中，如果课堂纪律不好，他们也都懒得去维持，而把辅导员叫来维持秩序，令人啼笑皆非。再加上，国家对辅导员的职业发展一直没有明确的定位，一味强调加强辅导员队伍建设，鲜有实质性的、得力的措施出台，直到最近几年才将辅导员纳入了教师系列，确立了辅导员的教师身份。但对以后辅导员的职业发展去向，还是处于一种探索阶段，未有明确的导向性文件出台。再加上，国家颁布的加强辅导员队伍建设的相关政策，在现实中往往得不到应有的贯彻和执行。许多鼓励和加强辅导员队伍建设的措施和文件都成为了一纸空文。相关的学生事务管理部门，行政化倾向严重，官僚作风浓厚，很多本职工作不去作为，一股脑地全委派给辅导员去处理。种种迹象表明，辅导员地位低下，得不到职业本身应有的尊重和理解。

3. 辅导员任务繁重，承担的责任巨大

我国体育院校辅导员承担着跟学生有关的一切事情。除了日常的学生事务管理，如新生的接待、入学、注册、档案整理、军训、早操、考勤、看课、奖学金评定、开展学生综合测评、贫困助学、出具证明、检查卫生、宿舍管理、交通安全教育等，还要配合学校各级行政机构组织开展丰富多彩的校园文化活动，如寝室文化节、社团活动、文娱晚会、运动比赛、读书文化节等。结合国家政策形势，积极开展学生思想政治教育工作，参与党团文化建设，培养团员，发展党员，扩大党支部力量，夯实党支部基础。此外还要承担许多学术性的工作，如学生论文的指导、教育实习的安排、科研任务的立项，以及一些学术会议的征文等。

除了繁重的琐碎工作任务之外，辅导员还肩负着重大责任，承受着巨大的工作压力。稳定和安全是高校的主要责任。辅导员不但要把工作做好，还要积极维护学校的稳定和学生的安全。一旦学生出现什么意外，如交通事故、人身安全、财物损失、心理疾病、感情问题等，辅导员难究其责。上级领导往往不去客观分析事情的缘由，也不去承担自身领导的失责，先给辅导员一个处分再说。容易给人造成一种错觉，那就是，教育学生和服务学生仅仅只是辅导员的本职工作而已，跟其他单位和部门无关。辅导员一旦做出了成绩，荣誉归属于上层领导；学生一旦出现问题，责任在于辅导员。这种非人性化的现实环境，加上随时有可能发生的一些突发事件，辅导员心理承受的压力可想而知。

4. 辅导员工作开展困难重重

我国体育院校辅导员在开展工作的过程中，容易遇到各种困难。这种困难部分是工作本身的原因，但大部分困难是源于各部门或单位或个人的行政化工作方式。学生事务的相关工作，主管部门或者领导，只是履行一下上传下达的行政手续，命令或者要求一线辅导员去执行指令。如果仅仅是完成任务也罢，但在完成工作的工程当中，难免又会和其他行政部门产生千丝万缕的联系。当工作本身涉及其他部门或者单位协作的时候，情况出现了。学生的问题变成了辅导员个人的问题。有些问题一个电话或者一个会议就能解决，但相关单位不作为，部门之间互相推诿，使辅导员无能为力，学生问题也得不到及时的解决，从而损害了学生的切身利益，不利于学生的健康发展。

此外，随着社会的进步、网络的发展，新生事物层出不穷。学生在面对现实的情况下，面临着许多机遇和挑战，容易产生各种问题。学校一些行政部门的不作为导致学生关注的一些问题没有得到及时的解决，容易引发学生不理智行为的产生。加上，就业压力增大，国家相关的体制又不健全，导致部分不冷静的学生直接将矛头指向辅导员，让辅导员有苦难言，置身于非常尴尬的处境。

5. 辅导员自我价值认同感低，职业发展缺乏保障

我国体育院校辅导员大部分都存在自身定位模糊、自我价值认同感低的情况。这些问题的产生主要是源于辅导员职业发展的瓶颈。国家虽然一再强调要加强高校辅导员队伍建设，颁布和出台了许多相应的政策和措施，但在实际履行的过程中，往往落实不到位。再加上一些相关政策的落实，需要当地政府或者体育院校本身的财政支持，所以，有关辅导员福利保障的政策也仅仅是处于理想化的状态。在工资方面，辅导员工作往往是投入多而回报少。除了结构工资和岗位津贴以外，辅导员基本上再也没有其他的任何收入。即使他们的工作量、工作强度远远大于一般的教师和管理人员。这些现实条件严重挫伤了辅导员工作的热情和积极性。

职业发展空间狭小也为辅导员队伍建设蒙上了一层阴影。辅导员因为身份的尴尬，一直处于高校边缘化的状态，在个人职业发展路径的选择上进退两难。从理论上来说，辅导员既可以走教师系列，又可以走行政系列。但现实情况是，走教师系列，无法担任一定工作量的课程教学，无法完成一定的科研工作量，无法进行定期的在职培训和脱产学习等，因此在职称评定和绩效考核方面处于劣势；走行政系列，则管理岗位有限，职位升迁的机会更是微乎其微。无论从哪个方面来讲，辅导员的发展空间都非常有限。

第三节 我国体育院校辅导员队伍专业化建设

针对我国体育院校辅导员队伍建设存在的具体问题，除了要积极落实国家有关政策，完善辅导员队伍建设的体制之外，笔者认为，引入专业化的职业发展路径，提高辅导员的职业认同感和价值归属感，打造高素质、高标准、高水平的学生事务管理队伍乃是重中之重。因此，本节接下来就我国体育院校辅导员队伍专业化建设问题进行详细论述。

一、核心概念的界定

1. 专业化概念

系统的“专业化”一词，最早于1933年出现于英国社会学家卡尔·桑德斯(Carr-Saunders)的“教师专业化理论”。他认为：“所谓专业是指一群人在从事一种需要专门技术的职业，专业是一种需要特殊智力来培养和完成的职业，其目的在于提供专门性服务。”[1] 1993年我国颁布的《教师法》总则第三条明确提出“教师是履行教育教学职责的专业人员。” 一般来讲，专业化有两层含义。一是侧重于性质含义，是指一个职业群体的专业性质和发展状态处于什么状况和水平，英语用Professionalism一词表示；二是侧重于过程内涵，是指一个普通职业群体逐渐符合专业标准，成为专门职业并获得相应专业地位的过程，英语用Professionalization一词来表示。本研究中的“专业化”是在综合这

[1] CARR-SAUNDERS A M. The Profession Oxford[M].Oxford：Clarendon Press，1933：3-4.

两种含义的基础上提出来的，即主要是指根据一定专业的特点与标准，来要求和规范一个普通职业群体，以使这个职业群体不断提高从业能力，并争取专业地位，使其所从事的行业成为一种专门职业的过程，即某种职业从普通职业发展成为专门职业的建设过程。[1]

2. 职业化概念

所谓职业化，是指一种工作状态的标准化、规范化和制度化，即要求人们把社会或组织交代下来的岗位职责，专业地完成到最佳，准确扮演好自己的工作角色。以国际通行的概念分析，职业化的内涵至少包括四个方面：一是以“人事相宜”为追求，优化人们的职业资质；二是以“胜任愉快”为目标，保持人们的职业体能；三是以“创造绩效”为主导，开发人们的职业意识；四是以“适应市场”为基点，修养人们的职业道德。[2]简单地讲，职业化就是一种工作状态的标准化、规范化、制度化，即在合适的时间，合适的地点，用合适的方式，说合适的话，做合适的事。

3. 专业化和职业化概念的区别

专业(Profession)是职业(Occupation)分化和发展的结果，是指需要专门知识和技能的职业。从社会分工、职业分类的角度来看，专业是指某一群体经过专门的培养教育或训练，掌握了较高深和独特的专门知识和技术，按照一定的专业标准进行专门的活动，能够创造性地解决问题、促进社会发展并获得相应报酬和社会地位的专门职业。可见，专业高于职业，职业不等于专业。某种职业要称得上专业，必须达到和符合专业的标准。经过社会分工分离出的一种岗位，其品质不断提升，终会变成一种专门的社会职业，这一阶段就可称为“职业化”。同时，该职业的专业品质和专业程度经过不断提高，其量变积累到了一定程度，职业表现为更高级的形式，就变成了一种专业，这一变成专业的过程就可称为“专业化”。[3]

所以，就一种社会分工的进化历程来看，职业化的过程和专业化的过程有一段时间是重合的、不可分割的，职业化往往是专业化的基础和前奏，而专业化则是职业化发展的高级阶段。高校辅导员的专业化指的是高校辅导员职业的专业化，二者是同一条道路的不同阶段，而不是两条道路。简单地讲，职业化的过程就是职业的专业化过程，二者相互影响，互为联系。

---

❶ 傅强. 新形势下高校学生工作队伍专业化发展研究[D]. 苏州：苏州大学，2007：15.

❷ http://baike. baidu. com/view/1267031. htm.

❸ 傅强. 新形势下高校学生工作队伍专业化发展研究[D]. 苏州：苏州大学，2007：16.

二、我国体育院校辅导员专业化的内涵研究

根据上述阐述，笔者认为，辅导员专业化实质上就是依托专门的机构及终身专业训练体系，对辅导员进行科学的管理和培养，使辅导员掌握高校德育工作的知识和技能，实施专业自主，表现专业道德，提高自身的学术地位和社会地位，全面有效地履行辅导员职责的过程。英国教育家霍勒在《教师角色》一书中对教师专业化的标准提出了六条要求：①履行重要的社会服务；②系统知识训练；③需要持之以恒的理论与实践训练；④高度的自主性；⑤经常性的在职进修；⑥团体的伦理规范。[1]结合霍勒的分析，本文认为，我国体育院校辅导员要达到专业化的标准，它必须具备以下四个条件。

1. 我国体育院校机构设置的独立化

要实现辅导员工作机构的独立化，也即应有一个独立的机构，不仅负责学生日常事务的管理，还负责辅导员的培训、管理、评聘、考核、激励、监督、科研等工作。在我国高校一般为学生处或者学生事务管理委员会，如首都体育学院便设有学生处这一行政机构。

2. 我国体育院校辅导员工作的职业化

我国体育院校辅导员工作的职业化，首先表现在人员的选拔、聘用、提升方面应该具有较为明确的要求和程序，要有相应的专业、学历的要求和相关工作经验的要求等；其次要有明确的工作职责，即辅导员的工作涵盖了学生的日常管理、思想政治教育、心理咨询、就业指导等；最后要有一体化的职前和职后的培训系统，培训内容既包括理论知识的学习，又涉及实践的探讨和交流等。

3. 我国体育院校学生事务管理人员的专业化

我国体育院校学生事务管理人员的专业化的要求从业者不仅要具备该职业所必需的知识，而且要掌握必要的技能，把握思想政治工作规律，具备较高的职业素质和职业情感。因此，从业者必须是通过长期系统的训练和进修而取得学士、硕士以及博士学位的专家，能熟练地运用专业知识和技能，深入、持久地开展思想政治工作。

4. 我国体育院校学生事务管理队伍建设的规范化

我国体育院校学生事务管理队伍建设的规范化主要是要形成关于辅导员选拔、使用、培养、奖惩、提升、流动等一整套制度、条例，对辅导员进行规范管理，着眼于辅导员的现状和未来的发展，并出台相应的关于辅导员队伍建设

[1] 陈新民. 构建语文教育专业职业技能训练体系[J]. 内蒙古师范大学学报：教育科学版，2011(5).

的规划和体制。

据此，笔者认为，我国体育院校辅导员队伍的专业化就是要求辅导员以科学的系统的理论为指导，不断提升自己的工作能力，使自己所从事的学生工作逐渐摒弃经验式的工作模式，成为具有专业性、稳定性、职业化、学科性和准入制特点的专门职业。

三、我国体育院校辅导员专业化的必要性

建设专业化的体育院校辅导员队伍，提升学生事务管理的水平，既符合辅导员队伍成长的内在诉求，又是高等教育大环境的发展趋势。而在现实中，我国体育院校辅导员职业发展的瓶颈、意义体认的困顿、价值的迷失等众多因素影响着辅导员队伍的建设。以首都体育学院为例，目前有专职辅导员12名左右，一直坚持在学生事务管理工作的第一线。他们大部分都是本科或研究生留校后开始承担学生管理工作的。从兴趣爱好而言，大部分辅导员本身对该职业是被动接受的，即为了一份稳定工作或者一个北京户口而被迫从事学生事务管理工作。从工作的性质而言，辅导员承担着跟学生相关的全部工作，从招生接受档案之日起，大到实习、毕业论文、教学、党建等工作，小到宿舍的安排、分数的录入、教师的考评等，诸多繁琐的工作实际上全部由辅导员承担。加上很多部门的不作为和推诿，迫使很多其他额外的工作也由辅导员去完成。甚至被误认为培养学生只是辅导员一个人的义务。工作职责的模糊性致使辅导员心力交瘁，但又得不到应有的重视和发展。同单位的一些领导和老师对辅导员的偏见和歧视使辅导员在人格尊严上也处于劣势地位，得不到应有的尊重和公平对待。再加上，辅导员的未来发展一直处于弱势地位，如课题的申请、出国的培训、职称的评定等方面存有诸多障碍。因此，我国体育院校辅导员引入专业化建设迫在眉睫。

1. 我国体育院校实行辅导员专业化，有利于提升辅导员的自尊心和自信心

通过辅导员的专业化，让辅导员发挥自主性，努力提高自身的专业知识和专业能力，从经验型的辅导员向研究型的辅导员发展，使自己的专业成熟程度不断提高，真正成为思想政治工作的理论研究者与实践者，才能从根本上改变辅导员的职业形象。只有良好的职业发展前景，合理评价的价值认同体系，才能从根本上提升我国体育院校辅导员的自尊心和自信心。

2. 我国体育院校实行辅导员专业化，有利于提高辅导员的整体素质

实行辅导员专业化，有利于辅导员朝着专家型方向发展。把辅导员培养成为学生思想政治教育、教育管理、日常管理、心理咨询、就业指导等方面的专家。这就需要通过各种途径加快辅导员知识更新的速度，及时调整辅导员的知识和能力结构。并通过动态平衡的人员聘用、考核、激励、晋升、流动等制度，吸引高层次、高质量、多学科人员的加入，从而提升我国体育院校辅导员的整体素质和形象。

3. 我国体育院校实行辅导员专业化，有利于维护辅导员队伍的稳定与和谐发展

实行辅导员专业化，有利于辅导员把所从事的工作当作一个可以长期从事的职业来对待，而不会把它只看做是一个临时职业，一个个人晋升的跳板。辅导员专业化可以克服辅导员队伍中存在的非正常的流动快、在岗时间短的不足，有利于维护辅导员队伍的稳定与和谐发展。

4. 我国体育院校实行辅导员专业化，有利于增强德育工作的针对性和实效性

只有辅导员专业化了，才能保证队伍的稳定性，才能更好地让辅导员去开展学生的思想政治教育工作。否则，频繁的辅导员流动不利于学生思想政治的教育开展，德育工作的实效性也会大打折扣。

四、我国体育院校辅导员专业化的可行性

我国体育院校实行辅导员的专业化，无论是从外部环境还是内部环境而言，都存在着一定的可行性和现实性。

1. 从外部环境来看，教师的专业化发展趋势为我国体育院校辅导员的专业化提供了理论基础

教育部部长袁贵仁在《教师专业化的理论与实践》一书中明确指出，教师专业化是现代教育发展的历史要求，是实施科教兴国战略的需要，提高教师专业化水平是世界各国的共同目标。教师专业化发展已是不争的事实，教师专业化就意味着教师将摆脱传统经验式的“教书匠”模式，向“研究型教师”、“专家型教师”转变。教育部已有正式文件规定高校辅导员的教师身份。高校辅导员作为高校教师的重要组成部分，自然也将被纳入专业化发展道路，他们也将改变以往“纯行政干部”的形象，向“学术型专业人员”转变。由此辅导员专业化将成为现实。

2. 从内部环境来看，学生事务现有的理论与实践为辅导员专业化提供了现实依据

近年来，“以人为本”“科学发展观”“尊重教育”等理念的提出，使人们开始对高校学生工作的目标、组织、队伍、内容、方法等诸多方面进行重新审视和探索研究，努力寻求学生工作的客观规律，对学生工作的基础概念、基本范畴、基本理论和基本方法等方面的专业性思考趋势正逐渐形成，并开始指导实践。如部分体育院校设立的“大学生心理健康服务中心”、“就业指导服务中心”等便是极佳的例子。我国体育院校还积极开展年度优秀辅导员评比和考核、年度辅导员培训等，这些措施的实施在很大程度上推动了辅导员的队伍建设，从而为我国体育院校辅导员专业化建设提供了现实依据。

外部环境提供的理论基础，内部环境提供的现实支持，二者的结合有利于我国体育院校开展辅导员的专业化开展。虽然，现在还只是停留在理论探讨层面，但希望我国体育院校的领导层面能够突破传统观念的束缚，大胆创新，为辅导员的专业化发展提供智力支持和制度保障。

五、我国体育院校辅导员队伍专业化建设的路径

针对我国体育院校辅导员生存的现实环境，结合上述分析，笔者认为，若要实现辅导员队伍建设的专业化，可以从以下几个方面进行共建尝试。

第一，设立辅导员岗位的行业标准。规定达到相关专业的一定学历层次者，才能从事此项职业。我国体育院校要尝试建立辅导员岗位认证体系，制定辅导员选聘标准，经考试统一颁发资格证书，保证辅导员持证上岗。同时，要建立专业技术职称评审委员会，为专职辅导员职称评审提供指导和保障。要把辅导员纳入思想政治教育学科或其他相关学科专业技术职务评审序列，划拨相应的名额。有条件的学校可以建立专门的辅导员专业技术职务评审体系。通过辅导员持证上岗、辅导员职称单独评审、实施辅导员名师工程等政策措施，稳定我国体育院校辅导员队伍，从而更好地促进学生的健康发展。

第二，搭建辅导员在职培训和对外交流的平台，提升管理人员的理论和实践水平。我国体育院校相关政策在对辅导员读研、读博或者出国培训和学习、课题申请等方面，应该有所倚重；要积极创造和搭建辅导员学习和交流的平台，以便交流经验，拓宽工作思路。在全国体育院校德育工作研究会的倡导下，我国体育院校搭建了专供辅导员进行学习和交流的平台——全国体育院校辅导员论坛。2009年11月12~15日，“以科学发展观为指导，以创新的精神不

断加强和改进体育院校学生思想政治教育工作”为主题的第一届全国体育院校辅导员论坛，在武汉体育学院隆重召开。2010年，以“聚焦创新人才培养,促进学生终身发展”为主题的第二届全国体育院校辅导员论坛，在西安体育学院胜利举行。这些平台为辅导员专业化的建设提供了现实的可能性。

第三，建立科学、长效的考核机制和聘任制度，为辅导员的专业化提供政策上的支持和保障。关于我国体育院校辅导员工作的考核情况，本文将在下一节中进行详细解析。

辅导员是实施我国体育院校大学生思想政治教育的骨干力量，如果他们不能把本职工作当作一项可以长期从事的职业的话，如果他们在工作岗位上得不到价值认同的话，如果从事学生事务管理的他们看不到职业前途和希望的话，任何加强辅导员队伍建设的政策和条例只能是一纸空文。因此，我国体育院校辅导员专业化的建设之路，任重而道远。

第四节　我国体育院校辅导员队伍评价模型构建

学生事务管理是我国体育院校培养人才的重要途径，它是连接学校、学生和社会的桥梁和媒介。因此，在某种程度上，辅导员队伍素质的高低，直接决定着我国体育院校的公众形象和人才的培养质量。然而，随着高等教育的大众化，学生事务管理面临着诸多新的压力和挑战，无论是服务理念、管理模式，还是培养目标、学生发展需求等，从各个方面对辅导员队伍提出了更高的要求和期盼。因此，我国体育院校辅导员队伍的专业化建设更是离不开合理的评价机制。而我国体育院校现行的辅导员队伍的传统评价模式（即以定性为主）却不能适应这种新的变化和要求，如何寻求一种新的，能更好地激励管理队伍，提高管理效率和服务质量的评价模式迫在眉睫。在继承传统定性评价优点的基础上，本文拟采用模糊综合评价方法，结合我国体育院校学生事务管理的工作内容，尝试构建一种新的评价模式，从而更好地激发辅导员队伍的工作热情，提高他们的绩效，为培养高素质的体育人才提供必要的保障。

一、模糊综合评价方法原理概述

现实生活中，很多事物之间的关系是模糊的，它们之间没有绝对的界限，如大和小、好和坏、胖和瘦等，彼此都是相对的。因此，若对这些事物进行客观的评价往往不能以一个指标来衡量，而需要从多个指标进行综合评价。当评价的客体，如体育院校的辅导员，涉及多个指标的评价时，其评价结果有多种可能。如可以从某一种指标对其作出一种评价，又可以从另外一种指标对其作出另一种评价。但如果将这些不同的多种评价结果综合在一起，那么对客体的评价就趋向于合理、客观，更能接近客体的实际情况，避免了仅依靠某一项指标就作出评价所引发的片面性。对那些只能用模糊语言进行描述的评价，如"好、较好、一般、差、较差"等，可以利用模糊集理论进行数学建模（注：模糊综合评价的数学模型主要涉及三个要素，因素集 U、决断集 V 和单因素判断 f，具体应用见下文），来对客体考核时所涉及的各指标进行运算与综合，从而得出定量的综合评价结果，为正确的决策提供科学依据。

我国体育院校辅导员队伍的工作性质决定了其评价的多样性。但现行的评价方法往往只是从单一的指标对其进行定性的考核，不能完全体现他们在实际中所承担的工作量，更不能客观地反映他们的工作业绩。再加上他们的很多工作是无法进行量化的，只能进行类似于"优、良、合格、不合格"等级别的评定，因此现行评价制度的缺失为我国体育院校的辅导员队伍实施模糊综合评价提供了客观条件和存在的空间。

二、我国体育院校学生事务管理队伍模糊综合评价的基本步骤

若对我国体育院校的辅导员队伍实施模糊综合评价，首先必须要根据实际情况来确定对象集 O（评价的对象）$= \{o_1, o_2, o_3, \cdots, o_l\}$，因素集 U（即评价的指标）$= \{u_1, u_2, u_3, \cdots, u_m\}$ 和决断集 V（评价的标准）$= \{v_1, v_2, v_3, \cdots, v_n\}$。然后再采用专家咨询法或者层次分析法来确定因素集 U 中的每个因素在综合评价中的权重值。并建立 m 个评价因素的权重分配向量 A，之后通过各单因素模糊评价获得模糊综合评价矩阵，复合运算得到综合评价结果，算出每个评价对象的综合分值。接下来笔者主要谈谈影响我国体育院校辅导员队伍实施模糊综合评价的三要素。

1. 评价对象的确定

所谓评价"一般是指按照预定的目的确定研究对象的属性，并把这种属性变为客观定量的计值或主观效用的行为"。[1] 因此，评价对象的确定实际上是对研究对象本质特征的概括。如果对体育院校的学生事务管理队伍进行评价，那么首先必须要根据实际情况来确定评价方式的选择，然后才能确定评价对

[1] 赵涛. 管理学常用方法[M]. 天津：天津大学出版社，2006：311.

象。即评价有多种分类方法，但不一定都适合评价对象。所以，在确定了评价方法之后，如模糊综合评价法，那么再结合考核的目的确定评价对象。一般而言，辅导员队伍的评价对象有主客体之分。客体即指辅导员队伍。所谓评价主体是指“那些参与教育评价活动的组织与实施、按照一定的标准对评价客体进行价值判断的个人或团体”。❶它主要是由学生、专家、领导、同行及评价客体本身组成的。因此，若要保证评价结果的合理性和公正性，必须充分发挥评价主体的功能和作用。所以，若对我国体育院校的辅导员队伍进行评价，合理选择评价对象和评价方法至关重要。

2. 评价指标的确立

指标是关于研究对象属性的测度，是对象属性的具体化。评价对象确定之后，那么考核什么，评价什么，即评价指标的确立必须详细、客观和准确。评价的判断不仅是对体育院校学生事务管理队伍或者个体的整体判断，更是对其今后职业发展的引导性判断，所以，科学合理地设置评价内容和指标是增强评价效果的重要保证。如对我国体育院校的辅导员进行评价，其指标体系的确立可以从“基本素质、基本能力和职业发展”❷三个方面考虑。评价指标确定之后，可以采用专家评分法或者层次分析法，利用和积法，来计算指标体系的权重值。

3. 评价标准的划分

评价内容和评介指标体系确定之后，接下来便要对评价客体进行判断和评价。因此，评价标准的划分必须科学、公正。一般情况下，常见的评价标准可以划分为“优秀、良好、合格、不合格”等，也可以划分为“优秀、良好、中等、一般、较差”等。但总体上基本一致，既要确保评价结果的公正性，又要突出评价标准的合理性，二者的结合更有利于促进评价客体的综合判断。因此，评价标准的划分应该结合评价客体进行确立。若对我国体育院校辅导员队伍的评价标准进行分类，更应该结合其实际情况进行标准的划分。

三、我国体育院校辅导员队伍评价模型构建

基于上述模糊综合评价方法原理的分析，结合我国体育院校辅导员队伍的特点，笔者尝试构建我国体育院校辅导员队伍的评价模型，旨在为合理、客观地评价辅导员队伍提供科学的理论分析和实证参考。

---

❶ 樊小东. 试论教师教学工作评价主体的选择[J]. 教育与职业，2007(14): 48.

❷ 魏国，杨学玉. 高校专职辅导员绩效评估指标体系刍议[J]. 思想教育研究，2008(4): 68.

若对辅导员进行评价，其评价指标因素（即着眼点）为n个，分别记为$u_1, u_2, u_3, \cdots, u_n$，则这$n$个评价因素便构成一个评价因素的有限集合：

$$U = \{u_1, u_2, u_3, \cdots, u_n\}$$

例如，对辅导员的基本素质进行评价，假设可以从政治素质（u_1）、文化素质（u_2）、专业素质（u_3）、品行素质（u_4）四个方面着眼，则其评价因素集合为：

$$U = \{u_1, u_2, u_3, u_4\}$$

根据实际需要，如果要对辅导员的评语划分为m个等级，分别记为$v_1, v_2, v_3, \cdots, v_m$，则$m$个评语等级又构成了一个评语的有限集合：

$$V = \{v_1, v_2, v_3, \cdots, v_m\}$$

若把辅导员对应的基本素质的评价结果划分为“优秀”（v_1）、“良好”（v_2）、“一般”（v_3）、“较差”（v_4）四个级，则其评语集合便为：

$$V = \{v_1, v_2, v_3, v_4\}$$

现在，假如只着眼于辅导员的专业素质（u_3）进行评价，采用学生为主的“民意测验”的方法进行测量，结果是20%的学生认为其“优秀”，45%的学生认为其“良好”，32%的学生认为其“一般”，3%的学生认为“较差”，则这个评价结果可用模糊集B_1描述为：

$$B_1 = 0.2/\text{优秀} + 0.45/\text{良好} + 0.32/\text{一般} + 0.03/\text{较差}$$

B_1也可简记为向量的形式，即：

$$B_1 = (0.2\ 0.45\ 0.32\ 0.03)$$

上述评价结果B_1是评语集合V这一论域上的模糊子集。B_1就是对被评对象（辅导员的基本素质）所做的单因素评价。然而事实上，对辅导员的基本素质进行评价还可以从政治素质（u_1）、文化素质（u_2）、品行素质（u_4）其他三个方面进行综合评价。得到的这个综合评价的结果，仍然是评语集合V这一论域上的一个模糊子集B（通常，V为一有限集合，则B也为相应的有限模糊集合），则其可以描述为：

$$B = b_1/v_1 + b_2/v_2 + b_3/v_3 + \cdots + b_m/v_m$$

B也可简记为m维模糊向量形式，即：

$$B = (b_1, b_2, b_3, \cdots, b_m)$$

其论域为V，b_j为B中相应元素的隶属程度，且

$$b_j \in [0, 1] \quad (j = 1, 2, 3, \cdots, m)$$

但在对辅导员基本素质的实际评价过程中，其各个评价因素（如政治素

质、文化素质、专业素质、品行素质等）的重要程度往往是存在差异的，即不可能所有评价因素的重要性都一样。考虑到这个客观存在的事实，评价因素集合实际上是因素集合U这一论域上的一个模糊集合A（通常亦为一有限集），则因素集合U也为一相应的有限模糊集合，其可以描述为：

$$A = a_1/u_1 + a_2/u_2 + a_3/u_3 + \cdots + a_n/u_n$$

同样A也可简记为n维模糊向量形式，即：

$$A = (a_1, a_2, a_3, \cdots, a_n)$$

其论域为U，a_i是集合A中相应元素的隶属程度，且：

$$a_i \in [0,\ 1]$$

并应满足：

$$\sum_{i=1}^{n} a_i = 1$$

因此对辅导员基本素质的模糊综合评价问题，就是将评价因素集合U这一论域上的一个模糊集合A经过模糊关系R变换为评语集合V这一论域上的模糊集合B，即：

$$B = A \cdot R$$

在该公式（即为模糊综合评价的数学模型）中，B为模糊综合评价的结果，是m维的模糊行向量；A为模糊评价因素权重集合，是n维模糊行向量；R为从U到V的一个模糊关系，它是一个（$n \times m$）的矩阵；其元素r_{ij}（$i = 1$，2，3，…，n；$j = 1$，2，3，…，m）表示从第i个因素着眼，作出第j种评语的可能程度。[1]

公式$B = A \cdot R$为模糊矩阵的乘积，其中，

$$B = [b_j],\quad b_j = \bigcup_{i=1}^{n}(a_i, b_{ij})\quad (j = 1,\ 2,\ 3,\ \cdots,\ m)$$

由公式$B = A \cdot R$可以得知，当综合评价因素增加时，并不影响问题的复杂性，只是增加了计算量而已。在评价问题时，通常是让模糊向量A中各元素满足$\sum_{i=1}^{n} a_i = 1$，其中，a_i是u_i重要程度的度量，即因素u_i的权重，故A也就表征了评价因素的权重分配。

因此，我国体育院校辅导员队伍的评价问题，便可以通过这种模型来综合评定其考核等级。通过这种定量的计算，得出相应的权重分配指数，从而对评

[1] 薛惠锋，等. 系统工程技术[M]. 北京：国防工业出版社，2007：255.

价客体作出正确的评价。

四、我国体育院校辅导员队伍评价模型的实践运用

在我国体育院校辅导员队伍评价模型建立之后，有必要结合实际谈谈该理论的具体应用，也即求解过程。只有该模型能对实践具有指导作用，它才能更好地促进辅导员队伍的建设和发展。因此，笔者结合上述模型，来详细谈谈我国体育院校辅导员队伍定量化综合评价的求解过程。

例如，对我国体育院校某位辅导员进行基本素质的综合评价。首先，对辅导员的政治素质进行考核，全班有80%的学生认为“优秀”，10%的学生认为“良好”，10%的学生认为“一般”，那么，若对辅导员的基本素质进行考核，从“政治素质”这个因素考量，它对应的评价向量B为（0.8，0.1，0.1，0）。其次，若对辅导员的文化素质进行考核，全班有60%的学生说“优秀”，20%的学生说“良好”，10%的学生说“一般”，还有10%的学生说“较差”，从“文化素质”这个因素考量，那么它对应的评价向量B为（0.6，0.2，0.1，0.1）。以此类推，若从“专业素质”、“品行素质”进行考核，那么它们对应的向量B分别为（0.7，02，0.1，0）、（0.6，0.2，0.2，0）。于是，可以得出对辅导员的模糊评价矩阵：

$$\boldsymbol{R}=\begin{bmatrix}0.8 & 0.1 & 0.1 & 0\\0.6 & 0.2 & 0.1 & 0.1\\0.7 & 0.2 & 0.1 & 0\\0.6 & 0.2 & 0.2 & 0\end{bmatrix}$$

假设确定的权重分配（注：模糊权重分配一般可以运用Delphi法或统计实验的方法来确定）为$\boldsymbol{A}=(0.5,\ 0.2,\ 0.2,\ 0.1)$，则依据上述模型可以算出该班学生对这位辅导员基本素质的综合评价指数

$$\boldsymbol{B}_{辅导员}=\boldsymbol{A}\cdot\boldsymbol{R}_{辅导员}=(0.5,\ 0.2,\ 0.2,\ 0.1)\begin{bmatrix}0.8 & 0.1 & 0.1 & 0\\0.6 & 0.2 & 0.1 & 0.1\\0.7 & 0.2 & 0.1 & 0\\0.6 & 0.2 & 0.2 & 0\end{bmatrix}$$

$$\begin{aligned}=[&(0.5\wedge0.8)\vee(0.2\wedge0.6)\vee(0.2\wedge0.7)\vee(0.1\wedge0.6),\\&(0.5\wedge0.1)\vee(0.2\wedge0.2)\vee(0.2\wedge0.2)\vee(0.1\wedge0.2),\\&(0.5\wedge0.1)\vee(0.2\wedge0.1)\vee(0.2\wedge0.1)\vee(0.1\wedge0.2),\\&(0.5\wedge0.0)\vee(0.2\wedge0.1)\vee(0.2\wedge0.0)\vee(0.1\wedge0.0)]\end{aligned}$$

$$=(0.72,\ 0.15,\ 0.11,\ 0.02)$$

归一化后：

$$0.72+0.15+0.11+0.02=1.00$$

$$B_{辅导员}=\left(\frac{0.72}{1.00},\frac{0.15}{1.00},\frac{0.11}{1.00},\frac{0.02}{1.00}\right)=(0.72,0.15,0.11,0.02)$$

上述公式的结果表明，若对我国体育院校辅导员的基本素质进行模糊综合评价，从评价主体学生的角度来判断，根据评价函数的隶属原则来识别，取其最大值0.72，辅导员基本素质的优劣等级对应的应该是“优秀”。由此可见，通过这种模糊综合评价方法计算出来的辅导员基本素质对应等级标准的可信度是非常高的。也进一步说明了，模糊综合评价方法在我国体育院校辅导员队伍考核方面的可行性。

运用模糊综合评价方法对我国体育院校辅导员队伍进行定量考核，是一种新的尝试和探索。它能有效地避免单一的定性考核所引发的弊端和不足。建议我国体育院校根据评价客体的实际情况，采取定性和定量相结合的方法，有针对性地使用模糊综合评价模型，力求达到评价结果的客观、公正和科学，从而更好地促进我国体育院校辅导员队伍的专业化建设和发展，为培养高素质的体育人才夯实基础。

本章小结

本章以辅导员制度建设为例，进一步阐述了发展型学生事务管理模式在我国体育院校的实践应用。通过简要回顾我国辅导员制度的历史沿革，客观分析了我国体育院校辅导员队伍建设的现状和存在的问题，提出了解决问题的路径，即实现我国体育院校辅导员队伍的专业化。我国体育院校实行辅导员专业化，有利于提升辅导员的自尊心和自信心；有利于提高辅导员的整体素质；有利于维护辅导员队伍的稳定与和谐发展；有利于增强德育工作的针对性和实效性。从外部环境来看，教师的专业化发展趋势为我国体育院校辅导员的专业化提供了理论基础；从内部环境来看，学生事务现有的理论与实践为辅导员专业化提供了现实依据。若要实现我国体育院校辅导员队伍建设的专业化，可以尝试以下路径：设立辅导员岗位的行业标准；搭建辅导员在职培训和对外交流的平台；建立科学、长效的考核机制和聘任制度。为了确保辅导员队伍评价机制的合理性和公正性，建议引入模糊综合评价机制，以促进我国体育院校辅导员队伍建设的可持续发展。

第七章　我国体育院校发展型学生宿舍管理

宿舍是学生学习和生活的重要场所，它集学习、生活、休息、娱乐等功能于一体，对学生的健康发展产生着重要的影响。宿舍管理不但关系到学生的人身安全和财产安全，而且还关系到学校正常的教学秩序，关系到学校和社会的稳定与发展。宿舍管理的好坏，宿舍环境的优劣，宿舍文化的良莠，每时每刻都在影响着学生的身心发展。只有加强学生宿舍管理，不断提高宿舍管理的水平和服务的质量，才能为学生营造更好的生活条件和学习氛围。在发展型学生事务管理模式之下，如何营造有利于学生发展的宿舍管理环境，如何使宿舍成为促进学生发展的重要平台，是本章行将探讨的主要内容。

第一节　我国体育院校学生宿舍管理概况

一、我国体育院校的现行宿舍管理体制

目前，我国高校的宿舍管理模式主要有三种类型。第一类型是后勤物业型，即将学生宿舍管理划归为后勤系统，隶属于总务处。这种模式具有浓厚的行政色彩，管理过程中难以形成合力，效率低下，不利于学生的健康发展。第二种类型是社会托管型，即将学生宿舍管理交由社会上的物业公司进行运作。这种模式在一定程度上提高了管理的效率和服务的质量，但不适合我国体育院校的实际和学生的性格特点，弱化了思想政治教育的效果，不利于学生工作的顺利开展。第三种类型是学工系统型，即将学生宿舍管理划归为学工系统，采取传统的机关模式进行管理，财务上采取按生均定额或宿舍建筑面积定额拨付管理费的方式运行。这种模式虽然强化了学生部门的权力，但加重了学工系统的负担，一定程度上造成了其他部门的资源浪费。

我国体育院校的现行宿舍管理体制具有比较浓厚的行政色彩。跟其他许多高校一样，宿舍管理的职能归属于后勤多个部门，隶属于行政机构总务处，受校长领导，并对其汇报工作，即属于上述第一种类型——后勤物业型。一般而

言，在这种模式下，宿舍管理职能的履行由多个部门协同完成。如：保卫处负责学生宿舍安全，学生处或系负责学生思想政治教育，维修部门负责宿舍检修，后勤负责宿舍环境卫生、宿舍分配等工作。因此，学生宿舍管理的好坏完全取决于上述各个行政部门之间形成的合力。“合力互助，使命必达”。只有各部门齐心协力地营造和谐的工作氛围，才能够提升宿舍管理的服务质量和水平，才能为学生提供优化的住宿环境。

然而，这种带有强烈行政色彩的后勤物业型学生宿舍管理模式，在实际运作中，往往会暴露出其本身固有的缺陷。

1. 政出多门，权力分散，不利于学生宿舍管理工作的运行

由于学生宿舍管理的职能机构分别由不同的行政部门承担，因而往往会出现“政出多门，权力分散”的状况，容易引起管理上的紊乱，不利于学生宿舍工作的顺利开展。相互平行的职能部门彼此之间不存在任何隶属关系，既不存在权力上的制衡，也不存在权力上的监督。每个职能部门根据自己管辖的权限范围制定出一套相应的规章制度。但它极有可能与另一行政部门的制度相重复或者产生冲突，造成管理上的混乱和资源的浪费。权力分散的结果会给宿舍管理工作带来协调上的困难，同时也会诱发权力的滥用，给宿舍管理工作带来人为的障碍，不利于学生宿舍管理工作的良性运转。

2. 推诿责任，互相扯皮，不利于学生宿舍管理效率的发挥

以行政为主导的学生宿舍管理模式还存在另外一个致命的弱点，即学生宿舍管理一旦出现什么问题，各个行政机构往往会推诿责任，互相扯皮。他们不去客观分析问题产生的原因，也不去积极解决问题，承担应有的责任，而是尽可能将这种失职归咎于其他职能部门，试图把自己从问题中摘出来。随着学生宿舍管理工作的细化和复杂化，很多学生宿舍相关的问题不会再像从前一样能简单、快速地进行处理，而是需要许多部门通力合作才能及时解决。整个过程只要有任何职能部门不作为，那么学生宿舍管理问题的解决便流于形式，服务学生的承诺也仅停留在口号上。管理效率的低下只会增加学生的反感情绪，不利于学生身心的健康发展。

3. 力量分散，沟通缺乏，不利于学生宿舍管理使命的履行

宿舍是开展学生思想政治教育的重要平台之一。学生处和各系主管学生工作的部门必须联合宿舍管理的其他职能部门，在他们的参与和配合下，通过资源共享，形成合力，共同履行教书育人的重要使命。但在实践中，各职能部门的这种合力很难形成，往往各自为政，一方面不作为，另一方面互相之间缺乏沟通和协调，从而削弱了学生思想政治教育的实效性，不利于学生宿舍管理使命的真正落实。

总之，我国体育院校的学生宿舍管理模式带有浓厚的行政色彩，其在实际运行过程中所暴露出来的问题，给学生的健康发展带来诸多不利因素。因此，如何加快我国体育院校学生宿舍管理建设的步伐，成为我们当前亟须解决的重要问题。

二、我国体育院校学生宿舍管理的现状

为了更好地了解我国体育院校学生宿舍管理的现状，笔者对部分体育院校进行了问卷调查。共发放问卷450份，回收了428份，回收率为95.11%。剔除无效问卷53份，有效问卷375份，有效率为83.33%。通过对有效问卷进行梳理，我国体育院校学生宿舍管理现状呈现出以下主要特点。

1. 大部分学生对宿舍管理现状、整体环境和服务态度表示赞同

从问卷的反馈数据可以得知，有260名学生对目前的宿舍管理现状表示满意，占总数的69.33%，见图7.1；有230名学生对宿舍的维修服务表示满意，占总数的61.33%，见图7.2；有264名学生对宿舍管理人员的服务态度表示满意，占总数的70.40%，见图7.3；有219名学生对宿舍的整体环境表示满意，占总数的58.40%，见图7.4。总体上来说，大部分学生对宿舍管理现状、整体环境和服务态度表示赞同，但也有部分学生持反对意见。如有30.67%的学生对宿舍管理的现状表示不满意，有38.67%的学生对宿舍维修服务不满，有29.6%的学生对宿舍管理人员的服务态度表示不满意，有41.60%的学生对宿舍的整体环境表示不满意。因此，如何能使绝大多数的学生对宿舍管理现状、环境和服务表示认可，应该引起管理者的重视。

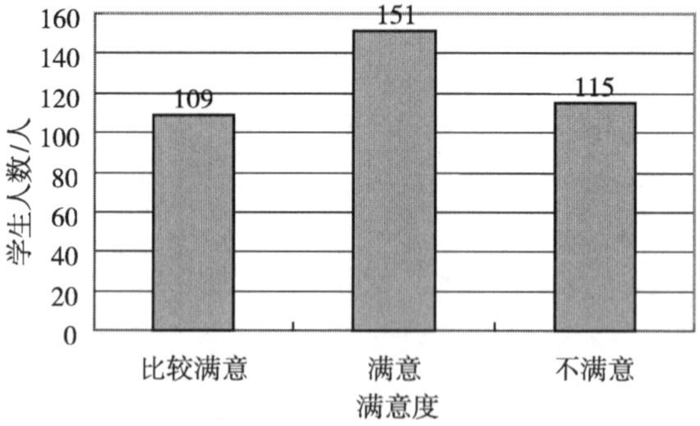

图7.1 对目前的宿舍管理现状是否满意

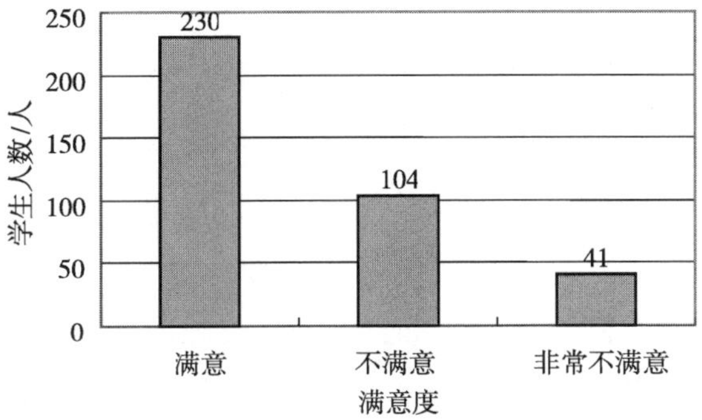

图7.2 您对宿舍的维修服务是否满意

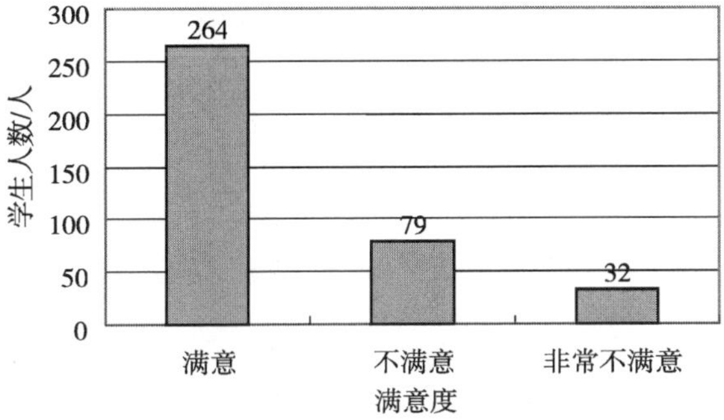

图7.3 您对宿舍管理人员的服务态度是否满意

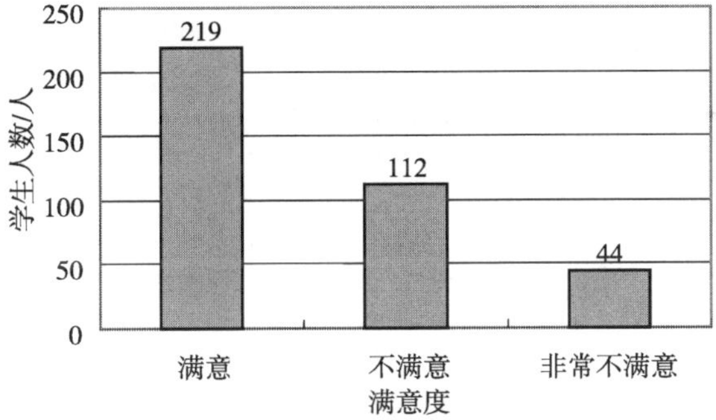

图7.4 对宿舍的整体环境是否满意

2. 大部分学生对宿舍管理制度的刚性规定，如统一关灯时间、查寝、晚归、设立辅导员值班室等，持反对意见

从调查反馈的数据来看，有179名学生认为宿舍没有必要统一关灯时间，占总人数的47.73%，见图7.5；有217名学生认为学校没必要每天晚上查寝，占总人数的57.87%，见图7.6；有176名学生认为没必要严格处理晚归或夜不归宿等事件，占总人数的46.93%，见图7.7；有181名学生认为宿舍没必要设立辅导员值班室，占总人数的48.27%，具体见图7.8。由此可以看出，大部分学生对宿舍管理制度的刚性规定，如统一关灯时间、查寝、晚归等都持反对意见，这在一定程度上增加了宿舍管理的难度。究其原因，可能跟我国体育院校的学生性格特征及现行的宿舍管理制度有关。

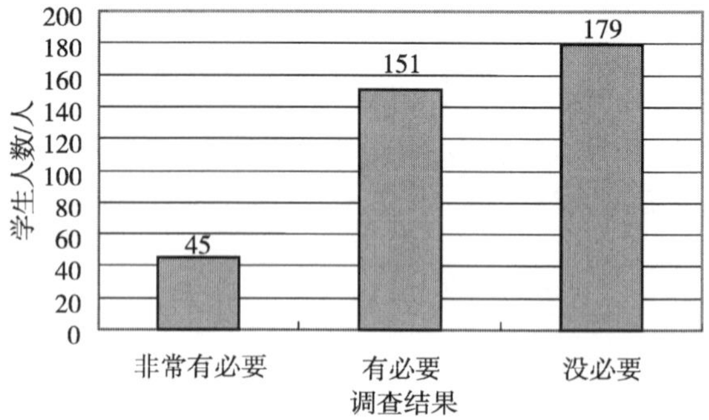

图7.5 宿舍是否有必要每晚统一关灯时间

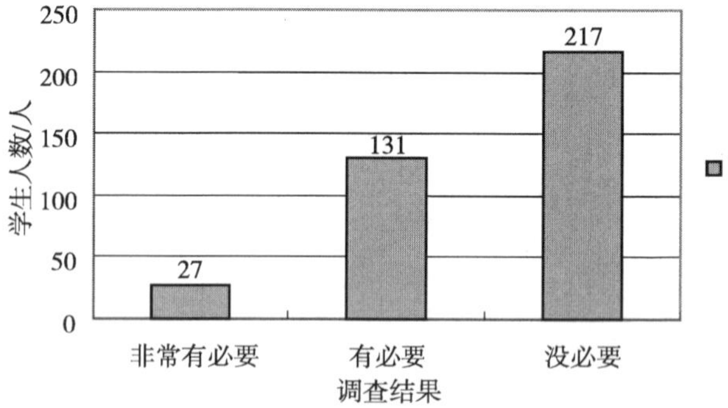

图7.6 学校是否有必要每天晚上查寝

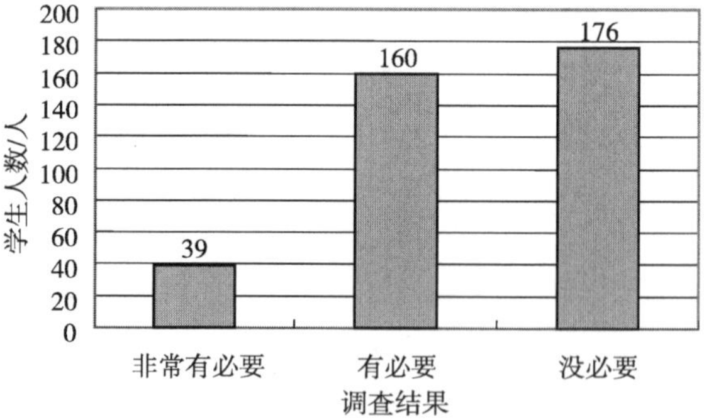

图7.7 学校是否有必要严格处理晚归与夜不归宿事件

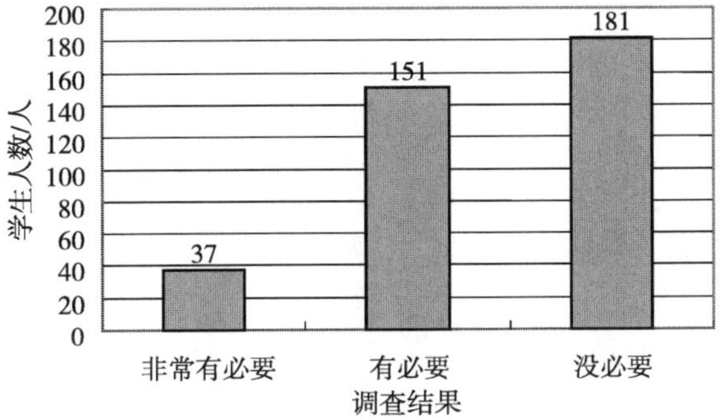

图7.8 学生宿舍是否有必要设立辅导员值班室

3. 大部分学生对在宿舍设立一些便利的服务机构，如超市、公告栏、活动中心、免费电视等表示欢迎

从问卷反馈的信息可以知晓，有309名学生认为有必要在学生宿舍设立便利超市，占总人数的82.40%，见图7.9；有334名学生认为有必要在宿舍设立专门的公告栏，占总人数的89.07%，见图7.10；有261名学生认为，应该在宿舍设立学生活动中心，占总人数的69.60%，见图7.11；有293名学生认为，宿舍应该安装免费电视，占总人数的78.13%，见图7.12。此外，大部分学生希望能对宿舍进行个性化装饰，希望能定期举办宿舍文化节等主题活动。这种现象的出现，一方面反映了宿舍管理的水平对大学生的发展起着至关重要的作用；同时也反映了，在新形势下，学生宿舍管理应该能更好地发挥其应有的地位和作用，以便为学生的健康发展提供高效优质的服务。

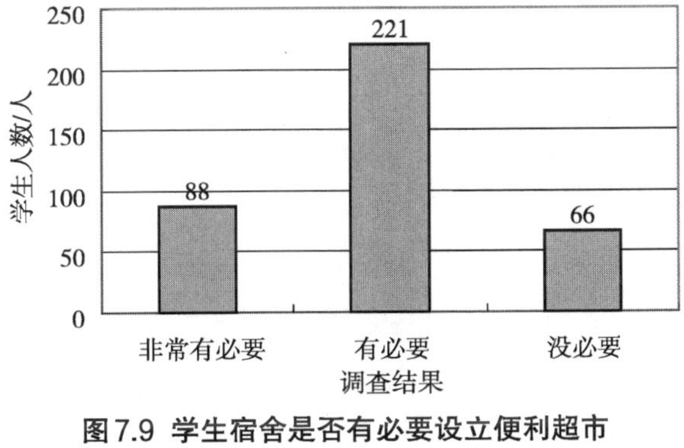

图7.9 学生宿舍是否有必要设立便利超市

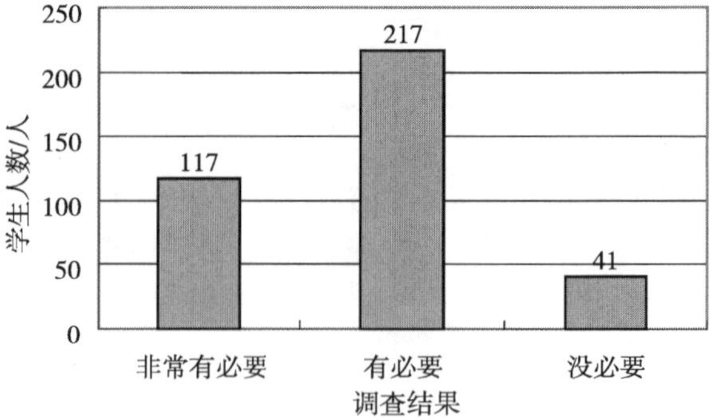

图7.10 学生宿舍是否有必要设立专门的公告栏

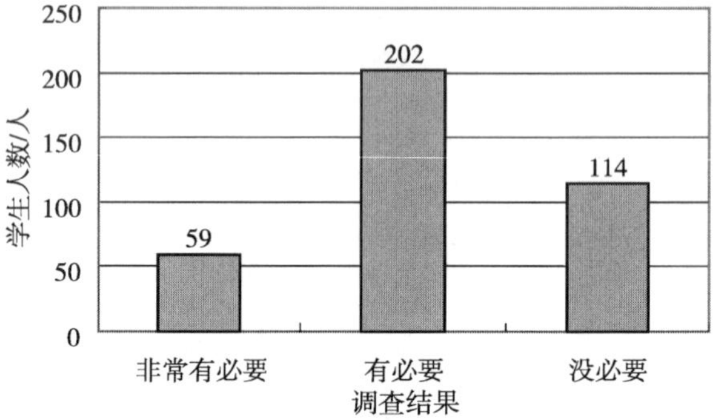

图7.11 学生宿舍是否有必要设立学生活动中心

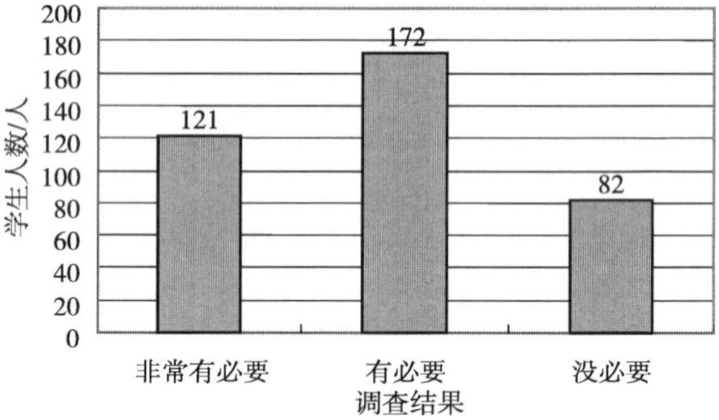

图7.12 学生宿舍是否有必要安装免费电视

从以上内容反馈的情况来看，我国体育院校的学生宿舍管理还存在许多需要改进的地方。特别是一些政策的制定和执行缺乏一定的舆论监督和学生的参与，导致部分制度的实施缺乏力度，不能更好地为学生的身心发展提供帮助。相比较而言，学生在宿舍管理方面却有着许多的看法和见解，在某种程度上为管理者提供了新的思路和路径。

第二节 我国体育院校发展型宿舍管理模式的构建

针对我国体育院校宿舍管理的现状和特点，结合前文提出的发展型学生事务管理模式的特征，笔者认为，我国体育院校发展型的宿舍管理建设工作应从以下几个方面开展。

一、建立发展型的宿舍管理新模式，强化管理效能

发展型的宿舍管理新模式以“以人为本”为服务理念，以思想政治教育为主要内容，以促进学生身心健康发展为最终目标，它集管理、服务、育人三位于一体，为学生的成长提供和谐的宿舍环境。

1. 改革现有宿舍管理体制，健全宿舍管理组织

高校学生宿舍的管理，不仅只是简单地对人和物的管理，而是一项复杂的系统工程。不但要求学校各个职能机构之间的紧密协作，而且还需要充分调动学生的积极性，发挥学生自我管理的作用。因此，在现有情况下，要积极打破原有的宿舍管理体制，成立专门的学生宿舍管理中心。将宿舍的管理权由后勤移交给学工系统，即学生事务管理中心。学生宿舍管理中心是学生事务管理中心的下属机构，对其负责，并向其汇报工作。同时要健全宿舍管理组织，成立专门的学生宿舍管理委员会，负责制订工作计划、任务安排，指导、检查、协调各有关部门的工作，讨论重大事项的议案，使学生宿舍管理形成相对独立和完整的组织机构，具体见图7.13。

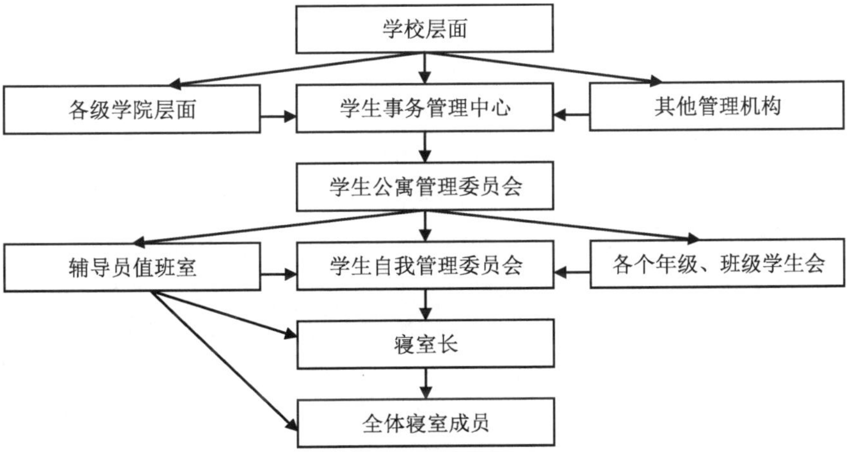

图7.13 发展型宿舍管理组织结构示意图

以首都体育学院为例，2012年4月，首都体育学院打破了传统的宿舍管理归后勤的局面，成立了专门的学生公寓管理委员会，负责学生公寓的管理工作。校级学生公寓管理委员会设主任1人和副主任1人，分别由主管学生工作和主管总务处的校领导担任。委员会成员由学生工作处、总务处、保卫处、财务处、校团委负责人，各院部主管学生工作的领导，校学生会主席及各学院、研究生部学生会主席组成。同时制定并出台了《首都体育学院学生公寓管理办法（试行）》，指出：学生公寓的管理应坚持“管理育人、服务育人、环境育人”的宗旨和“以人为本”的指导思想；采取学校有关职能部门各负其责、互相配合、学生参与的方式，把学生公寓建设成管理规范、文明安全、整洁舒适、环境优雅的培养和提高大学生综合素质的重要阵地。

2. 建立辅导员入住学生宿舍的管理制度，增进与学生之间的了解

为了切实加强对学生的引导和服务，促进宿舍管理工作的有效开展，学生宿舍管理委员要建立辅导员入住学生宿舍的管理制度。选派政治素质好、业务精、敬业精神强的各年级辅导员入住学生宿舍，加强与学生之间的沟通与了解，增进师生之间的友情。入住的辅导员要主动关心学生，积极了解学生的学习、生活和心理状况，及时处理和解决学生遇到的各种问题，满足学生的合理需求。同时，学生宿舍管理委员会要为入住辅导员工作的开展创造良好条件，制定相应的工作制度和要求来保障入住辅导员的合法权益。

入住学生宿舍的辅导员还要深入了解学生在宿舍内的品行，引导他们养成良好的生活习惯、学习习惯，帮助他们树立文明、守纪、诚信、自律的意识，并将学生在宿舍内的行为表现纳入其个人综合德育考评体系，为评定先进班集体、奖学金、优秀团员、党员发展等提供重要依据。

如首都体育学院已经在各个楼层设立了辅导员值班室。值班室装有空调，配备了日常需要的各种家具，为辅导员工作的展开提供了便利的条件。院系的辅导员根据安排，轮流值班，按时查寝。辅导员的宿舍管理工作纳入年终辅导员的考核评优体系，是辅导员年终考核的重要参考指标。

3. 完善学生宿舍自我管理机制，鼓励学生参与宿舍管理

学生是宿舍管理的主体，而非客体或者旁观者。引导学生积极参与宿舍管理是时代的进步，也是学生成长的需要。因此，要进一步完善学生宿舍自我管理机制，鼓励学生参与宿舍管理，充分调动学生的参与热情，激发学生自我管理的潜力，努力提高宿舍管理的效能。同时，学校层面应该采取各种措施不断完善学生宿舍的自我管理机制，如成立学生宿舍自我管理委员会，在各个年级或班级的学生会配合下，在辅导员的指导下积极参与宿舍管理的各项工作，如查寝、卫生检查、宿舍文化活动等。通过学生自身参与和自我管理的办法，既可以增加班级的凝聚力和学生的自我归属感、荣誉感，同时又能达到教书育人的目的。

4. 搭建学生宿舍管理信息平台，发挥现代化的管理优势

随着社会的进步，现代化的管理手段和途径日益丰富。高校要充分利用现代化的信息技术手段来加强学生宿舍管理的信息化建设，发挥现代化的管理优势，以提高宿舍管理的效率，强化宿舍管理的效果。一方面，可以通过宿舍管理相关技术软件系统，来建立学生住宿信息库，录入学生详细的个人资料，如家庭住址、成员、兴趣爱好、专业、班级等，对学生入住情况实行动态管理。同时做好学生入住、宿舍调整、退宿等日常事务管理工作，及时掌握和了解学生住宿的详细情况。另一方面，可以在宿舍公共场所，如上下楼梯口、走廊等地方，安装网络监控设备，既可以达到防盗的目的，又可以对一些突发应急事件进行监控管理。为了加强对学生宿舍进出人员的管理，避免社会闲杂人员进入学生宿舍，可以利用电子门禁系统来加强安全防范措施。此外，还可以建立学生宿舍管理网站，通过BBS、QQ群、MSN、微博、电子邮件等方式，建立快速的信息反馈机制，及时了解和掌握学生的思想动态，促进学校与学生之间的信息交流，进而提升学生宿舍管理的水平。

二、引入发展型的学生宿舍管理服务机制，提高宿舍管理的服务质量和水平

所谓发展型的学生宿舍管理服务机制是指学生宿舍管理的服务不但要提高质量和水平，为学生提供满意、和谐的住宿环境，而且还要有利于学生的身心发展，寓服务与育人于一体的宿舍管理机制。

1. 把握学生宿舍管理的特点，提高物业管理的服务水平

我国体育院校的本科生住宿都是有偿服务，学生每年都要向所在学校交纳一定的住宿费，因此，学生和宿舍物业管理部门就形成了一种法律上的契约关系，学生宿舍管理中心有责任和义务为学生提供生活上的服务和帮助。物业管理部门要认真把握学生宿舍管理的特点，从细节入手，竭力做好卫生保洁工作、宿舍水电检修工作、门窗桌椅维修工作，努力为学生创造洁净、优雅的生活和学习环境；建立畅通的信息反馈机制，积极听取学生的建议和意见，把学生的具体要求落实在工作实际中；增加工作的透明度，实行承诺服务制，增强学生与物业人员之间的沟通与联系，以便为学生提供全面、优质的管理服务，

让学生在宿舍感觉到家的温馨和舒适。

2. 加强与学生的沟通与交流，营造学生宿舍和谐的发展环境

学生宿舍管理中心的工作人员要加强与学生的沟通与交流，努力营造学生宿舍和谐的发展环境。如各个院校可以根据自身的实际，定期召开学生座谈会、物业管理服务总结会等，上门走访，听取学生的意见和建议，提高服务的质量。同时，还可以通过发放问卷的方式，积极了解学生住宿的各种需求，将学生反映的问题落在实处。有条件的学校可以考虑在每个楼层设立学生活动中心、会客室、报刊阅览室、洗衣室、生活便利超市等，交由学生或者学生宿舍管理中心的工作人员进行管理，进一步为学生的发展提供各种便利。

3. 积极协调各种力量，注重发挥服务育人的功能

学生宿舍管理中心要与学校的各个行政机构进行沟通协调，形成合力，积极创造条件，为学生提供贴心的服务。如学生宿舍管理中心可以协调保卫处和校医院，在学生宿舍设立医疗救助服务点和报警电话，以便及时处理学生宿舍的重大疾病或突发事件，保障学生的生命财产安全。还可以联系心理咨询中心，在宿舍设立心理咨询服务点，解决学生的各种问题，及时为学生进行心理疏导，避免意外事件的发生。此外，学生宿舍管理中心还应当注重发挥服务育人的功能，引导学生参与学生宿舍管理，让学生在为他人的服务中接受教育，养成自觉遵守社会公德、关爱他人的良好品行。如学生宿舍管理中心的工作人员，可以联合学生宿舍自我管理委员会等，将ISO14001环境管理体系认证标准中“绿色管理”的环保理念引入到宿舍卫生管理之中，实现垃圾回收的资源化和垃圾处理的无害化。让学生树立环保意识，养成正确的行为习惯。

三、加强学生宿舍文化建设，营造健康向上的文化氛围

宿舍是学生学习、生活、娱乐的重要场所。加强学生宿舍文化建设，营造健康向上的文化氛围，有助于学生宿舍生活秩序的规律化，有助于培养学生良好的道德品质和行为习惯，有助于学生身心的健康发展。

1. 积极开展宿舍文化活动，打造文明宿舍

学生宿舍管理中心要充分利用学生宿舍资源，组织发动学生开展丰富多彩的文化活动。如举办“寝室杯”篮球赛，加强宿舍之间的联系和交流；举办“我爱我家”宿舍征文比赛，增强学生的凝聚力和归属感。还可以成立一些兴

趣小组，开展各种学习和科技创新活动，激发学生的求知欲望。通过举办丰富多彩的宿舍文化活动，可以让学生在活动中成长，在文化熏陶中进步。同时，可以开展系列学生宿舍文明评比活动，如“文明宿舍”“无烟寝室”“党员之家”等，引导学生以实际行动营造健康文明的宿舍生活环境。

最近几年，首都体育学院通过积极举办宿舍文化活动，使学生亲身感受宿舍文化建设，从而更好地激励他们积极向上，努力提高自身文化素养，使他们在活动中养成关心他人、互爱互助、共同进步的良好风气。如，2012年3月1日至4月2日，首都体育学院学生处倡导了主题为“建和谐家园，树文明形象；促优良学风，育合格人才”的“文明宿舍建设月”活动，旨在通过开展“文明宿舍建设月”活动，提升宿舍文化品位，丰富宿舍文化内涵，活跃宿舍文化生活，丰富校园文化活动。进一步加强学生宿舍的育人功能，促进广大同学综合素质的全面提高，践行雷锋精神，弘扬学校宿舍文化新风，展示大学生青春风采。同时引导更多的学生关注宿舍文化，积极参与到宿舍文化建设中来，通过不断优化学生宿舍小环境，逐渐形成健康向上、充满浓郁育人气息的校园文化大氛围。[1] 该活动的具体安排见附录一。

2. 建设学生宿舍文化阵地，形成宿舍制度文化

学生宿舍文化阵地的建设是加强学生思想政治教育的重要举措，是弘扬爱国主义、民族精神的重要平台。学生宿舍管理中心要根据学生宿舍的实际状况，规划出活动场所，建设宣传栏、文化长廊、公告栏等设施，打造学生宿舍文化阵地。通过优秀人物事迹的展示，通过各种主题教育活动的开展，达到教育学生的目的。在做好学生宿舍文化阵地建设的同时，学生宿舍管理中心还要积极形成自己的宿舍制度文化。因为，宿舍的各项规章制度、公约都体现了一定的价值取向，具有一定的内涵，是宿舍文化的重要组成部分。宿舍管理制度的出台必须慎重，要虚心听取多方面的意见，包括听取学生的建议。同时，允许学生参与其中，有利于学生对制度的认同和遵守，进而推动宿舍制度文化的形成，促进学生的健康成长。

本章小结

我国体育院校现行学生宿舍管理模式基本上都采用了后勤物业管理型，但它带有浓厚的行政主义色彩，因此在实际运作过程中，这种管理方式难免会滋

[1] http://www.cipe.net.cn/cenweb/website/$cmsinfo/ABC00000000000022826.html.

生各种问题，不利于学生的健康发展。在发展型的学生事务管理模式下，我国体育院校的学生宿舍管理要强化管理效能，以生为本，建立起发展型的宿舍管理新模式；要引入发展型的学生宿舍管理服务机制，提高宿舍管理的服务质量和水平；要加强学生宿舍文化建设，营造健康向上的宿舍文化氛围，从而为学生提供一个和谐、健康的住宿环境。

第八章　我国体育院校发展型学生社团管理

社团作为高校大学生的群众性组织，是继承和弘扬校园文化的重要载体。它是由一些具有共同兴趣、爱好或其他特征的在校大学生，按照一定的程序自愿、自发或自觉组织起来的群众性业余团体。学生通过举办或参加各种各样的社团活动，不但可以丰富其校园文化生活，而且有利于培养他们的团队精神、创新精神和实践能力，有利于提高他们的综合素质和个人水平。近几年，随着高等教育的飞速发展，学生社团也呈现出许多新的特点和规律。无论从社团的分类、涉猎的领域、活动的方式，还是从其发挥的作用来看，学生社团在校园文化建设中都呈现出了旺盛的生命力，产生了重要的影响。因此，如何加强高校学生社团管理，如何充分发挥学生社团在建设和谐校园文化中的主力军作用，就成了新时期高校学生事务管理的一个重要内容。在发展型学生事务管理模式下，我国体育院校结合自身特点，改进和加强学生社团管理，帮助和引导学生参加社团活动，对提高学生综合素质，促进学生发展，具有十分重要的意义。

第一节　我国体育院校学生社团管理概况

一、我国体育院校学生社团的主要特点

学生社团也是我国体育院校的一道亮丽风景。每年，到了新生入学之后的成员招募活动时，各个社团的彩旗如朵朵奇葩，竞相绽放于校园。它们像充满生命的绿色植被一样，给校园带来了活力与青春，给象牙塔增添了静谧与神圣。像其他高校一样，我国体育院校的学生社团也是由部分学生依据共同的兴趣和爱好，自愿、自发组织起来的一种非营利性组织。共同的兴趣、相似的爱好成为社团招募成员、开展活动的重要基础。他们通过自发举办的各类社团活动，既繁荣了校园文化，又促进了自身的健康发展，达到了双赢的目的。因此，顺应形势，合理利用和引导学生社团建设，加强社团的监督和指导，对我国体育院校校园文化的建设和发展具有重要作用。我国体育院校的学生社团在发展和建设过程中，逐渐形成了自身的特色，呈现出了以下主要特点。

1. 我国体育院校学生社团具有独立性的特点

独立性是我国体育院校学生社团的重要特点，它是由社团的本质特征所决定的。社团是学生组织和举行活动的校园团体，具有一定的自发性和自主性。自发性和自主性决定了社团的独立性。一方面，社团成立的自愿、自发、自觉，使社团本身就具备了组织和筹备活动的独立性。只要举行的各种活动，遵守国家法律，符合社团章程，履行社团义务，那么社团本身的活动就具有独立性，不应该受到其他的各种限制和制约。另一方面，既然社团是由具有共同兴趣和爱好的学生自愿组织起来的非营利性组织，那么学生便是社团的主人，具有独立当家作主的权利和义务。学生的主人翁意识理所当然地要求他们能够独立行使自己的使命，履行社团的职责，并承担相应的责任。因为，复杂的现代社会需要民间社会的自我组织和自我服务。法国政治家托克维尔曾说："人们把自己的力量同自己同志的力量联合起来共同活动的自由，是仅次于自己活动自由的最自然的自由。"毫无疑问，学生通过积极地组织和参与学生社团的方式能够造就成熟的校园文化，促进学生自治与和谐校园的发展。

2. 我国体育院校学生社团具有创造性的特点

创造性是我国体育院校学生社团的另一特点。社团的产生，从无到有；社团的种类，从单一到多样；社团的使命，从简单到复杂，都离不开社团的创造性。没有创造性，社团的发展便失去了精神上的灵魂；没有创造性，社团的建设便会迷失方向，走向泯灭。创造性是社团赖以生存的命脉。就像我国体育院校的许多学生社团一样，它们不是一开始就存在的，而是伴随着社会的进步，高等教育的发展，在富有创新精神的学生号召和组织下逐渐成长的。而在这个过程中，也会有很多学生社团因为各种原因，渐渐走向了解体，犹如校园文化建设中的一道闪电，瞬间消失得无影无踪。可以说，创造性是我国体育院校学生社团的生命线，是它们走向辉煌的风向标。

3. 我国体育院校学生社团具有开放性的特点

开放性也是我国体育院校学生社团的重要特点，其主要体现在社团成员的招募方面。我国体育院校的学生社团，基本上都是面向全体学生，不分性别、不问长幼，只要有共同的兴趣和爱好，只要愿意遵守社团的章程，都可以成为社团的一名成员，具有充分的开放性。而对于想退出社团的成员，我国体育院校学生的社团也充分体现了其开放性的特点。只要成员认为社团有悖于其兴趣的发展，或者和自己的业余时间相互冲突，随时都可以选择退出社团。此外，社团组织和举行的各种活动，都会通过各种途径在校园中进行发布，并且欢迎有兴趣的非社团成员前去观摩或者指导。和兄弟院校之间，还会就某个问题进行相互之间的交流和探讨，共同推进社团的健康发展，彰显了社团开放性的本质属性。

4. 我国体育院校学生社团具有灵活性的特点

灵活性是我国体育院校学生社团的又一特征，它使社团充满了阳光和朝气。社团的灵活性表现在多个方面。如社团活动举办的灵活性，可以采取各种方式来展现社团的精彩；社团成员招募的灵活性，可以吸收不同年级、不同专业的各类学生来扩充社团的力量；社团通知传达的灵活性，可以利用各种现代化的媒介，如QQ、MSN、博客、微博、主页、海报等，来告知校园的全体会员；社团宣传的灵活性，可以凭借多种途径，来扩大社团的作用和影响。当然，社团的灵活性是相对的。前提条件是它必须遵守国家法律，符合校规校纪，满足社团章程。原则是学生社团发展的基础，灵活是学生社团发展的保证。原则是灵活变化的度，灵活是在这些原则限制范围内的灵活。因此，要处理好两者关系，准确把握灵活的度，充分发挥学生社团灵活性的特点。

5. 我国体育院校学生社团具有多样性的特点

多样性也是我国体育院校学生社团的主要特点，它主要表现在社团种类的多样性、成员的多样性、活动的多样性等方面。我国体育院校的学生社团涉及多个种类，如篮球、排球、羽毛球、乒乓球、网球、武术、体操、街舞、电子竞技、读书、英语等各类社团，充分体现了社团的多样化。社团的成员也具备了多样化的特点。每个社团的成员，都是由不同年级、不同专业、不同性别、不同地域、不同种族的学生组成的，俨然一个民族大家庭，充分彰显了社团的凝聚功能。社团开展的活动也是多种多样、丰富多彩的，使校园文化也具备了多样性的特征。可以说，多样性是我国体育院校学生社团的一个重要特征。

当然，我国体育院校的学生社团还呈现出了许多其他的特点，如社团的整合性、社团的松散性等，在此不再赘述。但其独立性、创造性、开放性、灵活性和多样性的特点，使我国体育院校的学生社团具备了自身独有的个性特征。

二、我国体育院校学生社团管理的主要内容

学生社团管理是高校学生事务管理的主要内容。如美国高校的学生社团组织和举行活动时，由学生事务管理机构直接负责管理。其管理主要体现在为学生社团“提供场地、安全保障以及经费，向学生组织和课外活动提供咨询，负责推荐兼职的指导老师等”。[1] 而我国体育院校对学生社团的管理与之相比还

[1] 蔡国春. 美国高等教育事务管理的观点、实务及启示[J]. 黑龙江高教研究，2002(1): 105.

存在一定的差异，管理的主要内容集中体现在以下几个方面。

1. 学生社团的审批、变更和注销

学生社团的审批是社团管理的最基本功能。在我国体育院校，负责学生社团审批的登记机构为各院系团委或者校团委。因此，若要建立一个新的社团，申请人应向学生社团的登记管理机构，即各院系团委或者校团委，递交申请书、所在社团的章程草案、负责人、发起人和指导教师等基本情况。学生社团的章程应该包括社团的名称、宗旨、类别、管理制度，活动的场所、范围、形成，成员的资格、权利和义务，经费的管理、使用原则，负责人的任职条件、权限及其产生和罢免的程序，章程的修改程序，社团的终止程序等方面的内容。社团的登记管理机构如校团委，一般会在收到成立社团申请规定之日的一个月之内，做出批准或不批准的决定。获准成立的学生社团应当自登记管理机构批准之日起规定的两个月内召开成立大会，通过社团章程，产生执行机构、负责人等，并通过公告等方式宣布社团的成立。以首都体育学院学生社团的管理制度为例，学生要申请建立自己的社团，必须递交学生社团登记表、社团注册审批表、学生社团负责人登记表和学生社团协会会员登记表，社团管理制度健全、规范。具体见附录二。

此外，学生社团登记、备案等事项，社团章程、负责人换届等需要修改或变更的，必须在规定时间内向社团登记管理机构提出相关变更的申请，同时要建立相应的学生社团注销制度，及时告知社团的重组、合并及解散等事宜。

2. 学生社团的监督和管理

我国体育院校对学生社团的监督和管理主要集中在行政管理方面，即学校社团登记管理机构，如各院系团委、校团委或社团联合会等，通过组织开展社团年度注册、考核、评优等活动，来实现对学生社团的监督和管理。并依据考核的结果对学生社团进行奖励或惩罚。

另外，学生社团的自我管理是我国体育院校对学生社团监督管理的延伸和继续。学生社团通过健全自身的机构设置和完善内部的管理制度，不断加强社团自身的建设和发展。通过制定各种社团的规章制度，通过召开社团换届选举大会，通过组织各种社团活动，使学生实现自我教育、自我管理、自我服务和自我发展的目的。

学生社团活动的开展必须符合国家法律和我国体育院校的各项规章制度。因此，学生社团组织和举办大型活动时，社团负责人必须填写相关表格向主管部门进行申报，经批准后方能实施。学生社团所举办的各种活动，应有利于提

高学生的综合素质，有利于校园精神文明建设，有利于服务社会，充分体现高等教育的职责和使命。

如北京体育大学学生社团就明确规定，它是“在校党委的领导下，校团委、社团管理委员会指导下，围绕校园文化建设、丰富学生课余生活，由学生自发组织、自愿参加的群众组织，是为学校和学生服务的学生团体。学生社团根据社团的性质，组织有利于广大学生身心健康、充分发挥学生特长的活动，丰富学生业余文化生活。为加入学生社团的同学提供了展现自我才华、开发自我潜力的平台”。[1]北京体育大学学生社团已拥有了包括轮滑协会、户外协会、DIY电影协会在内的30多个社团，具体见表8.1，他们按照自己的共同兴趣、爱好，自主开展活动，受到校内师生的广泛欢迎。

表8.1 北京体育大学部分学生社团情况一览表

序号	学生社团或协会	成立时间	活动宗旨
1	电子竞技协会	2004年	致力于发展北京体育大学电子竞技运动
2	动漫协会	2003年	以动漫讲座和与外销社团的联谊活动为主
3	读书社	2006年	使广大同学的视野更广阔，知识更丰富，思想更活跃
4	橄榄球协会	2004年	让橄榄球走进校园，丰富校园生活，营造和谐校园
5	视听交流协会	2004年	发展传播视听文化，加强视听交流，提升校园视听品位，丰富校园文化生活，建立北体大学生自己的视听文化平台，致力于把校园文化推向社会，立志于服务社会
6	书法社	2006年	弘扬国家文化精髓，展现体大风采面貌
7	踢踏社	不详	将踢踏进行到底，让青春快乐无极
8	网球协会	2001年	推动网球在高校内的发展
9	武术协会	20世纪90年代	发展中华武术，习文崇德，提高习武者的文化修养和发展
10	形象礼仪社	2006年	选拔和培养本校的校园文化大使
11	卓越文化社	不详	繁荣校园文化
12	排球协会	2004年	在排球运动中享受生活，感受快乐，使同学们的业余文化生活得到丰富，使排球运动得到更多人的喜爱

[1] 北京体育大学. http://www. bsu. edu. cn/jgsz/htm/dangwei/htm/tw/Society/xsst. html.

续表

序号	学生社团或协会	成立时间	活动宗旨
13	青年志愿者协会	2003年	奉献、友爱、互助、进步

三、我国体育院校学生社团管理的现状

目前，尽管我国体育院校学生社团具有独立性、创造性、开放性、灵活性和多样性等诸多特点，但社团的建设和管理在发展过程中也逐渐暴露出了一些问题，出现了一些新情况。为了更好地了解我国体育院校学生社团的管理现状，笔者对我国部分体育院校的学生社团管理进行了问卷调查。共发放问卷400份，回收375份，回收率94%。剔除无效问卷53份，有效率为86%。通过对有效问卷进行梳理发现，我国体育院校学生社团管理的现状呈现出以下特点。

1. 学生积极参与社团建设，呈现出积极向上的良好态势

我国体育院校学生积极参与社团建设，呈现出积极向上的良好态势。在回收的322份有效问卷中，有240名学生在校期间曾加入过社团组织，占总数的74.53%，见图8.1；有207名学生认为参加社团对自己有帮助，占总数的64.29%，见图8.2；有一半的学生认为参加社团能缓解学习压力，见图8.3；有171名学生认为参加社团能释放心理压力，占总数的53.11%，见图8.4；有142名学生同时参加过2个或者2个以上的社团组织，占总数的44.10%。总体来讲，我国体育院校的学生通过参加各种社团建设，不但缓解了身心压力，而且自身能力从实践中得到了锻炼与提高，对个人的发展大有裨益。

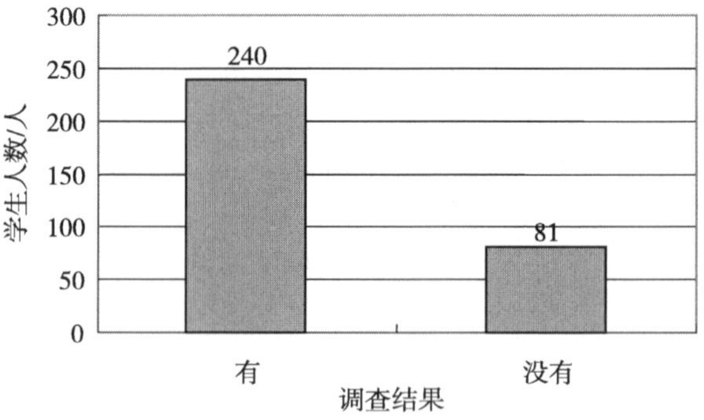

图8.1 在校期间是否加入过社团组织

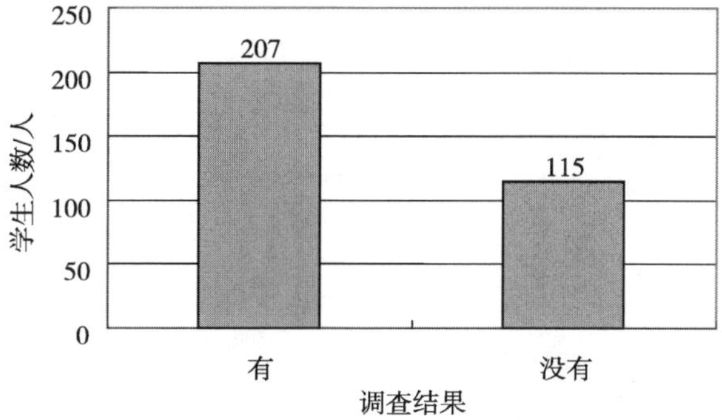

图8.2 参加社团对自己是否有帮助

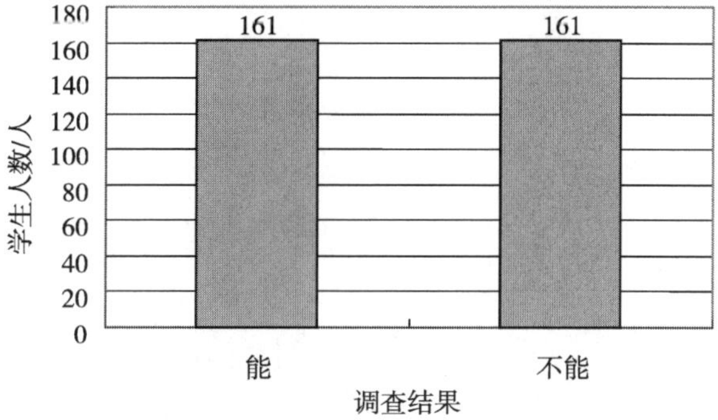

图8.3 参加社团是否能缓解自己的学习压力

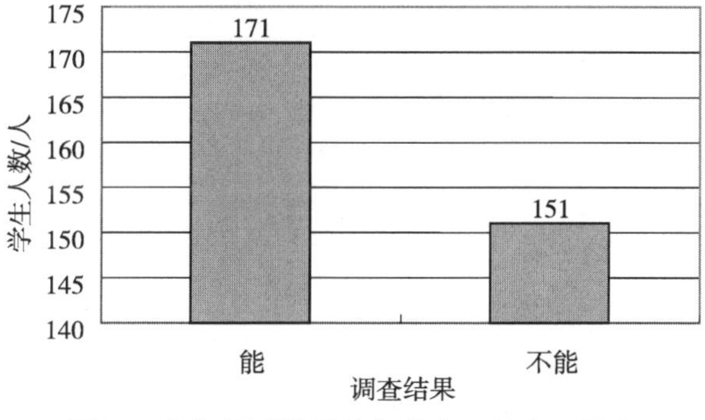

图8.4 参加社团是否能释放自己的心理压力

2.学生社团成员招募途径以招新为主，呈现出多样化的趋势

我国体育院校学生社团的新成员招募活动，主要以招新为主，占问卷调查总人数的59.32%。在一年一度的新生入学之际，各个社团通过各种途径来吸收新的成员，为社团补充新的血液，注入新的力量，以此来扩充社团的发展规模和影响。同时，学生社团还通过定期举行主题活动，以张贴海报（占问卷调

查总人数的21.43%）或者同学介绍（占问卷调查总人数的19.25%）等形式，来吸引新成员的加入。可以看出，我国体育院校学生社团的建设和发展在招收新成员方面存在着多种路径和方法。各个社团应该根据自身的实际情况，充分发挥自身的优势，尽最大努力来增加后备力量的储备，以扩大所在社团的影响，并发挥其在校园文化建设中应有的作用，具体见图8.5。

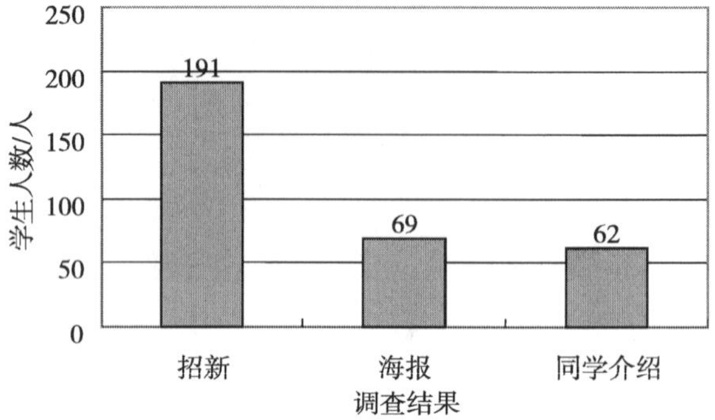

图8.5 了解所在社团的途径

3. 学生社团发展经费不足，主要以学校资助为主

我国体育院校的学生社团经费相对不足，主要以学校资助为主。一般而言，学校给学生社团的经费划拨相对固定，而且数额有限，甚至出现缩减或者克扣学生社团经费的现象。主要原因跟学校不太重视校园文化建设的政策导向密切相关。部分学生社团为了自身的发展，往往通过收取会费的方式解决经济上的问题，而名气稍大的学生社团则可以通过品牌商的赞助来维持发展。在学生社团的实际发展中，往往是多种途径的经费支持共同维系着学生社团的建设和发展。另外，学生社团的经费支出缺乏透明度，部分学生对社团经费的支出

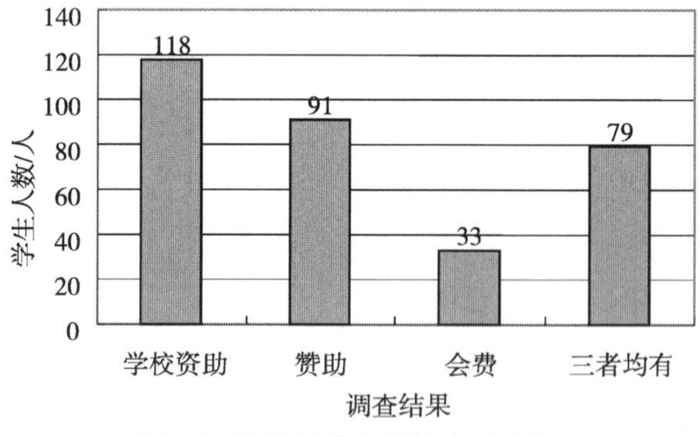

图8.6 社团经费来源的主要途径

持有不同看法。学生社团经费本身严重不足，因此在涉及各种具体费用的支出时，应该先征求意见，并征得大多数同意后，方可执行，见图8.6和8.7。

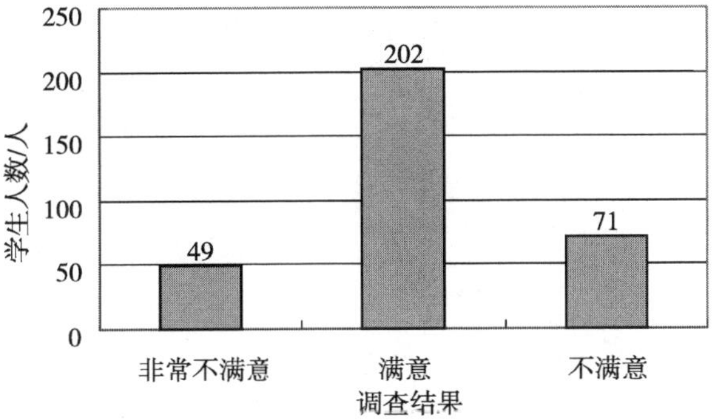

图8.7 对所在社团的经费支出是否满意

4. 学生社团发展缺乏必要的监督和指导，呈现出一定的盲目性

我国体育院校学生社团的管理在实践中缺乏一定的监督和指导。大部分学生社团的发展都是基于学生的自我管理，因而学生社团的发展水平参差不齐。而在学生社团自身发展的过程中，大部分社团没有得到相关老师的指导和帮助。在被调查的322名学生中，有203名学生认为，自己所在的社团没有得到相关老师的指导，占总数的63.04%，见图8.8，可见学生社团的发展具有一定的盲目性，这种现象应该引起有关部门和管理者的重视。此外，在问及社团的主管部门（如校团委）对社团的发展是否会起到关键作用时，有170名学生回答“不会”，占总数的52.80%，具体情况见图8.9。这在一定程度上反映出学校主管部门在工作上的欠缺，还有待于进一步改进和提高。

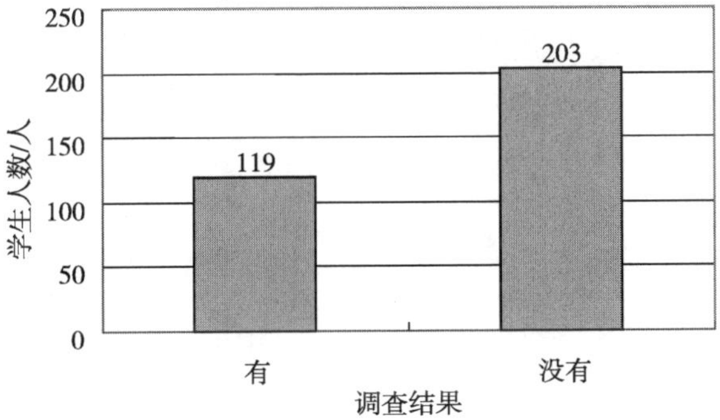

图8.8 所在的社团是否有专门老师给予指导

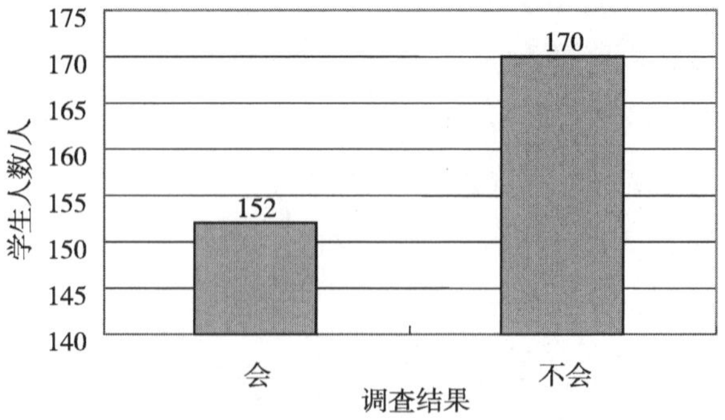

图8.9 社团的主管部门是否对社团的发展起到关键作用

5. 学生社团的管理还存在诸多问题，改革势在必行

我国体育院校学生社团不但丰富了学生的课余生活，而且也繁荣了校园文化。在进步和发展的同时，也暴露了一些问题。在返回的有效问卷中，有191名学生认为，社团的管理和建设存在形式主义，没实质意义，占总数的59.32%；有199名学生认为，同学们参与社团的热情不高，占总数的61.80%；有188名学生认为，社团经费严重缺乏，占总数的58.39%；有163名学生认为，社团管理松散，纪律性不强，占总数的50.62%；有203名学生认为，社团发展的场地设施有限，资源匮乏，占总数的63.04%；有191名学生认为，学校不够重视学生社团，政策支持不到位，占总数的59.32%；有142名学生认为，学校行政干扰太多，学生社团发展缺乏自主性，占总数的44.10%，见图8.10。

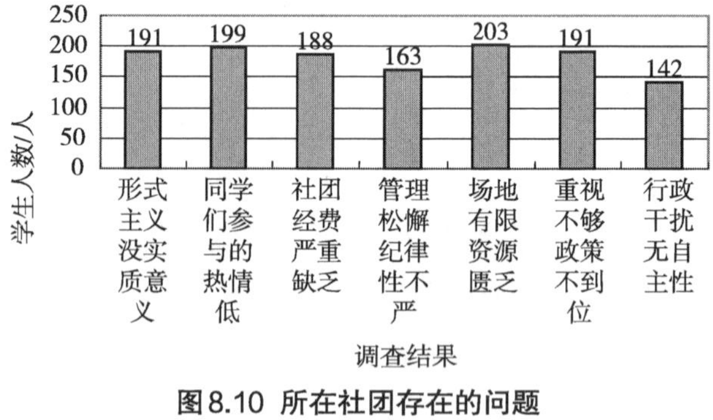

图8.10 所在社团存在的问题

第二节　我国体育院校发展型学生社团管理模式的构建

针对我国体育院校学生社团管理的现状，结合各个院校的实际情况，笔者认为，在发展型学生事务管理模式下，应从以下几个方面来加强我国体育院校学生社团的建设和管理。

1. 加强监督和引导，促进学生社团发展的科学化

发展型学生事务管理模式的最大特点就是促进学生身心的健康发展。因此，针对学生社团管理，我国体育院校学生事务管理机构应该加强对学生社团的监督和引导，促进学生社团走向科学化、规范化的发展道路。部分学生社团的成员，因过分投入时间和精力用于组织和筹备各种社团活动、召开社团会议、参与对外交流与合作，以至于影响了自己的学业，出现了成绩滑坡、挂科等状况。情况严重的甚至延迟毕业，或者被学校除名。但这些学生在社团实践过程中却表现优异，能力出众。他们只是没有处理好学习和社团之间的时间分配问题。针对这种现象，学生事务管理机构的工作人员应该对他们进行正面引导，以“导”为主，并结合“堵”的方式，让他们充分认识到自身的不足，从而改正缺点，使学业成绩和社团建设同步发展。

所谓“导”，就是要充分把握学生的心理特点，结合社团发展过程中出现的问题，在对话中引导学生，在谈心中利导学生，注重实事求是，以理服人，注意方式方法，以德服人，真正体现“以生为本”的服务宗旨。所谓“堵”，就是工作人员要对那些违反学生规章制度、破坏校园风气、扰乱社会秩序的学生社团要坚决抵制，并对其进行撤销或解散，切实“堵”住它们产生的源头。“堵”、“导”结合，扶正抑邪，促进学生社团的健康发展。同时，学生事务管理机构应当出台相应的制度措施，完善现有的管理机制，保障我国体育院校学生社团的科学化、规范化发展。

2. 建立科学的激励制度，促进学生社团发展的和谐化

在发展型学生事务管理模式指导下，我国体育院校要建立科学的激励制度，促进学生社团的和谐发展。所谓激励制度，就是“通过一套理性化的制度来反映激励主体与激励客体相互作用的方式”。[1] 激励主体，即学生社团对应的学生事务管理机构，通过利用各种诱导因素，使激励客体，即学生社团，朝

[1] 激励机制[EB/OL]. http://baike. baidu. com/view/229696. htm.

组织目标迈进。这就要求我国体育院校的学生事务管理机构要定期开展学生社团的考核工作，举办学生社团的评优活动。建议尝试运用社团自评、社团互评、学生评价和教师评价相结合的模式，本着公开、公平、公正的原则，通过学生社团之间的经验交流和总结，选出学生心目中的优秀社团，并给予适当的物质奖励和精神鼓励。物质奖励和精神鼓励齐头并进，二者不能偏颇。单纯的物质奖励容易导致学生社团的功利化、庸俗化，容易引起社团之间的不良竞争。纯粹的精神鼓励又过于缥缈，犹如空中楼阁，缺乏应有的激励作用，都不利于学生社团的和谐化发展。

西安体育学院每年都会组织优秀社团的评比活动。比如，以2010—2011年度为例，共评出5个优秀学生社团。这些社团必须满足以下条件："组织制度完善，按时注册；能在院团委的领导下，创造性地开展社团活动；开展社团活动数量多，内容丰富，对形成阳光、充满活力的校园文化起到积极作用；发展社团成员多，在广大青年学生中有较好的影响。"[1]由此可见，科学的激励制度有利于促进学生社团的和谐发展。

除了对学生社团进行适当的激励外，学生事务管理机构还可以将学生社团的活动纳入学生个人综合素质测评的考核体系之中，正确发挥学生社团的自我管理能力，建立学生社团联合会来负责协调各个社团的评估、监督和考核工作，实现资源共享，使学生社团的管理步入健康、有序、科学的发展之路。

3. 引入社团基金项目化管理模式，促进学生社团发展的可持续化

学生社团的建设和发展离不开经费的支持。经费的调拨、分配和使用在一定程度上影响了学生社团的发展规模，对社团的可持续化发展产生着重要作用。因此，社团经费管理的好坏在某种程度上直接决定了学生社团的前途和命运。为了更好地管理和利用经费，建议我国体育院校学生社团管理机构引入项目化管理模式，来加大对学生社团经费的管理力度。所谓项目化管理，是指"在一个确定的时间范围内，为了完成一个既定的目标，并通过特殊形式的临时性组织运行机制，通过有效的计划、组织、领导与控制，充分利用既定有限资源的一种系统管理办法"。[2]项目化管理有利于学生社团资金的合理分配，有利于形成良好的竞争环境。通过项目化管理，合理划拨经费数额，为各个学生社团提供经费保障。此举既能充分调动学生社团活动的积极性，为它们的发

❶ http://219. 244. 16. 121:8000/news/20111213/20111213102504. html.

❷ http://wiki. mbalib. com/wiki/%E9%A1%B9%E7%9B%AE%E5%8C%96%E7%AE%A1%E7%90%.

展提供契机，又能引导学生社团朝正确的方向发展。项目化管理模式，要求各类社团在开展活动之前，向主管部门递交一份活动计划书，详细阐述活动的意义、可行性分析、组织形式、人员安排、场地设施以及经费预算等详细内容，然后由体育院校学生社团的主管部门，通过集体表决的方式决定经费的分配和归属。为了加大学生社团经费管理的力度，各学生社团要积极完善自身制度建设。对经费的使用要做到公开、透明，并定期公布收支明细。同时，经费的使用要合理、高效，坚决避免铺张浪费。要本着节俭的原则，努力提升社团活动的品位和质量，最大限度地发挥经费的使用价值，促进学生社团发展的可持续化。

4. 以“学生为本”提高服务质量，促进学生社团发展的社会化

发展型学生事务管理模式要求学生事务管理者以“学生为本”，提高服务质量，促进学生社团发展的社会化。以“学生为本”，就是要尊重学生社团的主体地位，为它的发展提供指导和帮助。学生是社团的组织者和参与者，是社团发展的主力军。因此，学生社团的建设和发展要紧密围绕着学生主体而展开，以服务学生为宗旨，充分发挥学生在社团管理中的积极性和主观能动性，体现学生在社团建设中的主人翁地位。同时，学生事务管理者要对学生社团发展给予理论和实践上的帮助和指导。通过理论上的学习来保证学生社团发展方向的正确性，提升学生社团的自我管理能力；通过实践上的指导来规避和解决学生社团的各种冲突，化解矛盾，确保学生社团发展的顺利和通畅。

以“学生为本”提高服务质量，还表现在学生社团的自我教育方面。教育家苏霍姆林斯基指出：“真正的教育就是自我教育。所谓自我教育，就是用一定的尺度来衡量自己。”因此，学生事务管理者要积极为学生社团的自我教育提供发展契机和平台，帮助和指导学生社团打破院系间的藩篱，相互交流，相互学习，共同进步。体育院校要为学生社团的发展提供更多接触社会、了解社会、服务社会的机会，使学生在身体力行的社会实践活动中，获得知识，提高自我修养和综合素质，促进学生社团发展的社会化。

学生社团管理是我国体育院校发展型学生事务管理模式下的一项重要内容。学生社团的建设和发展有助于提高体育院校学生的沟通能力，培养他们的团队精神；有助于改进思想政治教育工作，提升思想教育的实效；有助于校园文化的积淀和沉积，孕育出合格的体育人才。

本章小结

我国体育院校的学生社团具有独立性、创造性、开放性、灵活性和多样性等特点。学生社团管理内容以学生社团的审批、变更和注销，以及学生社团的监督和管理为主。针对我国体育院校学生社团的管理和发展现状，本章提出，在发展型学生事务管理模式下，要加强监督和引导，促进我国体育院校学生社团发展的科学化；要建立科学的激励制度，促进我国体育院校学生社团发展的和谐化；要引入社团基金项目化管理模式，促进我国体育院校学生社团发展的可持续化；要以“学生为本”提高服务质量，促进我国体育院校学生社团发展的社会化。通过上述策略来加强我国体育院校学生社团的建设和管理，促进学生的健康发展。

第九章 结论与展望

本研究以我国体育院校为视角，以高校学生事务管理理论为基础，分析了我国体育院校学生事务管理模式的历史沿革，探讨了我国体育院校现行学生事务管理模式的主要特征，客观阐述了其存在的问题，对比分析了欧美和亚太地区主要高校学生事务管理模式的特点和规律，提出了构建我国体育院校学生事务管理模式的新思路。在此基础上，本文进一步分析和探讨了我国体育院校学生的主要性格特征，构建了适合我国体育院校学生发展的新模式，即发展型学生事务管理模式。同时以辅导员队伍建设、学生宿舍管理及学生社团管理为例，指出发展型学生事务管理模式的核心在于既要确保学生的全面发展，又要提升辅导员的发展空间，实现我国体育院校学生事务管理的双赢。

一、主要研究结论

第一，以时间为基点，客观评价了我国体育院校学生事务管理模式的历史沿革，描述了每个阶段对应的学生事务管理的特点和规律。

本研究将我国体育院校的发展历程划分为以下八个阶段，即我国体育院校发展的萌芽期（1949—1951年）、我国体育院校发展的初创期（1952—1955年）、我国体育院校发展的独立期（1956—1960年）、我国体育院校发展的调整期（1961—1965年）、我国体育院校发展的动乱期（1966—1976年）、我国体育院校发展的成年早期（1977—1985年）、我国体育院校发展的成年期（1986—2000年）和我国体育院校发展的成熟期（2001—至今）。然后以“文化大革命”的发生为时间基点，将我国体育院校学生事务管理模式的嬗变分为了三个阶段。第一阶段“文化大革命”之前（1949—1965年），此时我国体育学院学生事务管理具有以下特点和规律：兼职为主的学生事务管理队伍是开展学生工作的主力军；分散的管理模式是学生事务组织机构赖以存在的基础；“大跃进”式的招生数量使学生事务管理面临前所未有的巨大压力。第二阶段“文化大革命”期间（1966—1976年），此时我国体育学院学生事务管理具有以下特点和规律：“夺权”和“武斗”充斥着校园，学生事务管理基本处于停滞状态；在“斗、批、改”的“左”倾思想下指导下，我国体育院校的学生事务管理以“教育革命”为主；部分师生未参与“文化大革命”，但改变不了当时整个体育院校学生事务管理的大气候。第三阶段“文化大革命”之后（1977—2000年），此时我国体育学院学生事务管理具有以下特点和规律：在内容上，以思想教育为主、强调学生的政治素养；在方式上，成立了以专职辅导员为主、兼职辅导员为辅的“专兼”管理模式；在体制上，成立了专门负责学生工作的管理机构。上述研究对构建我国体育院校学生事务管理的新模式具有重要的借鉴作用。

第二，以现行模式为切入点，总结了我国体育院校学生事务管理模式的主要特征，指出了我国体育院校现行学生事务管理模式存在的具体问题。

本文认为，我国体育院校现行学生事务管理模式是一种校内多线交叉的学生事务管理模式，它具有以下主要特征：从组织外部环境而言，我国体育院校现行学生事务管理模式具有较强的制度依附性；从组织结构而言，我国体育院校现行学生事务管理模式具有分散性特征；从管理方式而言，我国体育院校现行学生事务管理模式具有“管治”特征；从价值取向而言，我国体育院校现行学生事务管理模式具有“以社会为本”的特征；从任务管理而言，我国体育院校现行学生事务管理模式具有“辅导员包揽”的特征。同时指出，我国体育院校现行学生事务管理模式存在的具体问题有：从管理外部环境而言，经济的飞速发展和高等教育的大众化给我国体育院校现行学生事务管理模式带来了巨大的压力；从管理理念而言，传统口号式的宣传未能真正体现我国体育院校学生事务管理的生本理念和服务精神；从管理方式而言，简单的管治模式抹杀了我国体育院校学生事务管理的科学性和艺术性；从管理内容而言，思想政治教育的空洞说教掩盖了我国体育院校学生事务管理内容的差异性和多样性；从管理队伍而言，人员的流失和专业素质的缺乏妨碍了我国体育院校学生事务管理发展的连续性和稳定性。上述研究为构建我国体育院校学生事务管理的新模式提供了重要的现实基础。

第三，以性格为主线，认真分析了影响我国体育院校学生性格形成的关键因素，总结了我国体育院校学生性格的主要特征。

本文认为，影响我国体育院校学生性格形成和发展的关键因素主要有家庭结构、父母的影响、所在学校、从事的运动项目及个人主观因素。我国体育院校学生性格的主要特征表现为性格的态度特征、性格的意志特征、性格的情绪特征和性格的理智特征四个方面。总体来说，我国体育院校学生在情绪稳定性方面易于冲动，自我意识强；在外向性方面，则热情、活跃、乐观，富有冒险精神；在开放性方面，则情感丰富，富有想象力；在随和性方面，则直率，但不谦虚，不易依从；在谨慎性方面，则能力强，胜任、尽职，但自律性差。学生文化底蕴相对较薄弱，部分人的某些行为举止，在公众场合下有伤大雅，妨碍了大众对他们的正确判断和认知，以至于给旁人留下不好的印象，造成一定程度上对他们人格的误解。上述研究对构建适合我国体育院校学生事务管理的新模式提出了重要的考量因素。

第四，以发展为目的，以学生为根本，以辅导员制度建设为落脚点，构建了我国体育院校学生事务管理的新模式，即发展型学生事务管理模式。

基于上述研究，本研究构建了适合我国体育院校学生事务管理的发展型新模式。指出，发展型学生事务管理模式的构建必须坚持中国共产党领导的学生事务管理原则、坚持思想教育为主的学生事务管理原则、坚持以人为本的学生事务管理原则、坚持学生参与管理的学生事务管理原则、坚持教育即生活的学生事务管理原则和坚持教育、管理与服务相统一的学生事务管理原则。同时提出了发展型学生事务管理模式的内涵：以最大限度地满足学生的个性需求和实际需要为前提；以尊重、理解学生为基础；以感恩成长、励志成才、铸就成功为主题；以制度化、体系化的社团活动为载体，不断增强思想政治教育的实效性、恒久性和感染性，合理引导学生自身不良行为的转变，促进学生德才兼备、知行合一。在此基础上，提炼了发展型学生事务管理模式的主要特征，即教育为先、管理为辅、服务为主和发展为本。强调要从领导体制、运行机制和制度保障三方面来具体落实发展型学生事务管理模式的整体运行。

第五，以辅导员队伍建设为例，探讨了发展型学生事务管理模式的制度建设，提出了建设辅导员专业化的必要性和可行性。引入了模糊综合评价方法，来确保辅导员队伍评价的公正性和合理性，以促进辅导员队伍建设的稳定发展。

本研究客观分析了我国体育院校辅导员队伍建设的现状和存在的问题，提出了辅导员专业化必须具备四个条件，即机构设置的独立化、工作的职业化、人员的专业化和队伍建设的规范化。我国体育院校实行辅导员专业化，有利于提升辅导员的自尊心和自信心；有利于提高辅导员的整体素质；有利于维护辅导员队伍的稳定与和谐发展；有利于增强德育工作的针对性和实效性。从外部环境来看，教师的专业化发展趋势为我国体育院校辅导员的专业化提供了理论基础；从内部环境来看，学生事务现有的理论与实践为辅导员专业化提供了现实依据。若要实现我国体育院校辅导员队伍建设的专业化，可以尝试以下路径：设立辅导员岗位的行业标准；搭建辅导员在职培训和对外交流的平台；建立科学、长效的考核机制和聘任制度。为了确保辅导员队伍评价机制的合理性和公正性，建议引入模糊综合评价机制，以促进辅导员队伍建设的可持续发展。

第六，以学生宿舍管理为例，提出在发展型学生事务管理模式下如何构建发展型学生宿舍管理模式的对策。

在发展型的学生事务管理模式下，我国体育院校的学生宿舍管理要强化管理效能，以生为本，建立起发展型的宿舍管理新模式；要引入发展型的学生宿舍管理服务机制，提高宿舍管理的服务质量和水平；要加强学生宿舍文化建设，营造健康向上的宿舍文化氛围，从而为学生提供一个和谐、健康的住宿环境。

第七，以学生社团管理为例，提出在发展型学生事务管理模式下如何加强学生社团的建设和发展。

在发展型学生事务管理模式下，要加强监督和引导，促进我国体育院校学生社团发展的科学化；要建立科学的激励制度，促进我国体育院校学生社团发展的和谐化；要引入社团基金项目化管理模式，促进我国体育院校学生社团发展的可持续化；要以“学生为本”提高服务质量，促进我国体育院校学生社团发展的社会化。通过上述策略来加强我国体育院校学生社团的建设和管理，促进学生的健康发展。

二、本研究的创新点

本研究最大的亮点在于系统地阐述了我国体育院校现行学生事务管理模式的特点和规律，并构建了今后我国体育院校学生事务管理的新模式，具体分述如下。

第一，本研究以体育院校为视角，系统地介绍了其学生事务管理的特点和规律。

诚然，从研究的对象而言，关于高校学生事务管理的研究很多，但针对体育院校学生事务管理的研究较少。从研究的进展而言，关于高校学生事务管理的研究系统、全面，但针对体育院校学生事务管理的研究无序、凌乱。本研究较好地突破了高校学生事务管理的研究框架，将研究领域由宏观的高校调整为具体的微观研究领域，即体育院校，填补了我国传统研究的不足，开辟了高校学生事务管理研究的新局面。

第二，本研究以时间为线索，系统地回顾了我国体育院校的发展历程，客观分析和评价了我国体育院校学生事务管理模式发展的特点和规律。

本研究以美国心理学家埃里克森人格终身发展理论为依托，把我国体育院校的发展历程视为一个具有生命的个体，根据人的发展规律，将其分为八个不同的成长阶段。同时，以“文化大革命”为时间基点，客观分析了我国体育院校在不同的发展阶段，其学生事务管理所呈现出的特点和规律，较好地弥补了该领域研究的贫瘠和不足。

第三，本研究以我国体育院校学生的性格特征分析为基础，构建了我国体育院校学生事务管理的新模式——发展型学生事务管理模式。

本研究客观分析了我国体育院校学生的性格特征，分析指出，我国体育院校学生与普通大学学生的性格特征相比，往往表现得更加活跃、爽直、随和、重感情、自信。同时结合我国体育院校现行学生事务管理模式存在的具体问题，构建了以“教育为先、管理为辅、服务为主和发展为本”特征的发展型学生事务管理模式。同时以辅导员队伍建设为案例，引入模糊综合评价机制；以学生宿舍和社团管理为出发点，确保发展型学生事务管理模式的实用性和可操作性，为学生和辅导员的全面发展提供了应对思路，为我国高校学生事务管理今后的理论研究提供了重要的参考依据。

三、研究不足与展望

由于本人才疏学浅，理论功底薄弱，加上时间仓促、财力物力有限，本研究还存在许多不足之处，具体表现为以下几点。

第一，本研究未能寻找到一种理想的研究方法，来具体分析我国体育院校学生的特点，对我国体育院校学生的性格特征挖掘不够。只有以正确地理论为指导，通过科学、合理的分析，运用实验对比观察，才能更加准确地描绘出我国体育院校学生的性格特征，才能有针对性地构建成更加适合学生特点的管理模式。

第二，本研究未能实现对全部体育院校的相关数据搜集，给论文的论证带来一定的影响。本研究在对我国体育院校的发展历史进行梳理时，因现有资料的贫乏和分类依据的标准不同，导致一些数据，如学生数量、学校规模、招生人数等，出现偏差，给本研究带来了一定的难度。

第三，本研究未进行体育院校学生事务管理模式的国别化比较，视野相对狭隘。因体育院校的专业性特点及各国高等教育制度的差异性，受制于资料获取途径，本研究只是针对国外主要高校的学生事务管理模式进行了介绍，未能有针对性地选出国外个别专门的体育院校来进行比较研究，留下遗憾。

第四，本研究提出的我国体育院校发展型学生事务管理模式在实际操作中还存在一定的困难。我国体育院校发展型学生事务管理模式的实施，不仅要依赖于教师观念的转变，还要赖于各种配套制度的健全和完善。任何方面的失衡都会影响其运转的实效性，阻碍学生的健康发展。

如上所述，本研究存在许多不足，希望在未来的研究中能继续努力和改进。

第一，今后要加强体育院校学生事务管理的理论探讨，鼓励和吸引更多、更优秀的学者和科研人员加入到研究队伍中来。学生事务管理的研究在我国还没有形成真正意义上的研究领域，相关的研究理论非常薄弱，难以满足体育高等教育的发展和体育人才培养的需要。加强体育院校学生事务的理论研究，不仅具有理论价值，而且具有重要的实践价值。

第二，今后要促进体育院校学生事务管理研究的系统化和正规化。加大科研投入，搭建学术交流平台，为体育院校学生事务管理的研究提供交流的机会，促使相关研究朝科学化迈进。

第三，今后要加强同国外体育院校或系的对口交流活动。国外学生事务管理的研究，特别是美国，已经走上了一条科学化的道路。其丰富的理论、深入的研究，已经为体育院校学生事务管理的研究提供了智力支持和保障。吸收和借鉴国外体育院校的先进理念和成果，有助于我国体育院校学生事务管理研究的飞速发展。

参考文献

一、期刊论文

[1] 季海群. 新加坡高校学生工作探析及启示[J]. 现代教育科学,2010(1):116-118.

[2] 郑建锋. 学生事务管理视角下的校园标语口号浅析[J]. 思想教育研究,2009(12):125-128.

[3] 马丁·特罗. 从精英向大众高等教育转变中的问题[J]. 外国高等教育资料,1999(1).

[4] 王晓春,白真. 对体育教育专业学生毕业论文的调查与分析[J]. 沈阳体育学院学报,2004,23(6):812,813.

[5] 吴坚,康昌发. 体育院校学生撰写毕业论文时如何选题[J]. 上海体育学院学报,2002,26(2):85-87.

[6] 刘朋,吴振宁,等. 加拿大的学校事故立法[J]. 社会,2002(9):59.

[7] 朱建新. 世界著名体育高等学府——俄罗斯国立体育大学简况[J]. 安徽体育科技,2003,24(3):130.

[8] 蒋志学,张锐铧. 英国运动员文化教育及就业计划[J]. 体育文化导刊,2005,9:61.

[9] 沈钧毅. 运用ISO9000标准构建体育院校学生毕业设计(论文)质量管理体系的探讨[J]. 福建体育科技,2005,24(4):54.

[10] 邱香,张亚军. 新时期体育院校思想政治工作创新的思考[J]. 南京体育学院学报:自然科学版,2004,3(4):103.

[11] 董晓欧. 科学发展观视域下的体育院校学生思想政治工作探析[J]. 黑龙江史志,2009,(24):160.

[12] 朱汉义. 从现代人才观析体育院校学生就业[J]. 南京体育学院学报,2004,18(2):58.

[13] 王艳娜,李英玲,等. 高校体育学院学生就业期望值与现实情况的差距[J]. 中国科技信息,2008,19:274.

[14] 周庆柱. 体育专业大学生就业心态问题研究[J]. 中国科教创新导刊,2009,329:254.

[15] 孙凌云. 论学生社团在高等体育院校校园文化建设中的作用[J]. 南京体育学院学报,2004,18(2):52.

[16] 胡鑫晔. 体育院校学生社团参与社区服务模式的研究[J]. 财经界:管理学家,2008,6:134.

[17] 马国义,易学. 关于在体育院校开设社会性别课程的思考[J]. 河北体育学院学报,2003,17(4):39.

[18] 杨浏. 论体育院校学籍档案的管理[J]. 体育成人教育学刊,2006,22(4):32.

[19] 沈跃进,陈强. 体育院校大学生诚信现状调查与分析——以考试为考察点[J]. 武汉体育学院学报,2008,42(11):62.

[20] 吕艳男. 体育院校大学生思想政治教育工作的现状与对策研究[J]. 吉林体育学院学报,2007,23(1):144.

[21] 王彬. 对体育院校大学生网络思想教育工作的思考[J]. 山西广播电视大学学报,2007,7(4):35.

[22] 王竹林. 体育院校大学生网络道德失范的分析及对策[J]. 南京体育学院学报,2006,6(2):96,97.

[23] 张厚福. 利用网络对体育院校学生进行德育教育的探讨[J]. 西安体育学院学报,2002,1(1):25.

[24] 郭翔. 网络化背景下体育院校大学生的思想政治教育[J]. 南京体育学院学报:自然科学版,2009,6(2):77.

[25] 周薇. 从培养团队精神入手,加强和改进体育院校大学生思想政治工作[J]. 科教导刊,2009,4(上):115.

[26] 唐定. 体育院校学生从众心理分析及思想政治教育[J]. 湖南农机,2008,1:81.

[27] 魏万珍,黄霞. 部分体育院校学生人文素质教育现状的调查分析及对策研究[J]. 南京体育学院学报,2006,6(3):47.

[28] 王津秋,王加福,等. 体育院校学生人文素质教育探析[J]. 山东体育学院学报,2001,17(1):75.

[29] 闫拓时. 首都体育学院学生人文素质状况调查及对策[J]. 首都体育学院学报,2002,14(3):2.

[30] 李新霞,韩志芳,等. 先秦儒家人文思想与高等体育院校人文素质教育[J]. 河北体育学院学报,2009,23(4):40.

[31] 朱俊玲. 影响高等体育院校学生人文素质的因素及其基本策略[J]. 湖北体育科技,2002,21(2):157.

[32] 房晋. 浅论体育院校学生人文素质的提高[J]. 体育科学研究,2005,9(2):31.

[33] 李莉,游战澜. 体育院校大学生人文素质教育的现状分析及对策[J]. 漳州师范学院学报:自然科学版,2005,18(3):130.

[34] 林文弢,季晓艳,等. 以批判性思维培养为核心强化体育院校人文素质教育[J]. 辽宁教育行政学院学报,2009,26(1):79.

[35] 刘鹏启,邵月. 浅谈体育院校大学生人文素质教育[J]. 教育与职业,2009,10(29):113.

[36] 熊静梅,刘少英,等. 浅谈体育院校学生人文精神的培养[J]. 科技信息:学术版,2008,(10):41-44.

[37] 刘蔚. 体育院校实施素质教育的途径[J]. 山东体育学院学报,2001,17(3):89-90.

[38] 蔡灿龙. 体育院校人文素质教育的实施途径[J]. 山西师大体育学院学报，2001，16（2）：24–25.
[39] 曹继红，胡移山. 体育院校大学生人文素质培养的途径[J]. 辽宁教育研究，2008，16（2）：30.
[40] 张江南. 体育院校大学生的素质教育特点与教学改革[J]. 山东体育学院学报，2001，11：81.
[41] 韩保根，郎文孝. 体育院校辅导员队伍建设研究[J]. 学校党建与思想教育：高教版，2008，6：77–78.
[42] 葛见珠. 体育辅导员多重角色定位的思考[J]. 南京体育学院学报：社会科学版，2007，21（5）：70–71.
[43] 赵越，高桂银，等. 关于加强体育院校学生辅导员素质的几点思考[J]. 科学决策，2008，12：131.
[44] 汤岩. 关于体育院校学生辅导员素质的探讨[J]. 南京体育学院学报：社会科学版，2005，19（2）：114.
[45] 葛见珠. 高等体育院校辅导员在构建和谐师生关系中的作用[J]. 科技资讯，2009，17：199，201.
[46] 徐伟宏. 影响体育院校大学生心理健康的因素[J]. 武汉体育学院学报，2007，41（8）：87.
[47] 吉日格勒. 体育院校大学生科研创新能力途径研究[J]. 和田师范专科学校学报，2008，28（4）：187.
[48] 刘素卿，刘素文，等. 体育院校大学生心理健康状况及人格特征的研究[J]. 河北体育学院学报，2002，16（4）：69.
[49] 刘英杰. 体育专业大学生心理健康教育的运动处方干预[J]. 体育科学研究，2009，13（3）：66.
[50] 季浏，罗伯特. J. 科克比. 身体锻炼心理学的研究现状和未来方向[J]. 天津体育学院学报，1997，12(3)：7–11.
[51] 褚跃德，王英春. 体育院校大学生应对方式的特点及其与人格的关系[J]. 沈阳体育学院学报，2009，28（6）：63.
[52] 李万虎. 不同性别体育专业学生专业成绩和个性特征与心理控制源倾向的关系及比较研究[J]. 浙江体育科学，2008，30（4）：51.
[53] 许声宏. 社会需求与北京体育大学本科教育实习改革[J]. 北京体育大学学报，2001，24（4）：534.
[54] 桂海荣. 对体育院、系实习生口头表达能力的调查与思考[J]. 南京体育学院学报，2006，20（4）：91.
[55] 韩凤月. 提高社会体育专业大学生实践能力的对策研究[J]. 广州体育学院学报，2009，20（4）：118.
[56] 刘素卿，赵智岗. 体育院校大学生科研能力培养研究[J]. 河北体育学院学报，2002，16（2）：77.

[57] 张建新，孙麒麟，等. 美德澳高校竞技体育人才培养及其启示[J]. 体育文化导刊，2009，8：96.
[58] 韩勇. 美国学校体育伤害法律责任问题对中国的启示[J]. 首都体育学院学报，2009，21（2）：192.
[59] 关北光，胡军. 中美体育教育专业教育实习的比较[J]. 体育学刊，2009，16(2)：65.
[60] 凌平，张柱. 关于美国高校招收学生运动员管理制度的研究[J]. 山东体育学院学报，2002，18(3)：18.
[61] 陆淳. 英国大学体育教育研究[J]. 体育文化导刊，2009，10.
[62] 肖辉. 当前高校辅导员队伍的现状分析及对策[J]. 高教论坛，2006，1：108–110.
[63] 冀学锋. 论高校发展型学生工作模式[J]. 高等教育研究.2006，6：98–101.
[64] 王俊，陆林，王洪涛. 构建发展型高校学生工作模式[J]. 江苏高教，2010，5：123–124.
[65] 白海龙. 高校学生管理工作的问题及专业化研究[J]. 黑龙江高教研究，2011，1：66–68.
[66] 沈崴. 高校发展型学生工作模式研究[J]. 北京教育：高教，2007，4: 26–27.
[67] 谢荣光. “发展型”高校学生工作模式的探讨[J]. 黑龙江高教研究，2006，10：132–134.
[68] 陈宏伟. 服务导向与高校学生工作[J]. 文教资料，2008，8：192–193.
[69] 刘子真，程瑶. SLI理论与美国高校学生事务管理[J]. 航海教育研究，2006，3：36–39.
[70] 王丹. 中美大学学生管理工作比较及思考[J]. 哈尔滨职业技术学院学报，2009，4：62–63.
[71] 朱孔军. 价值审视和制度构建——关于高校辅导员队伍专业化建设的思考[J]. 思想教育研究，2007，7：24–25.
[72] 蔡国春，张才祥. SLI：世纪末美国高校学生发展理论的新发展[J]. 吉林教育科学，2000，3：61–62.
[73] 姜璐. 高校学生管理模式重构[J]. 哈尔滨金融高等专科学校学报，2004，6：61–62.
[74] 卢铁光，等. 美国高校的学生管理及启示[J]. 高等农业教育，2002，11：90–91.
[75] 程肇基. 当前高校学生工作求真论谈[J]. 高等师范教育研究，2002，3：53–54.
[76] 张卫锴，雷鸣. 新时期学生工作范式的转型与定位[J]. 黑龙江高教研究，2006，3：44–45.
[77] 刘欣堂，等. 论高校辅导员队伍专业化建设的内涵和机制[J]. 思想教育研究，2007，6：28–29.
[78] 封林，余瑞福. 当前辅导员专业化进程中存在的问题及对策[J]. 学校党建与思想教育，2007，8：74–75.
[79] 夏海州. 高校辅导员工作模式的概念及其构成要素研究[J]. 首都师范大学学报：社会科学版，2009，增刊：123–125.
[80] 屈朝霞，齐秀强. 美国高校学生事务管理与我国辅导员制度的改进[J]. 教育探索，2008，8：94–95.
[81] 蒋建军. 确立以发展为核心的学生工作模式[J]. 思想教育研究，2004，8：32–34.
[82] 林娜. 高校辅导员队伍专业化发展路径选择[J]. 思想教育研究，2008，7：60–62.

[83] 殷勤. 以新生入学指导与服务促高校学生事务管理[J]. 湖北财经高等专科学校学报，2006,4:63-64.

[84] 李军海，等. 对高校辅导员工作的反思与重构——SLI理论在学生工作中的导入[J]. 工会论坛:2008,3,110-111.

[85] 朱丽萍. 美国高校学生管理工作的特点[J]. 思想理论教育导刊,2002,7:58-60.

[86] 操菊华. 高校辅导员队伍建设的困境与出路探讨[J]. 高等农业教育,2008,6:40-42.

[87] 刘海春. 学生工作队伍职业化、专业化的提出及展望[J]. 思想教育研究,2006,8:16-18.

[88] 邵娟. 中美高校学生事务管理人员的比较研究[J]. 理工高教研究,2008,12:95-97.

[89] 项进. 以人为本,立德树人[J]. 思想教育研究,2008,4:11-13.

[90] 徐士元,任莉. 社会学视角下高校辅导员队伍专业化途径探析[J]. 辽宁教育研究,2008,11:93-95.

[91] 喻颖. 关系营销理论对我国高校学生事务管理的启示[J]. 辽宁教育研究,2007,12:32-34.

[92] 首都师范大学学生事务赴美培训团. 美国学生事务管理工作及其启示[J]. 北京教育:高教,2006,11:61-63.

[93] 刘配欢,等. 我国高校学生工作研究十年回顾与反思[J]. 当代教育论坛,2006,3:28-29.

[94] 吕晨飞. 我国高校学生工作职能的变迁与启示[J]. 北京教育:高教,2008,7:47-49.

[95] 李国华. 从学生事务管理理论看我国民办高校学生管理[J]. 云南电大学报,2007,9:23-25.

[96] 付文红. 美国高校学生事务管理的特色与启示[J]. 思想教育研究,2007,9:49-51.

[97] 王宝森. 中国香港地区与内地高校学生事务管理之比较[J]. 东北大学学报:社会科学版，2003,1:70-72.

[98] 李为民. 高等教育大众化与我国高校学生工作的演进[J]. 内蒙古师范大学学报:教育科学版,2002,4:5-7.

[99] 李芳芳. 从中美大学生工作事务管理比较看我国高校辅导员多重角色冲突及对策分析[J]. 才智,2008,21:276-277.

[100] GREEN R, KIDD M. A best practice model for building community: the university life programming committee[J].College Student Affairs Journal,2002,22(1): 83.

[101] SHARON L H, BARCLAY S R. Applying student development theory to college students' spiritual beliefs[J]. College Student Affairs Journal, 2004,23(3):130.

[102] RACHELLE L, DONNA L H. Appreciative inquiry and student affairs: a positive approach to change[J]. College Student Affairs Journal, 2006, 25(2): 141.

[103] DAVIS J S. Approaches to performance appraisal in student affairs[J]. College Student Affairs Journal, 2001, 21(1):92.

[104] GORDON S, BONNER F. Best practices in diversity:the student affairs perspective[J] . College Student Affairs Journal, 1998,18(1) : 40.

[105] JACKSON, JERL,ANDO F. Bridging the academic-social divide: academic and student affairs

collaboration[J]. College Student Journal, 1999, 33(3) :380.

[106] HOWARD M F. Related factors: differences between women and men in student affairs[J]. College Student Affairs Journal, 1998, 17(2) :80.

[107] TING S R. Career development in women in student affairs[J]. College Student Affairs Journal, 1999,18(2):10.

[108] RAETZ T. Conducting job analyses and creating position descriptions for student affairs professionals[J]. College Student Affairs Journal, 2001,21(1):26.

[109] COLEMAN J K, DAVIS S. Connecting services to students: new technology and implications for student affairs[J]. College Student Affairs Journal, 2006, 25(2):220.

[110] AVERY C M. Developing recognition programs for units within student affairs[J]. College Student Affairs Journal, 2001, 21(1): 64.

[111] SHERRY K W. Difficult dialogues, privilege and social justice: uses of the privileged identity exploration model in student affairs practice[J]. College Student Affairs Journal, 2004, 26 (2): 114.

[112] NANCY J E, ELLEN M B. Educating student affairs Professionals about gay, lesbian, and bisexual issues: an evaluation of an intervention[J]. College Student Affairs Journal, 2004,24 (1): 20.

[113] CARPENTER D S. Faculty and administrators collaborating in student affairs preparation programs: practicing what we preach[J]. College Student Affairs Journal,1999, 19(1) :17.

[114] NICOLE L L. Foundations of student affairs practice: how philosophy, theory, and research strengthen educational outcomes[J]. College Student Affairs Journal, 2003, 23(1): 91.

[115] JON K C, MARYBELLE K. Higher education law courses in graduate preparation programs and law-based programs at student affairs national conferences[J]. College Student Affairs Journal, 2000,19(2) :12.

[116] DADDONA M F. Hiring student affairs staff with disabilities[J]. College Student Affairs Journal, 2001, 21(1):73.

[117] HIRT J B, KIRK G R. How student affairs administrators spend their time: differences by institutional setting[J].College Student Affairs Journal, 2003,23(1): 7.

[118] CULTER H A. Identity development in student affairs professionals[J]. College Student Affairs Journal, 2003, 22(2):167.

[119] JOHNSON D R. Implications for the privileged identity exploration model in student affairs theory and practice[J]. College Student Affairs Journal, 2004,26(2):216.

[120] DISQUE C S. Improving staffing practices in student affairs[J]. College Student Affairs Journal, 1998, 17(2): 92.

[121] BOWMAN R L. Incorporating technology: a comparison of preparation program training and

student affairs practitioners' expectations[J]. College Student Affairs Journal, 1999,18(2) :12.

[122] BARHAM J D. Increasing accountability in student affairs through a new comprehensive assessment model[J]. College Student Affairs Journal, 2006, 25(2):209.

[123] DUNN M S, COOPER D L. Introduction to the special issue: the future of student affairs[J]. College Student Affairs Journal, 2006, 25(2):139.

[124] PEARSON F C, BOWMAN R. Issues and trends in the college student affairs journal: a 20 year retrospective[J]. College Student Affairs Journal, 2002, 21(2):78.

[125] TURRENTIN C. "Just the way it is" in student affairs: but not the way it has to be[J]. College Student Affairs Journal, 2005,24(2) :212.

[126] ACKERMAN R, DIRAMIO D. Knowledge and involvement of student affairs officers in financial decision-making: a challenge for the profession[J]. College Student Affairs Journal, 2005, 25(1): 64.

[127] GRUBE S A, CEDARHOLM K. Master's student life: the balance between student and professional[J]. College Student Affairs Journal, 2005,24(2):152.

[128] SERMERSHEIM K L. Mid-level student affairs managers: skill importance and need for continued professional development[J]. College Student Affairs Journal, 2005, 25(1):36.

二、主要专著

[1] 李鸿江. 我国高等体育院(校)系改革与发展的战略研究[M]. 北京:北京体育大学出版社,2007.

[2] 谭华. 体育史[M]. 北京:高等教育出版社,2005.

[3] 熊明安. 中国高等教育史[M]. 重庆:重庆大学出版社,1988.

[4] 陈晴. 清末民初新式体育的传入与嬗变[M]. 武汉:华中师范大学出版社,2007.

[5] 夏书宇,巫兰英,刘薇. 中国体育通史简编[M]. 郑州:河南人民出版社,2007.

[6] 国家体育总局科教司. 国外体育院校概况[M]. 北京:人民体育出版社,1999:7.

[7] 郝勤. 体育史[M]. 北京:人民体育出版社,2006.

[8] 谭华. 体育史[M]. 北京:高等教育出版社,2005.

[9] 钱杰. 姜同仁[M]. 北京:北京体育大学出版社,2004.

[10] 曲宗湖,杨文轩. 域外学校体育传真[M]. 北京:人民体育出版社,1999:198.

[11] 池建. 美国大学竞技体育管理[M]. 北京:人民体育出版社,2005.

[12] 池建. 竞技体育发展之路——走进美国[M]. 北京:人民体育出版社,2009.

[13] 陈宁. 高等体育院校办学特性和模式的研究[M]. 成都:四川教育出版社,2005.

[14] 罗时铭. 当代日本学校体育与社会体育研究[M]. 北京:北京体育大学出版社,2007.

[15] 于述胜,李兴洲,等. 中国教育三十年1978—2008[M]. 成都:四川教育出版社,2008.

[16] 蔡践. 性格决定成败[M]. 北京:中国长安出版社,2008.

[17] 托顿·雅各布斯. 性格与人格类型[M]. 北京：北京大学医学出版社，2008.
[18] 牧之，张震，牛红梅. 性格的神奇力量[M]. 北京：新世界出版社，2005.
[19] 佛洛伦斯·妮蒂雅. 性格解析[M]. 北京：经济日报出版社，1998.
[20] 燕国材. 理论心理学 [M]. 广州：暨南大学出版社，2007.
[21] 俞国良，戴斌荣. 基础心理学[M]. 武汉：武汉大学出版社，2007.
[22] 贺淑曼，李焰，冯培. 个性优化与人才发展 [M]. 北京：世界图书出版公司，2001.
[23] 叶奕乾，祝蓓里. 心理学[M]. 上海：华东师范大学出版社，2006.
[24] 蔡笑岳.心理学 [M]. 北京：高等教育出版社，2007.
[25] 刘益民，程甫. 刘耀中. 心理学[M]. 北京：科学出版社，2000.
[26] 刘益民，张旭东. 程甫心理学概论[M]. 北京：科学出版社，2006.
[27] 赵国祥.心理学概论[M]. 北京：光明日报出版社，2007.
[28] 孔克勤，叶奕乾. 个性心理学[M]. 上海：华东师范大学出版社，1993.
[29] 王有智，欧阳仑. 心理学基础原理与运用[M]. 北京：首都经济贸易大学出版社，2006.
[30] 张厚粲. 心理学[M]. 天津：南开大学出版社，2002：196.
[31] 中国高等教育学会. 改革开放30年中国高等教育发展经验专题研究[M]. 北京：教育科学出版社，2008：1.
[32] 周俊. 学校管理案例教程[M]. 浙江：浙江大学出版社，2006.
[33] 魏所康. 培养模式论[M]. 南京：东南大学出版社，2004.
[34] 徐涛. 新时期高校学生工作研究[M]. 成都：西南交通大学出版社，2007.
[35] 周鸿刚. 新型学生公寓的学生工作研究[M]. 上海：华东理工大学出版社，2003.
[36] 关云飞. 高校教师人力资源管理模式创新研究[M]. 长沙：中南大学出版社，2009.
[37] 刘海春. 高校辅导员职业生涯发展教程[M]. 北京：人民出版社，2009.
[38] 林娜. 新世纪高校辅导员工作重点难点问题探析[M]. 桂林：广西师范大学出版社，2007.
[39] 冯刚. 辅导员队伍专业化建设理论与实务[M]. 北京：中国人民大学出版社，2010.
[40] 张再兴. 高校辅导员队伍建设理论与实践[M]. 北京：人民出版社，2010.
[41] 张文强. 高校政治辅导员职业化研究[M]. 开封：河南大学出版社，2007.
[42] 杨振斌. 高等学校辅导员培训教程[M]. 北京：高等教育出版社，2006.
[43] 王传中. 辅导员工作指南[M]. 武汉：武汉大学出版社，2009.
[44] 杜向民.高校辅导员制度发展研究[M]. 北京：中国社会科学出版社，2009.
[45] 张书明. 社会工作视野下的大学生事务管理[M]. 济南：山东大学出版社，2007.
[46] 朱孔军. 大学生管理理论与方法[M]. 北京：人民出版社，2010.
[47] 漆小萍. 高校学生事务管理[M]. 广州：中山大学出版社，2005.
[48] 储祖旺. 学生事务管理者专业化论[M]. 北京：科学出版社，2010.
[49] 储祖旺. 高校学生事务管理者教程[M]. 北京：科学出版社，2008.
[50] 聂立家. 高等艺术院校人才培养模式改革研究[M]. 济南：山东大学出版社，2011.

[51] 胡玲琳. 我国高校研究生培养模式研究[M]. 上海:复旦大学出版社,2010.
[52] 方宏建. 高校学生工作概论[M]. 济南:山东大学出版社,2009.
[53] 盛云. 1999—2009大学生特点十年变迁与学生工作问题研究[M]. 大连:东北财经大学出版社,2009.
[54] 王秀彦. 高校学生事务管理概论[M]. 北京:高等教育出版社,2009.
[55] 冯培. 中国高校学生事务管理模式创新[M]. 北京:中国人民大学出版社,2009.
[56] 侯慧君. 高校学生工作内容与机制系统设计[M]. 北京:经济科学出版社,2009.
[57] 盖晓芬. 现代高等职业院校学生事务管理模式[M]. 杭州:浙江大学出版社,2010.
[58] 冯刚. 走进英国高校学生事务管理[M]. 北京:中国人民大学出版社,2008.
[59] 教育部思想政治工作司. 走进美国高校学生事务管理[M]. 北京:中国人民大学出版社,2011.
[60] 蔡国春. 中美高校学生事务管理模式比较研究[M]. 青岛:中国海洋大学出版社,2007.
[61] 夏小华. 反思、借鉴与创新美国学生事务管理的经验与启示[M]. 北京:中国科学技术大学出版社,2011.
[62] 张晓京. 美国高校学生事务管理——基于八所大学的个案研究[M]. 北京:中国传媒大学出版社,2010.
[63] 马超. 美国大学学生事务研究[M]. 北京:知识产权出版社,2009.
[64] 郑予捷. 基于需求导向的高职学生特质评价及培养模式研究[M]. 成都:西南交通大学出版社,2011.
[65] 许红. 中美研究生培养模式比较研究[M]. 成都:四川大学出版社,2010.
[66] 曹健. 研究生培养模式论[M]. 镇江:江苏大学出版社,2011.
[67] 刘学谦. 综合性大学体育院校人才培养模式研究[M]. 广州:暨南大学出版社,2008.
[68] 安世遨. 对话管理——大学生管理新范式[M]. 重庆:重庆大学出版社,2010.
[69] 朱云杰. 高等院校治理研究——基于非营利法人治理的分析[M]. 北京:中国经济出版社,2011.
[70] 阎雨. 中国管理C模式[M]. 北京:新华出版社,2010.
[71] 王汝平. C管理模式[M]. 成都:四川人民出版社,2009.
[72] 郭咸纲. G管理模式[M]. 北京:企业管理出版社,2001.
[73] 郝维谦. 高等教育史[M]. 海口:海南出版社,2000.
[74] 冯刚,赵锋,走进英国高校学生事务管理[M]. 北京:中国人民大学出版社,2008:17.
[75] 克拉克·克尔,高等教育不能回避历史:21世纪的问题[M]. 杭州:浙江教育出版社,2001:270.
[76] 王纯,2007年度中国学校体育论坛(之三)论文集[C]. 北京:北京体育大学出版社,2008:175.
[77] MCCLELLAN G S. The handbook of student affairs administration[M]. San Francisco:Wiley,

2009.
[78] HAMRICK F A. Foundations of student affairs practice: how philosophy, theory, and research strengthen educational outcomes[M]. San Francisco:Wiley,2003.
[79] WINSTON R B, Jr. The professional student affairs administrator: educator, leader, and manager [M]. New York: Brunner-Routledge,2001.
[80] BARR M J. The handbook of student affairs administrations[M]. San Francisco: Jossey-Bass Inc.,2004.
[81] SCHUH J H. Assessment methods for student affairs[M]. San Francisco: Wiley,2004.
[82] HIRT J B. Student affairs administration at different types of institutions[M]. Lanham, Maryland: University Press of America,2006.

三、硕博学位论文

[1] 陈宁. 高等体育院校办学特性和模式的研究[D]. 武汉：华中科技大学，2005.
[2] 沈佩华. 大学生参与管理研究[D]. 上海：上海师范大学，2009.
[3] 于文兴. X大学宿舍管理实施研究[D]. 上海：华东师范大学，2008.
[4] 董宏. 高校学生住宿体制的改革探索[D]. 杭州：浙江大学，2003.
[5] 任刚. 上海市高校学生体育社团管理研究[D]. 上海：上海师范大学，2010.
[6] 张国奎. 高校学生社团机制创新研究[D]. 苏州：苏州大学，2007.
[7] 刘红红. 高校学生社团建设研究[D]. 苏州：苏州大学，2010.
[8] 丁建洋. 构建以促进学生发展为目标的高校学生社团建设模式[D]. 大连：辽宁师范大学，2004.
[9] 吴四海. 高校学生宿舍教育管理模式研究[D]. 武汉：武汉理工大学，2007.
[10] 李忠诚. 我国高校学生社团培养建设的相关研究[D]. 济南：山东大学，2010.
[11] 罗妍妍. 新时期高校学生社团管理模式创新研究[D]. 成都：西南交通大学，2010.
[12] 徐琦. 中国大学生社团管理研究[D]. 沈阳：东北大学，2008.
[13] 腾佩容. 高校学生社团组织与大学生全面发展研究[D]. 兰州：兰州大学，2010.
[14] 杨咏梅. 从管治到善治——基于治理理论的高校学生管理模式创新研究[D]. 上海：华东师范大学，2006.
[15] 宋立平. 论以人为本的发展型学生工作模式[D]. 长春：东北师范大学，2007.
[16] 肖湘平. 研究型学院学生管理工作模式研究[D]. 武汉：华中科技大学，2008.
[17] 杨延圣. 我国高校学生工作专业化问题探究[D]. 曲阜：曲阜师范大学，2010.
[18] 向阳. 我国高校学生事务管理模式选择研究[D]. 沈阳：东北大学，2008.
[19] 腾怀国. 高校学生管理工作创新研究[D]. 天津：天津大学，2008.
[20] 昌兵. 新形势下高校学生管理工作面临的问题及对策[D]. 济南：山东师范大学，2007.
[21] 郑军. 高校学生工作存在的问题及对策[D]. 武汉：华中师范大学，2007.

[22] 刘岩. 基于“以人为本”理念的高校学生管理工作研究[D]. 浙江：浙江师范大学，2005.

[23] 程婉. 管理学视角下的高校学生事务管理[D]. 西安：西北大学，2010.

[24] 隽国强. 学生发展理论下的我国高校学生事务管理[D]. 苏州：苏州大学，2010.

[25] 彭嘉芬. 当前发达国家高校学生事务管理模式研究[D]. 长沙：湖南师范大学，2010.

[26] 张锅红. 大学生参与高校管理的研究[D]. 广州：华南理工大学，2010.

[27] 王莹. 高等学校学生事务管理体制创新研究[D]. 青岛：青岛大学，2009.

[28] 吴磊. 大学生事务管理机制研究[D]. 贵阳：贵州财经学院，2010.

[29] 田甜. 高校学生事务管理专业化研究[D]. 武汉：中南民族大学，2008.

[30] 王铁. 新时期我国大学生事务管理的问题和对策研究[D]. 济南：山东师范大学，2008.

[31] 游敏惠. 美国高校学生事务管理研究[D]. 成都：西南大学，2008.

[32] 卢清波. 美国高校学生事务管理研究[D]. 南京：南京师范大学，2007.

[33] 史彩计. 从疏离到协作：美国高校学生事务与学术事务关系的转变[D]. 金华：浙江师范大学，2007.

[34] 杨磊. 促进学生个性发展的美国大学学生事务管理[D]. 长春：东北师范大学，2008.

[35] 汪万鹏. 专职辅导员评价管理信息系统[D]. 成都：电子科技大学，2009.

附 录

附录一 首都体育学院关于开展“文明宿舍建设月”活动的通知

关于开展“文明宿舍建设月”活动的通知

各学院、凤凰岭校区：

为贯彻落实《中共中央和国务院关于进一步加强和改进大学生思想政治教育的意见》的文件精神，积极推动我校学生宿舍文明建设，创建和谐学生宿舍，营造一个文明、卫生、向上的生活、学习环境，现决定在全校开展创建“文明宿舍建设月”活动。现将具体安排通知如下：

一、活动目的

通过开展“文明宿舍建设月”活动，提升宿舍文化品位，丰富宿舍文化内涵,活跃宿舍文化生活,丰富校园文化活动，进一步加强学生宿舍的育人功能，促进广大同学综合素质的全面提高，践行雷锋精神，弘扬我校宿舍文化新风，展示大学生青春风采，同时引导更多的同学关注宿舍文化，积极参与到宿舍文化建设中来，通过不断优化学生宿舍小环境，逐渐形成健康向上、充满浓郁育人气息的校园文化大氛围。

二、活动主题

“建和谐家园 树文明形象 促优良学风 育合格人才”

三、活动时间

2012年3月1日—4月2日

四、主办单位

学生工作处

五、承办单位

各学院、学生公寓管理办公室

六、活动内容

本次“文明宿舍建设月”紧紧围绕“一项工程、两项四项大赛”的形式来开展。

(一)“先锋之家”宿舍文化建设示范工程暨活动启动仪式

承办单位：学生公寓管理办公室

(二)“整洁之家”文明宿舍评比活动

承办单位：各学院

(三)“红旗之家”标兵宿舍评比活动

承办单位：各学院、学生公寓管理办公室

(四)“文明之家”雅室设计大赛

承办单位：体育教育训练学院

(五)“和谐之家”主题征文大赛

承办单位：管理与传播学院

(六)“青春之家”宿舍命名及宿舍格言、口号大赛

承办单位：运动科学与健康学院、武术与表演学院

(七)“活力之家”踢毽子接力大赛

承办单位：休闲与社会体育学院

七、总结及奖励

四月中旬学生工作处将对本次活动进行总结，对获奖集体和个人进行表彰。

八、活动要求

(一)大力宣传，广泛动员

“文明宿舍建设月”全体同学均需参与，本次活动是进行文化育人的重要载体，各学院、团总支要加强宣传，做到人人知晓、人人参与。

(二)加强领导，精心组织

宿舍文化建设已成为校风、学风和校园文化建设的重要组成部分，“文明宿舍建设月”已成为发展校园先进文化的主要途径之一，各学院要高度重视“文明宿舍建设月”的开展，积极协调，加强领导，做到求真务实、公平竞赛。

（三）建长效机制，促优良学风

各学院要以“文明宿舍建设月”为契机，建立长效机制，加强学生宿舍的育人功能，促进优良学风的建设，逐渐形成健康向上的学习氛围。

附件：《首都体育学院“文明宿舍建设月”活动内容》

学生工作处 总务处 保卫处

二〇一二年二月二十九日

附录二　首都体育学院学生社团登记表

编号：

社团名称			成立时间		
社长		住址		手机	
系别		电话		E-mail	
联络员		住址		手机	
系别		电话		E-mail	
社刊名称			指导单位		
社团简史					
社团宗旨					
社团成立必要性的分析					
社团活动可行性的分析					
指导教师（包括数量、姓名、电话及其他联系方式等）					
顾问情况（包括数量、姓名、电话及其他联系方式等）					

附录三　我国体育院校学生事务管理模式研究调查问卷

亲爱的同学：

您好！这是一份学术研究问卷，旨在了解我国体育院校学生事务管理的现状。问卷由四部分组成，填答问卷大概需要花费您十分钟的时间，希望您能在百忙之中抽空参与作答。

问卷采用匿名方式，不涉及具体学校及个人信息，请您放心作答。本问卷答案无对错之分，所获得的样本信息仅用于论文统计分析，因此，您的真实回答对本研究具有非常重要的意义。

非常感谢您的帮助！

第一部分 性格测试问卷

下面是68个描述人们性格的句子，其中有些句子比较符合您自己的性格，有些则比较不符合。填答时请您看清楚每个句子，然后圈出一个数字，以代表该句子的内容与您自己的性格相符合的程度。每个人的性格都有其独特性，所以答案是没什么对错的，只要照实作答就可以了。非常感谢您的合作。

（注：本问卷引自于北京大学王登峰教授的《中国大学生人格量表》CC-SPS）

1.在社交场合，我总是显得不够自然。

1. 非常不符合；2. 比较不符合；3. 难以确定； 4. 比较符合； 5. 非常符合

2.我有话就说，从来憋不住。

1. 非常不符合；2. 比较不符合；3. 难以确定； 4. 比较符合； 5. 非常符合

3.我容易被影片的情节感动。

1. 非常不符合； 2. 比较不符合；3. 难以确定； 4. 比较符合；5. 非常符合

4.我是个心直口快的人。

1. 非常不符合；2. 比较不符合；3. 难以确定；4. 比较符合；5. 非常符合

5.在社交场合，我常常感到很拘束。

1. 非常不符合；2. 比较不符合；3. 难以确定； 4. 比较符合； 5. 非常符合

6.我感到周围的人总躲着我。

1. 非常不符合； 2. 比较不符合；3. 难以确定； 4. 比较符合； 5. 非常符合

7.我不善言辞。

1. 非常不符合； 2. 比较不符合；3. 难以确定； 4. 比较符合； 5. 非常符合

8.我做事总是一本正经。

1. 非常不符合； 2. 比较不符合；3. 难以确定； 4. 比较符合； 5. 非常符合

9.我性情直爽，难免会得罪人。

1. 非常不符合； 2. 比较不符合；3. 难以确定； 4. 比较符合； 5. 非常符合

10.见到别人为影片中的情节落泪，我觉得很好笑。

1. 非常不符合； 2. 比较不符合；3. 难以确定； 4. 比较符合； 5. 非常符合

11.我喜欢别出心裁地跟别人开些小玩笑。

1. 非常不符合； 2. 比较不符合；3. 难以确定； 4. 比较符合； 5. 非常符合

12.周围人都跟我很合得来。

1. 非常不符合； 2. 比较不符合；3. 难以确定； 4. 比较符合； 5. 非常符合

13.朋友们都喜欢和我聊天。

1. 非常不符合； 2. 比较不符合；3. 难以确定； 4. 比较符合； 5. 非常符合

14.别人觉得我不容易接近。

1. 非常不符合； 2. 比较不符合；3. 难以确定； 4. 比较符合； 5. 非常符合

15.别人有时会毫无原因地疏远我。

1. 非常不符合； 2. 比较不符合；3. 难以确定； 4. 比较符合； 5. 非常符合

16.我很容易和他人相处。

1. 非常不符合； 2. 比较不符合；3. 难以确定； 4. 比较符合； 5. 非常符合

17.我经常放纵自己。

1. 非常不符合； 2. 比较不符合；3. 难以确定； 4. 比较符合； 5. 非常符合

18.我工作脚踏实地。

1. 非常不符合； 2. 比较不符合；3. 难以确定； 4. 比较符合； 5. 非常符合

19.当事情进展不顺利时，我很容易打退堂鼓。

1. 非常不符合； 2. 比较不符合；3. 难以确定； 4. 比较符合； 5. 非常符合

20.我说话喜欢直截了当。

1. 非常不符合； 2. 比较不符合；3. 难以确定； 4. 比较符合； 5. 非常符合

21.我很容易投入感情。

1. 非常不符合； 2. 比较不符合；3. 难以确定； 4. 比较符合； 5. 非常符合

22.对于决定要做的事，我不怕任何困难。

1. 非常不符合； 2. 比较不符合；3. 难以确定； 4. 比较符合； 5. 非常符合

23.我喜欢用含蓄的方式处理问题。

1. 非常不符合； 2. 比较不符合；3. 难以确定； 4. 比较符合； 5. 非常符合

24.我喜欢结交一些能帮助自己成功的人。

1. 非常不符合； 2. 比较不符合；3. 难以确定； 4. 比较符合； 5. 非常符合

25.我总能坚持不懈地去达到目标。

1. 非常不符合； 2. 比较不符合；3. 难以确定； 4. 比较符合； 5. 非常符合

26.我习惯委婉地表达自己的看法。

1. 非常不符合； 2. 比较不符合；3. 难以确定； 4. 比较符合； 5. 非常符合

27.守规矩能带给我安全感。

1. 非常不符合； 2. 比较不符合；3. 难以确定； 4. 比较符合； 5. 非常符合

28.为了达到目的，我不会放过任何机会。

1. 非常不符合； 2. 比较不符合；3. 难以确定； 4. 比较符合； 5. 非常符合

29.周围的人希望我的脾气能变得温和一点。

1. 非常不符合； 2. 比较不符合；3. 难以确定； 4. 比较符合； 5. 非常符合

30.我会主动接近每一个对我有利的人。

1. 非常不符合； 2. 比较不符合；3. 难以确定； 4. 比较符合； 5. 非常符合

31.我很容易触景生情。

1. 非常不符合； 2. 比较不符合；3. 难以确定； 4. 比较符合； 5. 非常符合

32.我经常不能控制自己的脾气。

1. 非常不符合； 2. 比较不符合；3. 难以确定； 4. 比较符合； 5. 非常符合

33.我一向快人快语。

1. 非常不符合； 2. 比较不符合；3. 难以确定； 4. 比较符合； 5. 非常符合

34.和朋友聊天时，我常扮演逗乐的角色。

1. 非常不符合； 2. 比较不符合；3. 难以确定； 4. 比较符合； 5. 非常符合

35.即使在一些很随便的场合，我也努力表现得严肃。

1. 非常不符合； 2. 比较不符合；3. 难以确定； 4. 比较符合； 5. 非常符合

36.聚会中我总是表现得很主动。

1. 非常不符合； 2. 比较不符合；3. 难以确定； 4. 比较符合； 5. 非常符合

37.我容易给他人一种拒人于千里之外的感觉。

1. 非常不符合； 2. 比较不符合；3. 难以确定； 4. 比较符合； 5. 非常符合

38.为了达到目的，我可以用任何手段。

1. 非常不符合； 2. 比较不符合；3. 难以确定； 4. 比较符合； 5. 非常符合

39.我总是带给人们轻松快乐的气氛。

1. 非常不符合； 2. 比较不符合；3. 难以确定； 4. 比较符合； 5. 非常符合

40.我时常把今天该做的事拖到明天。

1. 非常不符合； 2. 比较不符合；3. 难以确定； 4. 比较符合； 5. 非常符合

41.我没有明确的生活目标。

1. 非常不符合； 2. 比较不符合；3. 难以确定； 4. 比较符合； 5. 非常符合

42.我是一个温和柔顺的人。

1. 非常不符合； 2. 比较不符合；3. 难以确定； 4. 比较符合； 5. 非常符合

43.我对自己没有很高的期望。

1. 非常不符合； 2. 比较不符合；3. 难以确定； 4. 比较符合； 5. 非常符合

44. 碰到不如意的事情时，我很容易发脾气。

1. 非常不符合； 2. 比较不符合；3. 难以确定； 4. 比较符合； 5. 非常符合

45.面对复杂的问题时，我总觉得无从下手。

1. 非常不符合； 2. 比较不符合；3. 难以确定； 4. 比较符合； 5. 非常符合

46.我容易被别人的眼泪打动。

1. 非常不符合； 2. 比较不符合；3. 难以确定； 4. 比较符合； 5. 非常符合

47.我喜欢安分守己的生活方式。

1. 非常不符合； 2. 比较不符合；3. 难以确定； 4. 比较符合； 5. 非常符合

48.我常不知道下一步该怎么做。

1. 非常不符合； 2. 比较不符合；3. 难以确定； 4. 比较符合； 5. 非常符合

49.我觉得人生充满了希望。

1. 非常不符合； 2. 比较不符合；3. 难以确定； 4. 比较符合； 5. 非常符合

50.我总是很特别。

1. 非常不符合； 2. 比较不符合；3. 难以确定； 4. 比较符合； 5. 非常符合

51.我今天的努力是为了实现未来的目标。

1. 非常不符合； 2. 比较不符合；3. 难以确定； 4. 比较符合； 5. 非常符合

52.我是一个守规矩的人。

1. 非常不符合； 2. 比较不符合；3. 难以确定； 4. 比较符合； 5. 非常符合

53.我喜欢做些超乎常规的事。

1. 非常不符合； 2. 比较不符合；3. 难以确定； 4. 比较符合； 5. 非常符合

54.为了争取荣誉我会夸大事实。

1. 非常不符合； 2. 比较不符合；3. 难以确定； 4. 比较符合； 5. 非常符合

55.为了得到别人的赞赏，我会夸大自己的长处。

1. 非常不符合； 2. 比较不符合；3. 难以确定； 4. 比较符合； 5. 非常符合

56.我比较贪玩。

1. 非常不符合； 2. 比较不符合；3. 难以确定； 4. 比较符合； 5. 非常符合

57.在别人眼里我是一个坚持原则的人。

1. 非常不符合； 2. 比较不符合；3. 难以确定； 4. 比较符合； 5. 非常符合

58.我很少有叛逆的想法。

1. 非常不符合； 2. 比较不符合；3. 难以确定； 4. 比较符合； 5. 非常符合

59.我不做出格的事。

1. 非常不符合； 2. 比较不符合；3. 难以确定； 4. 比较符合； 5. 非常符合

60.我喜欢多与对我有利的人交往。

1. 非常不符合； 2. 比较不符合；3. 难以确定； 4. 比较符合； 5. 非常符合

61.我因为待人温和而拥有了很多好朋友。

1. 非常不符合； 2. 比较不符合；3. 难以确定； 4. 比较符合； 5. 非常符合

62.我不会轻易放弃自己的理想。

1. 非常不符合； 2. 比较不符合；3. 难以确定； 4. 比较符合； 5. 非常符合

63.大家都喜欢和我在一起。

1. 非常不符合； 2. 比较不符合；3. 难以确定； 4. 比较符合； 5. 非常符合

64.对学习知识我没有兴趣。

1. 非常不符合； 2. 比较不符合；3. 难以确定； 4. 比较符合； 5. 非常符合

65.为自己的目标奋斗时，我会感到很充实。

1. 非常不符合； 2. 比较不符合；3. 难以确定； 4. 比较符合； 5. 非常符合

66.我非常看重能给我带来利益的人。

1. 非常不符合； 2. 比较不符合；3. 难以确定； 4. 比较符合； 5. 非常符合

67.聚会中我总是表现得很主动。

1. 非常不符合； 2. 比较不符合；3. 难以确定； 4. 比较符合； 5. 非常符合

68.我很少因感动而落泪。

1. 非常不符合；2. 比较不符合；3. 难以确定；4. 比较符合；5. 非常符合

第二部分 宿舍管理问卷

1. 您对目前的宿舍管理现状是否满意？

1. 比较满意；2. 满意；3. 不满意

2. 您是否希望宿舍可以允许个性化装饰，如贴海报？

1. 非常希望；2. 希望；3. 不希望

3. 宿舍每晚统一关灯时间，您认为有必要吗？

1. 非常有必要；2. 有必要；3. 没必要

4. 学校应该严格禁止外来人员留宿学校吗？

1. 非常有必要；2. 有必要；3. 没必要

5. 学校有必要每天晚上查寝吗？

1. 非常有必要；2. 有必要；3. 没必要

6. 学校有必要严格处理晚归与夜不归宿事件吗？

1. 非常有必要；2. 有必要；3. 没必要

7. 您认为学生宿舍有必要设立辅导员值班室吗？

1. 非常有必要；2. 有必要；3. 没必要

8. 您认为辅导员入住值班室，能起到监管作用吗？

1. 能；2 .不能；3. 说不清楚

9. 您认为每栋学生宿舍有必要设立便利超市吗？

1. 非常有必要；2. 有必要；3. 没必要

10. 您认为每栋宿舍有必要设立专门的公告栏吗？

1. 非常有必要；2. 有必要；3. 没必要

11. 您认为每栋宿舍有必要设立读书阅览室吗？

1. 非常有必要；2. 有必要；3. 没必要

12. 您认为每栋宿舍有必要设立会客室吗？

1. 非常有必要；2. 有必要；3. 没必要

13. 您认为每栋宿舍有必要设立学生活动中心吗？

1. 非常有必要；2. 有必要；3. 没必要

14. 您认为有必要定期举行寝室文化节吗？

1. 非常有必要；2. 有必要；3. 没必要

15. 您认为宿舍有必要安装免费电视吗？

1. 非常有必要；　2. 有必要；　3. 没必要

16. 您认为有必要实行早操制度吗？

1. 非常有必要；　2. 有必要；　3. 没必要

17. 您对宿舍现行的网络收费标准有何看法？

1. 非常不满意；　2. 满意；　3. 不满意

18. 您对宿舍的维修服务是否满意？

1. 非常不满意；　2. 满意；　3. 不满意

19. 您对宿舍管理人员的服务态度是否满意？

1. 非常不满意；　2. 满意；　3. 不满意

20. 您对宿舍的整体环境是否满意？

1. 非常不满意；　2. 满意；　3. 不满意

第三部分　社团管理问卷

1. 在校期间，您加入过社团组织吗？

1. 加入过；2. 没有加入

2. 您觉得参加社团对您有帮助吗？

1. 有；　2. 没有

3. 您所在的社团收取会费吗？

1. 收取；　2. 没有

4. 您同时参加过几个社团组织？

1. 1个；　2. 2个；　3. 3个及以上

5. 您是通过什么途径了解所在的社团？

1. 招新；　2. 海报；　3. 他人介绍

6. 您所在社团经费的主要来源是？

1. 学校资助；　2. 赞助；　3. 会费；　4. 以上三者结合

7. 您对所在社团的经费支出满意吗？

1. 非常不满意；　2. 满意；　3. 不满意

8. 您所在的社团是否有专门老师给予指导？

1. 有；　2. 没有

9. 您所在的社团会定期举行活动吗？

1. 会；　2. 不会

10. 您和社团成员之间经常交流吗？

1. 经常交流；　2. 偶尔交流；　3. 不交流

11. 您所在的社团在学校有一定的影响力吗？

1. 有；　　2. 没有

12. 您认为参加社团能缓解您的学习压力吗？

1. 能；　　2. 不能

13. 您认为参加社团能释放您的心理压力吗？

1. 能；　　2. 不能

14. 您所在的社团是否有自己的网站或者QQ群？

1. 有；　　2. 没有

15. 若发现所在社团跟自己的期望相差太远时，您会及时选择退出吗？

1. 会；　　2. 不会

16. 您会严格遵守社团的规章制度吗？

1. 会；　　2. 不会

17. 您是否为自己是社团的一员而感到自豪？

1. 是；　　2. 不是

18. 您认为社团的主管部门，如校团委，对社团的发展会起到关键作用吗？

1. 会；　　2. 不会

19. 您认为创立一个新社团的审批手续是否烦琐？

1. 是；　　2. 不是

20. 您认为所在社团存在的问题有哪些？（可多选）__________；

1. 形式主义，没实质意义；　　2. 同学们参与的热情不高；

3. 社团经费严重缺乏；　　4. 管理松散，纪律性不严；

5. 场地设施有限，资源匮乏；　6. 学校重视不够，政策支持不到位；

7. 学校行政干扰太多，社团缺乏自主性；

8. 其他______________________________